Kindertagesbetreuung für unter Dreijährige zwischen Ausbau und Bildungsauftrag

Herausgegeben von Maria-Theresia Münch und Martin R. Textor

D1719648

Eigenverlag des Deutschen Vereins
für öffentliche und private Fürsorge e.V.

Jugend und Familie (J 7)

Eigenverlag des Deutschen Vereins
für öffentliche und private Fürsorge e.V.
Michaelkirchstraße 17/18, 10179 Berlin
www.deutscher-verein.de

Technische Gesamtherstellung:
Druckerei Hassmüller Graphische Betriebe GmbH & Co. KG,
Frankfurt am Main

Printed in Germany 2009
ISBN 978-3-7841-1919-9

Veröffentlicht mit Förderung durch das Bundesministerium
für Familie, Senioren, Frauen und Jugend (BMFSFJ)

Inhaltsverzeichnis

2. Teil: Formen der Kindertagesbetreuung für unter Dreijährige

3. Teil: Die Frage nach der Qualität: Frühkindliche Bildung und die Qualifikation der Erzieher/innen

Maria-Theresia Münch und Martin R. Textor

Einführung

In den letzten Jahren hat die Kindertagesbetreuung sowohl einen enormen quantitativen Ausbau als auch eine qualitative „bildungspolitische Aufladung" erfahren. Dieser Sammelband soll eine sachorientierte, kritische Bestandsaufnahme dieser Entwicklungen, ihrer rechtlichen Grundlagen und ihrer Ausgestaltung vor Ort bieten und die entscheidenden Handlungsfelder vorstellen und erörtern. In quantitativer Hinsicht betrifft dies vor allem den Ausbau verschiedener Formen der Kindertagesbetreuung, die Finanzierung sowie den Bedarf an Angeboten und deren Inanspruchnahme. Wesentlich ist auch die Frage nach den Auswirkungen der Föderalismusreform auf die Entwicklung in den Ländern und die nach innovativen Finanzierungsmodellen. Für die Kommunen werden mit dem Kinderförderungsgesetz (KiföG) vom 10. Dezember 2008 neue Ziellinien gesetzt, die über das Tagesbetreuungsausbaugesetz (TAG) von 2005 hinausgehen. Sie sind es, die die Ausbauziele vor Ort erfüllen müssen, und es kommt deshalb entscheidend darauf an, wie sie diese Herausforderung meistern können. In qualitativer Hinsicht stehen die Fragen nach Konzepten für die frühkindliche Bildung, nach der Aus-, Fort- und Weiterbildung der Fachkräfte und nach der Ausgestaltung der örtlichen Rahmenbedingungen im Mittelpunkt.

Durch die Verankerung des Rechtsanspruchs auf einen Betreuungsplatz für unter Dreijährige ab 2013 ist dieser zu einem zentralen politischen Thema und zu einer wichtigen Aufgabe für die Träger der Jugendhilfe geworden und wird es zukünftig bleiben. Grundlegend ist ein gelingendes Austarieren des Spannungsfeldes zwischen öffentlicher und privater Verantwortung ebenso wie die Sicherstellung von Chancengerechtigkeit für alle Kinder. Diese Aushandlungsprozesse sollten jenseits ideologischer oder parteipolitischer Präferenzen geführt werden. Notwendig ist ein unverstellter Blick auf die Bedarfslagen von Kindern, Familien und denjenigen, die es sich zur Aufgabe gemacht haben, Familien bei der Bildung, Erziehung und Betreuung ihrer Kinder zu unterstützen. In den folgenden Beiträgen werden der Ausbau der Angebote und der Bildungsanspruch im Elementarbereich aus Sicht der beteiligten Akteure erörtert – auch hinsichtlich ihrer Auswirkungen auf die Kinder und auf die gesamtgesellschaftliche Entwicklung. Somit bietet der Band sowohl empirische Grundlagen als auch Konzepte für den weiteren Ausbau der Kindertagesbetreuung.

Im ersten Teil wird die aktuelle Situation der frühkindlichen Bildung, Betreuung und Erziehung (FBBE) von Kindern unter drei Jahren in den Fokus gerückt. Zunächst stellt *Textor* dar, inwieweit Bildung und Erziehung der Kinder unter drei Jahren einer zunehmenden Politisierung und Ökonomisierung unterworfen sind. Der Ausbau der Kindertagesbetreuung wird – so Textor – durch frauen-, wirtschafts-, bildungs-, sozial- und bevölkerungspolitische Zielsetzungen und Anforderungen bestimmt, die jedoch nicht immer in die gleiche Richtung zielen, sondern zu einer nicht zu unterschätzenden Zerreißprobe zwischen Anspruch und Wirklichkeit führen, die sich unmittelbar auf die Kinder, die sie betreuenden Fachkräfte bzw. auf die Qualität und Quantität der Angebote insgesamt auswirkt.

Schilling und *Fuchs-Rechlin* greifen in ihrem Beitrag eine weitere grundlegende Seite der Entwicklungen im Feld der Kindertagesbetreuung auf. Sie bieten einen aktuellen, umfassenden empirischen Überblick über den quantitativen Ausbau der Angebote in Kindertageseinrichtungen und Kindertagespflege. Dabei richten sie ihren Fokus nicht nur auf die Platzzahlen, sondern nehmen weitere Kenngrößen – wie Betreuungszeiten, Gruppengröße und Personaleinsatz – in den Blick. Die dargestellten Daten belegen die ungeheure Dynamik und verdeutlichen die Veränderungsprozesse, die in diesem Feld in den letzten Jahren stattgefunden haben und weiterhin stattfinden werden. Die Begleitung und Steuerung dieser Prozesse erfordern – so Schilling und Fuchs-Rechlin – ein kontinuierliches empirisches Monitoring, um rechtzeitig auf politische und fachliche Handlungsbedarfe aufmerksam machen zu können.

Die folgenden vier Aufsätze nehmen die Akteure in den Blick, die maßgeblich für die Gestaltung der Rahmenbedingungen verantwortlich sind und somit entscheidend zum Gelingen des quantitativen und qualitativen Ausbaus beitragen – der Bund, die Länder, die Kommunen und die Träger der Wohlfahrtsverbände. *Wiesner* zeichnet das Handeln auf Bundesebene nach, welches in einer Wechselwirkung mit den vorgenannten gesellschaftspolitischen Veränderungsprozessen steht. Dabei geht er erstens der Frage nach, wie der Bund in gesetzgeberischer Hinsicht diese Entwicklungen aufgreift und Neujustierungen vornimmt. Zweitens beleuchtet er das Zusammenwirken zwischen Bund, Ländern und Kommunen und weist auf neuralgische Punkte in dieser Konstellation hin, die sich durch die Föderalismusreform und die gegenwärtige Weltwirtschaftskrise verschärfen. Drittens nimmt er die daraus resultierenden Folgen für die Umsetzung der gesetzten Ziele hinsichtlich des quantitativen und qualitativen Ausbaus in den Blick.

Zu den entscheidenden Protagonisten im Ausbau der Kindertagesbetreuung gehören die Länder. Neben ihrer Finanzierungsverantwortung sind sie für die landesgesetzliche Ausgestaltung zuständig. *Sell* beschreibt deshalb die Situation, wie sie sich in den Ländern darstellt, und weist anhand verschiedener Faktoren auf erhebliche Defizite hin, die unter anderem durch die Föderalismusreform und das Konnexitätsprinzip bedingt sind. Es wird, so der Autor, entscheidend darauf ankommen, ob und wieweit es den Ländern gelingt, neben der notwendigen Quantität nicht die Qualität der Angebote zu vernachlässigen.

Der konkrete Ausbau der Kindertagesbetreuung findet auf kommunaler Ebene statt. Es ist jedoch schwer, sich aufgrund der sehr unterschiedlichen Gegebenheiten vor Ort ein dezidiertes und gleichzeitig umfassendes Bild der Situation machen zu können. Gleichwohl arbeitet *Selle* in seinem Beitrag relevante Entwicklungslinien, Problemfelder und Handlungsstrategien heraus, die trotz der Unterschiedlichkeit im Grundsatz für alle Kommunen gelten. Neben Bund, Ländern und Kommunen sind die Träger der Wohlfahrtsverbände ein vierter Akteur im Kontext des Ausbaus. *Beneke* stellt in ihrem Aufsatz die Herausforderungen dar, vor denen die anerkannten freien Träger der öffentlichen Jugendhilfe ebenso stehen wie die Kommunen. Sie zeigt, welche Wege der Umsetzung die freien Träger beschreiten bzw. an welchen Stellen Lösungen noch ausstehen, sei es in finanzieller, fachlicher und/oder struktureller Hinsicht.

Der zweite Teil des Sammelbandes gibt einen Überblick über die unterschiedlichen Formen der Kindertagesbetreuung für Kinder unter drei Jahren. *Textor* nimmt dabei insbesondere die institutionellen Betreuungsangebote in den Blick. Der Beitrag bietet einen umfassenden Überblick über die aktuell existierenden Formen von Kindertageseinrichtungen und zeigt zudem deren jeweilige Vor- und Nachteile hinsichtlich der Bedarfe von Kindern unter drei Jahren auf. Neben diesen institutionellen Angeboten hat die Kindertagespflege in den letzten Jahren entscheidend an Bedeutung im Kanon der Betreuungsangebote insbesondere für die Altersgruppe der 0- bis 3-Jährigen gewonnen. *Gerszonowicz* zeichnet deshalb in ihrem Aufsatz die Entwicklungslinien in diesem Bereich nach und kristallisiert Faktoren heraus, die das besondere Profil von Kindertagespflege kennzeichnen.

Diller und *Schneider* stellen weitere Angebotsformen für die Bildung, Betreuung und Erziehung von Kleinkindern vor, die sich weder zu den klassischen Kindertageseinrichtungen noch zur Kindertagespflege zuordnen lassen, gleichwohl aber einen wichtigen Bestandteil im Angebotskanon darstellen. Ihnen gemeinsam ist, dass sie niedrigschwellig ausgerichtet sind und einen expliziten Fokus auf Familien- und Sozialraumorientierung legen. Neben den vorgenannten Angebotsformen spielt in den letzten Jahren die betriebliche Kindertagesbetreuung eine immer größere Rolle. Der Aufsatz von *Främcke* und *Linhart* greift diesen Bereich auf und zeigt, dass Familienfreundlichkeit inzwischen auch von Unternehmen als wichtiger Standortvorteil erkannt wird und dass diese daher als gestaltende und auch impulsgebende Akteure beim Ausbau der Betreuungsangebote für Kinder unter drei Jahren an Bedeutung gewinnen.

Der zweite Teil des Bandes schließt mit einem Thema, welches insbesondere seit dem KiföG verstärkten Einzug in die Debatte um den Ausbau der Kindertagesbetreuung gehalten und zu durchaus heftigen Kontroversen geführt hat: die Angebote privat-gewerblicher Träger. *Larrá* beleuchtet mit ihrem Beitrag zunächst kurz die historische Entwicklung und beschreibt die Spezifika der privat-gewerblichen Einrichtungen, aber auch ihre Gemeinsamkeiten mit den öffentlichen und freigemeinnützigen Angeboten. Schließlich legt sie verschiedene Argumentationslinien dar, die die aktuelle Debatte um das Für und Wider des Ausbaus privat-gewerblicher Angebote bereichern können.

Im dritten und letzten Teil wendet sich der Sammelband der entscheidenden Frage nach der Qualität der Angebote sowie der nach der Qualifizierung der Fachkräfte zu. Am Beginn dieser Auseinandersetzung steht der Blick auf das Kind, von dem her jegliche Qualitätsdebatten und -prozesse gedacht und gestaltet werden sollten. *Becker-Stoll* stellt zunächst aktuelle empirische Befunde aus der Kindheits- und Bindungsforschung vor. Darauf aufbauend fragt sie nach den Konsequenzen für eine den Kindern in diesem Alter und ihren Bedürfnissen entsprechende qualitative Ausgestaltung der Betreuungsangebote und nach den Anforderungen, die sich daraus für das Personal und die Rahmenbedingungen ergeben. *Bostelmann* geht der Frage nach, ob es in Deutschland überhaupt eine Pädagogik für Kinder unter drei Jahren gibt, und macht deutlich, wie entscheidend die Existenz einer solchen für das Misslingen oder Gelingen eines dem Anspruch nach qualitätsorientierten Ausbaus ist. Sie arbeitet im Rückgriff auf die DDR-Pädagogik, aber auch in Abgrenzung zu ihr, Eckpunkte für ein heute anwendbares Konzept der frühkindlichen Bildung, Betreuung und Erziehung heraus.

Neben diesen basalen Voraussetzungen – nämlich der Blick auf das Kind bzw. vom Kind aus und dem konzeptionellen Grundgerüst einer frühkindlichen Pädagogik – gibt es wesentliche, allgemeingültige und anerkannte Dimensionen von Qualität, die *Braun* in seinem Artikel darstellt und erläutert. Diese Bausteine müssen – so Braun – immer in ihrer Wechselwirkung betrachtet und in einem fortlaufenden Qualitätssicherungsprozess weiterentwickelt werden. Dies erfordert jedoch eine grundlegende Verständigung über eben diese Dimensionen und Kriterien von Qualität und die Sicherstellung adäquater Rahmenbedingungen, sonst führen jegliche Qualitätsbemühungen letztlich ins Leere.

Die Frage nach der Qualität hängt darüber hinaus entscheidend von der Qualifikation der Fachkräfte im FBBE-Bereich ab. Der Beitrag von *Franke* thematisiert deshalb die aktuelle Situation und gegenwärtigen Entwicklungen im Feld der Aus-, Fort- und Weiterbildung von Erzieher/innen. Hierbei geht sie erstens nicht nur auf die Versäumnisse der letzten Jahre ein, sondern gibt auch einen Überblick über die höchst diffuse Qualifizierungslandschaft und arbeitet Handlungsbedarfe für eine zeitgemäße Qualifizierung und Personalentwicklung heraus. Der dritte Teil schließt mit einem Bereich, welcher als Instrument der Qualitätsentwicklung und -sicherung seit Jahrzehnten im Feld der Kindertagesbetreuung etabliert ist, gleichwohl in der aktuellen Auseinandersetzung kaum oder gar nicht thematisiert wird: die Fachberatung. *Münch* unternimmt deshalb in ihrem Aufsatz den Versuch einer systematischen Auseinandersetzung mit dem Feld der Fachberatung und zeigt Handlungsbedarfe für dessen Ausgestaltung und Weiterentwicklung auf.

1. Teil: Die aktuelle Situation der frühkindlichen Bildung, Betreuung und Erziehung von unter Dreijährigen

Martin R. Textor

Politisierung und Ökonomisierung der frühkindlichen Bildung: der Kontext

In den letzten Jahren haben Wirtschaft und Politik ein großes Interesse an der Betreuung unter Dreijähriger entwickelt. Während über Jahrzehnte hinweg in Westdeutschland Angebote für Kinder dieser Altersgruppe als „Notbehelf" für alleinerziehende Mütter und als eher negativ für die frühkindliche Entwicklung betrachtet wurden, hat sich nun innerhalb kürzester Zeit eine Position in der Bundesrepublik durchgesetzt, die zuvor nur in der DDR vertreten wurde: Kindertagesbetreuung für unter Dreijährige soll ein Regelangebot werden; bis zum Jahr 2013 soll für jedes dritte Kind dieses Alters ein Platz in einer Einrichtung oder in Tagespflege geschaffen werden. In diesem Kapitel wird versucht, die Gründe für diesen radikalen Meinungsumschwung nachzuzeichnen.

1. Die frauenpolitische Perspektive

Seit etwa vier Jahrzehnten wird in Deutschland die Vereinbarkeit von Familie und Beruf thematisiert. Zunächst „entdeckte" die Emanzipationsbewegung die Bedeutung des Berufs für die Selbstverwirklichung und Unabhängigkeit der Frau. Einerseits könnten Frauen durch Erwerbstätigkeit das in ihnen liegende Potenzial entfalten und andererseits sich aufgrund des eigenen Einkommens bei Bedarf aus der „Zwangsgemeinschaft" einer Ehe lösen.

Diese Position setzte sich allmählich in der Gesellschaft durch. Dazu trug bei, dass immer mehr Frauen weiterführende Schulen besuchten und einen eigenen Berufsabschluss erwarben – inzwischen haben sie sogar mit den Männern gleichgezogen bzw. diese überholt, z.B. hinsichtlich des Anteils an den Schüler/innen weiterführender Schulen und der dort erreichten Durchschnittsnoten. Je mehr aber in die eigene Schul- und Berufsbildung investiert wurde, je höher das mit dem jeweiligen Beruf verbundene Prestige und Einkommen und je größer die aus der Erwerbstätigkeit resultierende Zufriedenheit und Selbstverwirklichung sind, umso schwerer fällt es, darauf zu verzichten, um sich daheim der Betreuung und Erziehung eigener Kinder zu widmen. In vielen Medien- und Erfahrungsberichten wurde immer wieder thematisiert, wie unglücklich junge Mütter während der Familienphase seien, wie sehr sie die sozialen Kontakte am Arbeitsplatz vermissten, und dass Selbstbild und Selbstwertgefühle mangels der mit einer Berufsausübung verbundenen Bestätigungen zum Negativen hin tendierten.

Aber auch die ab den 1970er-Jahren stark ansteigenden Scheidungsraten haben den meisten Frauen deutlich gemacht, dass sie auf ein eigenes Einkommen nicht (längerfristig) verzichten sollten. Zu dieser Haltung trugen sowohl wissenschaftliche Studien als auch Medien- und Erfahrungsberichte über die prekäre finanzielle Situation von Alleinerziehenden bei. Wenn die Hälfte aller Ehen geschieden wird, können sich junge Mütter nicht darauf verlassen, dass ihr Lebensunterhalt bis zu ihrem Tode durch den Ehegatten sichergestellt wird. Dies gilt erst recht seit den neuesten Rentenreformen, die in den kommenden Jahrzehnten zu immer niedriger werdenden (Witwen-)Renten führen werden. Somit sind Frauen „gezwungen", durch Erwerbstätigkeit möglichst hohe eigene Rentenansprüche zu erwerben.

Je mehr junge Mütter erwerbstätig sind, je früher sie nach der Geburt eines Kindes wieder arbeiten möchten und je länger ihre tägliche Arbeitszeit ist, umso brisanter wird die Frage nach der Vereinbarkeit von Familie und Beruf. So wurde diese Problematik frühzeitig von der Frauen- und Gleichstellungspolitik aufgegriffen. Neben vielen anderen Maßnahmen wurde auch der Ausbau der Kindertagesbetreuung forciert. Zunächst stand die Schaffung von Kindergarten-(halbtags-)plätzen mit verlängerten Öffnungszeiten im Vordergrund der Bemühungen, inzwischen geht es um den Ausbau der Angebote für unter Dreijährige und der Ganztagsbetreuung. Trotzdem konnte in Deutschland eine Gleichstellung von Mann und Frau noch nicht in dem Maße wie in anderen Ländern erreicht werden. So zeigte eine Studie des Instituts der deutschen Wirtschaft Köln[1], dass in den neun OECD-Staaten mit dem höchsten Anteil – nämlich 34,2% im Jahre 2006 – an betreuten unter Dreijährigen 63,0% der Mütter erwerbstätig waren und die durchschnittliche Lohndifferenz zwischen Männern und Frauen im Jahr 2005 gerade einmal 16,5% betrug. In Deutschland betrug die Betreuungsquote unter Dreijähriger 9,0%; nur 36,1% der Mütter waren erwerbstätig und die durchschnittliche Lohndifferenz betrug 24,0%.

In Deutschland ist eine Vereinbarkeit von Familien- und Erwerbstätigkeit noch nicht in dem Maße wie in anderen Ländern gegeben. Dieser Meinung waren 64% der für den „Familienmonitor 2008" befragten berufstätigen Mütter; nur 18% sahen Familie und Beruf als gut miteinander vereinbar.[2] Aber auch unterschiedliche Einstellungen der Frauen spielen eine Rolle. Beispielsweise ergab eine in Deutschland und Frankreich durchgeführte Umfrage:

---

1 Anger/Plünnecke 2008.
2 Institut für Demoskopie Allensbach 2008, 2.

„Während deutsche Mütter am ehesten das Modell favorisieren, bei dem die Vollzeitberufstätigkeit des Mannes durch eine Teilzeitbeschäftigung der Partnerin ergänzt wird, präferieren französische Mütter am ehesten die Vollzeitberufstätigkeit beider Partner. (...) Völlig unterschiedlich wird die Frage beurteilt, ab welchem Alter die Kinder ohne weiteres in einer Kinderkrippe oder -tagesstätte betreut werden können. 62 Prozent der französischen Frauen, aber nur 7 Prozent der deutschen Frauen halten es ohne weiteres für möglich, Kinder schon mit weniger als einem Jahr in eine externe Betreuungseinrichtung zu geben".[3]

Beim „Familienmonitor 2008" zeigte sich auch, dass nur 32% der Deutschen ab 16 Jahren eine Verbesserung der Vereinbarkeit von Familie und Beruf im Vergleich mit dem Zustand vor zehn oder fünfzehn Jahren wahrnahmen (überwiegend Westdeutsche); 33% (vor allem Ostdeutsche) sahen eine Verschlechterung als gegeben an. So forderten 63% der Deutschen, Familienpolitiker/innen sollten sich generell für die Erleichterung der Vereinbarkeit von Familie und Beruf einsetzen – und speziell für ein größeres Angebot an Ganztagskindergärten und Ganztagsschulen (48% der Befragten) sowie für den Ausbau der Kinderkrippen (44% der Befragten). Berufstätige Mütter von Kindern unter 18 Jahren waren sogar zu 51% der Meinung, die Vereinbarkeit von Familie und Beruf könne durch mehr Betreuungseinrichtungen für Kinder unter drei Jahren erleichtert werden – aber auch durch verstärkte Ganztagsbetreuung in Kindergärten und Schulen (76% der Mütter), eine bessere Abstimmung der Betreuungszeiten mit den Arbeitszeiten von Eltern (64%) sowie durch Kinderbetreuungsmöglichkeiten in Betrieben (ebenfalls 64% der Mütter). Beim „Familienmonitor 2008" wurde ferner ermittelt, dass im Vergleich zu den vorausgegangenen Jahren das Alter immer weiter sinkt, ab dem die Deutschen einen Betreuungsbeginn für sinnvoll erachten: Der Durchschnittswert betrug in Westdeutschland nun 2,4 Jahre und in Ostdeutschland 1,6 Jahre.[4]

Von den nicht berufstätigen Müttern von Kindern unter 18 Jahre würden 56% gerne arbeiten, und zwar knapp die Hälfte von ihnen (46%) unter 20 Stunden, ein knappes Drittel (30%) 20 bis 30 Stunden und ein knappes Fünftel (16%) 30 und mehr Stunden.[5] Auch eine Studie der Bundesagentur für Arbeit zeigte, dass nur 6% der Mütter in Westdeutschland und 2% der Mütter in Ostdeutschland ganz auf eine Berufstätigkeit verzichten wollen.[6] Von den nicht erwerbstätigen Müttern mit Kindern unter drei Jahren gaben bei der Kinderbetreuungsstudie des Deutschen

---

3 Institut für Demoskopie Allensbach 2007, 4 f.
4 Institut für Demoskopie Allensbach 2008, 2-5.
5 Institut für Demoskopie Allensbach 2008, 7.
6 Nach Seybold 2007.

Jugendinstituts (DJI) sogar 84% an, dass sie eine Berufstätigkeit anstreben: „Für gut die Hälfte unter ihnen (55 Prozent) sind nach eigenen Angaben fehlende oder inadäquate Betreuungsmöglichkeiten mit ein Grund dafür, dass sie ihre Pläne noch nicht verwirklichen konnten".[7]

2. Die wirtschaftspolitische Perspektive

So lange Frauen relativ schlecht ausgebildet waren und auf dem Arbeitsmarkt ein Überangebot an gleichwertig qualifizierten Arbeitssuchenden bestand, konnten Arbeitgeber junge Mütter relativ problemlos ersetzen, die nach der Geburt eines Kindes kündigten oder Erziehungsurlaub bzw. Elternzeit nahmen. So waren sie an Maßnahmen zur Gleichstellung männlicher und weiblicher Arbeitnehmer/innen bzw. zur besseren Vereinbarkeit von Familie und Beruf kaum interessiert.

Diese Position änderte sich in den letzten Jahren, als sich aufgrund der Bevölkerungsentwicklung abzeichnete, dass in Zukunft immer weniger junge Arbeitskräfte auf dem Arbeitsmarkt nachrücken werden. So werden auch immer weniger junge Frauen bereitstehen, um Mütter während der Elternzeit zu ersetzen. Entscheidender für den Einstellungswandel war jedoch, dass die Kosten für die Arbeitgeber stark ansteigen: Da immer mehr Frauen eine weiterführende Schule besucht, ein Studium abgeschlossen bzw. eine anspruchsvolle Berufsausbildung durchlaufen haben, müssen Arbeitgeber nun häufiger nach Ersatz für hochqualifizierte Arbeitnehmerinnen suchen. Beispielsweise verdeutlichte eine Studie der Prognos AG[8], dass 2005 die „Wiederbeschaffungskosten" einer Stelle in der unteren Einkommensklasse 9.500,– €, in der mittleren 23.200,– € und in der oberen 43.200,– € betrugen – der letztgenannte Betrag setzte sich u.a. aus 10.500,– € an Anwerbungs-, 3.900,– € an Auswahl-, 3.700,– € an Ausbildungs- und 7.600,– € an Einarbeitungskosten zusammen; die Minderleistung während der Einarbeitung wurde auf weitere 4.800,– € beziffert. Kommt die junge Mutter nach der Elternzeit oder vielleicht erst nach fünf, sechs Jahren zurück (wenn sie für ein weiteres Kind erneut Elternzeit beanspruchen konnte), entstehen für sie umso höhere Fortbildungs- und Einarbeitungskosten, je länger ihre Familienphase dauerte und je höher ihre Qualifikation ist. Bei einer Abwesenheit von 18 Monaten wurde der Betrag bereits mit 50% und bei 36 Monaten sogar mit 75% der vorgenannten Wiederbeschaffungskosten beziffert.

Bei derartig hohen betriebswirtschaftlichen Kosten ist es verständlich, dass Unternehmen an einer Verkürzung der effektiv in Anspruch genommenen Elternzeit

---

7 Bien/Rauschenbach/Riedel 2007, 8.
8 Bundesministerium für Familie, Senioren, Frauen und Jugend 2005, 13.

auf 18 Monate und weniger interessiert sind. Dies ist aber nur möglich, wenn ausreichend Betreuungsplätze für unter Dreijährige zur Verfügung stehen. Deshalb haben Wirtschaftsverbände in den letzten Jahren ihr Interesse an der Familienpolitik entdeckt und fordern nun einen Ausbau der Betreuungsangebote. Dabei geht es ihnen aber nicht nur um die reine Platzzahl, sondern auch um eine Flexibilisierung der Betreuungszeiten – bedingt dadurch, dass immer mehr Arbeitnehmer/innen am Abend, am Samstag oder am Sonntag arbeiten müssen. Beispielsweise ergab der Kita-Check 2008 des Deutschen Industrie- und Handelskammertages (DIHK)[9], dass 96% der befragten über 6.700 Kindertageseinrichtungen unter der Woche nach 18 Uhr nicht mehr geöffnet sowie 99% am Samstag und zwei Drittel während der Ferienzeit geschlossen haben. Nur Betriebskindergärten, privat-gewerbliche Kindertagesstätten und eng mit Betrieben kooperierende Einrichtungen hätten sich im überdurchschnittlichen Maße dem Bedarf von Eltern angepasst. Deshalb fordert der DIHK u.a.:

- „Die Länder müssen in ihren gesetzlichen Rahmenvorgaben sicherstellen, dass die privatgewerblichen Träger – unter den gleichen Voraussetzungen wie alle anderen Träger – die öffentliche Förderung erhalten können. Nachdem dies im Kinderförderungsgesetz (KiföG) nicht bundesweit einheitlich geregelt wurde, sind die Länder gehalten, dies flächendeckend umzusetzen.
- Alle Kommunen müssen regelmäßig verpflichtende Bedarfsanalysen zu Umfang, Dauer und vor allem der zeitlichen Lage der gewünschten Betreuung durchführen. Dabei ist Voraussetzung, dass die Eltern selbst angeben, welche Betreuungszeiten und Rahmenbedingungen sie benötigen. Nur so wird die notwendige Transparenz geschaffen, die ein tatsächlich bedarfsgerechtes Angebot ermöglicht.
- Die Eltern müssen im Rahmen des Rechtsanspruches für Kinderbetreuung – für die unter dreijährigen Kinder ab 2013, für die Drei- bis Sechsjährigen schon heute – über die Lage der Betreuungszeiten frei entscheiden können. Samstagsöffnungszeiten müssen explizit Bestandteil des Betreuungsangebotes werden, ebenso wie erweiterte Öffnungszeiten (u.a. abends nach 18:00 Uhr). Hier sind in erster Linie die Träger gemeinsam mit den Jugendämtern gefordert, ein flexibleres Angebot zu gewährleisten."[10]

Ob sich diese Forderungen durchsetzen lassen, ist aufgrund der damit verbundenen Kosten eher fraglich. Jedoch wird die Entwicklung eindeutig in diese Richtung gehen: In je mehr Bundesländern privat-gewerbliche Träger in gleichem Maße

---

9 Deutscher Industrie- und Handelskammertag 2008.
10 Deutscher Industrie- und Handelskammertag 2008, 4.

wie kommunale und frei-gemeinnützige Träger gefördert werden, umso mehr von ihnen verantwortete Kindertageseinrichtungen werden entstehen. Sie werden mit bedarfsgerechteren Öffnungszeiten werben und vor allem Eltern unter dreijähriger Kinder ansprechen, da hier das Platzangebot noch ausgebaut werden muss. Hinsichtlich der Betreuungszeiten sehr flexibel sind schon jetzt die meisten Tagespflegepersonen – und rund ein Drittel der für unter Dreijährige zu schaffenden neuen Plätze soll in der Kindertagespflege entstehen. Auch werden vermutlich mehr an die Arbeitszeiten bzw. Schichten der Arbeitnehmer/innen angepasste betriebliche Kindertageseinrichtungen entstehen.

Zudem hat die Bundesregierung das „Förderprogramm Betrieblich unterstützte Kinderbetreuung"[11] aufgelegt, dem bis Ende 2011 insgesamt 50 Mio. € aus dem Europäischen Sozialfonds zur Verfügung stehen. Die Mittel fließen aber nur langsam ab – für Unternehmen entstehen trotz der Förderung Kosten, die sich vermeiden lassen, wenn die Kinder der Betriebsangehörigen anderweitig versorgt werden. Außerdem sehen die meisten Unternehmen in der Kindertagesbetreuung eine öffentliche Aufgabe. So argumentiert die Wirtschaft mit wissenschaftlichen Untersuchungen, nach denen die gesamte Gesellschaft von einem Ausbau der Kindertagesbetreuung profitiere. Beispielsweise ergab ein Gutachten des Deutschen Instituts für Wirtschaftsforschung Berlin[12], dass der jährliche Einnahmeeffekt im Bereich der Einkommensteuer zwischen 1,1 und 6 Mrd. € und im Bereich der Sozialversicherungen zwischen 1,4 und 8,9 Mrd. € liegen würde, falls alle akademisch ausgebildeten Mütter (148.000 Frauen) mit Kindern ohne ganztägige Betreuung (Minimalvariante) oder alle erwerbswilligen Mütter (1,6 Mio. Frauen) mit Kindern ohne ganztägige Betreuung einer Erwerbstätigkeit nachgehen könnten. Hinzu kämen Mehreinnahmen von 1,3 Mrd. € bei der Einkommensteuer und von 4,4 Mrd. bei den Sozialversicherungen durch rund 430.000 neue Beschäftigte im Bereich der Kindertagesbetreuung sowie Einsparungen bei der Sozialhilfe für alleinerziehende Mütter in Höhe von 800 Mio. €.

In einem neuen Dossier wurde die letztgenannte Zahl an die durch das SGB II geschaffene neue Rechtslage angepasst, wobei aber nur die ca. 75.000 Bedarfsgemeinschaften mit Kindern im Alter von zwei oder drei Jahren berücksichtigt wurden. Die Ausgaben nach dem SGB II für diesen Personenkreis beliefen sich 2006 auf 826 Mio. €. Könnte ein Drittel dieser Menschen aufgrund des Ausbaus von Einrichtungen für unter Dreijährige erwerbstätig werden, ergäben sich Einsparungen in Höhe von 272 Mio. €.[13]

---

11 Bundesministerium für Familie, Senioren, Frauen und Jugend 2008.
12 Bundesministerium für Familie, Senioren, Frauen und Jugend 2002.
13 Prognos AG 2008, 24 f.

Bei einer anderen aktuellen Studie wurde anhand verschiedener Szenarien berechnet, wie hoch die Mehreinnahmen bei der Einkommensteuer und den Sozialversicherungen wären, wenn der Krippenausbau um 420.000 Plätze – wie derzeit vorgesehen – dazu führen würde, dass ein Drittel, die Hälfte oder sogar zwei Drittel der bisher aufgrund der Kinderbetreuung zu Hause bleibenden Eltern erwerbstätig würden. Je nach Szenario wird von zusätzlichen öffentlichen Einnahmen zwischen 1,0 und 3,4 Mrd. € ausgegangen.[14]

Laut einer Studie der BASS AG wäre ein volkswirtschaftlicher Nettonutzen von 2,1 Mrd. € pro Geburtsjahrgang generiert worden, wenn 35% der 1990 bis 1995 geborenen Kinder eine Kinderkrippe besucht hätten.[15] In der Realität waren nur 16% in einer Kinderkrippe gewesen, zumeist erst ab dem Alter von zwei Jahren. Im Vergleich zu Kindern ohne Krippenbesuch erhöhte sich für sie die Wahrscheinlichkeit, ein Gymnasium zu besuchen, von 35% auf rund 50%. Von den sozial benachteiligten Kindern gingen sogar rund zwei Drittel mehr auf das Gymnasium. Aufgrund der größeren Wahrscheinlichkeit, das Abitur zu erwerben und ein höheres Lebenseinkommen zu erzielen, ergibt sich pro betreutem Kind ein durchschnittliches Mehreinkommen von 21.642,– € – ein Betrag, der knapp dreimal höher ist als die Kosten für den Krippenbesuch von 8.026,– € (bei einer durchschnittlichen Dauer von 1,36 Jahren). Investitionen in den Krippenbereich würden sich somit mit 7,3% pro Jahr verzinsen.

Was alle diese Studien verdeutlichen (sollen), ist, dass die durch den Ausbau der Betreuungsangebote für unter dreijährige (und ältere) Kinder entstehenden zusätzlichen Kosten durch Mehreinnahmen bei der Einkommensteuer und den Sozialversicherungen sowie durch Einsparungen bei den Ausgaben nach dem SGB II refinanziert werden könnten und dass der Ausbau sogar mit einem „Gewinn" für Staat und Volkswirtschaft verbunden sei.[16] Problematisiert wird allerdings, dass die meisten zusätzlichen Einnahmen bzw. die Einsparungen nicht bei den Bundesländern und den Kommunen anfallen würden – die aber den größten Teil der Ausbaukosten und Mehrausgaben tragen müssten.

3. Die bildungspolitische Perspektive

Aufgeschreckt durch das schlechte Abschneiden deutscher Schüler/innen bei internationalen Vergleichsstudien (IGLU, PISA usw.) und die darauffolgende intensive Diskussion der Ergebnisse in der Öffentlichkeit, haben Politik und Verwaltung

---

14 Dohmen 2007, 21-24.
15 Fritschi/Oesch 2009.
16 Siehe auch die im folgenden Abschnitt referierte Studie.

eine Vielzahl von Maßnahmen zur Verbesserung des Bildungssystems initiiert. Aufgrund von Forschungsergebnissen der Entwicklungs- und Lernpsychologie sowie der Hirnforschung über die Bedeutung der frühen Kindheit für die Schullaufbahn versprechen sie sich besonders große positive Effekte von einer Intensivierung der frühkindlichen Bildung – und das nach dem Motto: „Je früher beginnend (und je länger am Tag), umso besser".

Vor allem durch die Einführung von Bildungsplänen und begleitende Maßnahmen wurde in allen Bundesländern versucht, die Qualität der frühkindlichen Bildung zu verbessern. Die Entwicklung in den letzten Jahren enthält jedoch drei Paradoxe:

1. Bei den meisten Bildungsplänen wurden die ersten drei Lebensjahre nur unzureichend berücksichtigt. Dadurch wurden die Unterschiede zwischen Krippen- und Kindergartenpädagogik verwischt, sodass in manchen Kindertageseinrichtungen mit weit altersgemischten Gruppen die sich auf Kleinkinder beziehenden Vorgaben für die unter Dreijährigen nur „heruntergebrochen" werden – also deren altersspezifischen Bedürfnisse zu wenig berücksichtigt werden.
2. Qualitätskriterien und handhabbare Verfahren zur Qualitätssicherung in Kinderkrippen, Kindertagespflege, Kindergarten und Hort wurden im Rahmen der „Nationalen Qualitätsinitiative"[17] entwickelt, bevor die zu berücksichtigenden Schlüsselkompetenzen und Bildungsinhalte in den Orientierungsplänen festgelegt wurden.
3. Eine öffentliche Überprüfung der Qualität frühkindlicher Bildung in den einzelnen Einrichtungen und in der Kindertagespflege bleibt aus, obwohl die bisher einzige deutsche Längsschnittuntersuchung[18] ergab, dass die Entwicklungsunterschiede bei Kindern, die auf die pädagogische Qualität im Kindergarten zurückgeführt werden können, im Extremfall einem Altersunterschied von einem Jahr entsprechen. Da somit eine schlechte Kindertagesbetreuung die Entwicklung von Kindern stark beeinträchtigen kann, ist es nicht verständlich, wieso Trägerverbände und Kommunen die auf die einzelnen Kindertageseinrichtungen bezogenen Ergebnisse ihres Qualitätsmanagements unter Verschluss halten.

So können sich letztlich nur die Eltern selbst durch eigene Erfahrung bzw. durch die Nutzung von Netzwerkkontakten einen Eindruck davon verschaffen, wie gut

---

17 Http://www.bildungsserver.de/zeigen.html?seite=3768 (17. Januar 2009).
18 Tietze 1998.

eine Kindertageseinrichtung bzw. Tagespflegeperson ist. Dadurch ergeben sich neue Ungerechtigkeiten im System der Fremdbetreuung: Insbesondere Eltern mit einer hohen Bildung suchen ganz gezielt nach qualitativ guten Betreuungsangeboten für ihre Kinder, während sich die von ihrem sozialen Hintergrund her sowieso schon benachteiligten Kinder in anderen Einrichtungen ballen. Das lässt sich gut am Beispiel der Migrantenkinder nachweisen: Bundesweit (ohne Berlin) gesehen hatten 2006 in 9,2% aller Kindertagesstätten schon mehr als die Hälfte und in 3,4% der Einrichtungen sogar mehr als drei Viertel aller Kinder einen Migrationshintergrund.[19]

Da Mittelschichtseltern schon vor Beginn der Wirtschaftskrise eine große Angst vor dem sozialen Abstieg hatten,[20] die sich inzwischen verschärft haben dürfte, legen sie großen Wert auf eine gute Bildung ihrer Kinder, da diese in der sich anbahnenden Wissensgesellschaft am ehesten einen sicheren Arbeitsplatz garantiere. Oftmals haben sie sich intensiv mit den Erkenntnissen von Hirnforschung, Entwicklungs- und Lernpsychologie befasst, sind sich somit der Bedeutung der frühen Kindheit für die Bildungslaufbahn ihres Kindes bewusst und wollen deshalb, dass es bestmöglich gefördert werde. Deshalb üben sie einen großen Druck auf die von ihnen ausgewählte Kindertageseinrichtung aus, eine qualitativ hochwertige frühkindliche Bildung zu leisten.

Aber auch die Wirtschaft erwartet, dass die Bildung in der frühen Kindheit intensiviert wird. So ist aufgrund der Globalisierung der nun weltweite Wettbewerb härter geworden und Deutschland kann seine Position als „Exportweltmeister" nur verteidigen (oder wiedergewinnen), wenn die Unternehmen bei der wissenschaftlichen und technischen Entwicklung „an vorderster Front stehen". Jedoch studiert in Deutschland im Vergleich zu anderen OECD-Ländern ein kleinerer Prozentsatz eines Geburtsjahrgangs; zudem werden auch noch seltener die für die Wirtschaft wichtigen Natur- und Ingenieurwissenschaften gewählt. Deshalb sollen Kinder durch frühkindliche Bildung nicht nur allgemein gefördert werden, sondern auch ihr Interesse an Mathematik, Naturwissenschaft und Technik soll geweckt werden. Diese Erwartungen schlagen sich – vermittelt durch Politik und Verwaltung – in den Bildungsplänen nieder, zeigen sich aber auch in an Kindertageseinrichtungen gerichteten Initiativen von Wirtschaftsverbänden und Unternehmen.[21] Sogar schon für Zweijährige wurden naturwissenschaftlich-technische

---

19 Leu 2008, 163.
20 Merkle/Wippermann 2008.
21 Z.B. Wettbewerb „Es funktioniert?! – Kinder in der Welt der Technik" (Bildungswerk der Bayerischen Wirtschaft), „Schlaumäuse – Kinder entdecken Sprache" (Microsoft), Forscherkisten für Kindertageseinrichtungen (Siemens).

Experimente zusammengestellt, die von Erzieher/innen in ihren Gruppen durchgeführt werden können.[22]

Die Wirtschaft verweist darauf, dass die Gesellschaft von einer Verbesserung der frühkindlichen Bildung profitieren würde. So hat eine Studie des Instituts der deutschen Wirtschaft Köln[23] gezeigt, dass öffentliche Investitionen in die Qualität der frühkindlichen Bildung (z.B. Einführung von Mindeststandards, Förderpauschalen für die individuelle Unterstützung von Kindern mit Entwicklungsdefiziten, Höherqualifizierung des Personals in Verbindung mit einem höheren Gehalt, aber auch Ganztagsbetreuung an Grundschulen u.a.) volkswirtschaftlich sinnvoller als rein quantitative Maßnahmen (z.B. Ausbau der Kindertagesbetreuung, Kostenfreiheit für Eltern) sind. Während Letztere sich nur mit 3% für den Staat rentierten, könnten mit allen für notwendig erachteten Maßnahmen eine Rendite von rund 8% für den Staat und sogar von circa 13% für die Volkswirtschaft erzielt werden. Die zusätzlichen Aufwendungen werden mit durchschnittlich 6 Mrd. € pro Jahr beziffert, die aus der „demografischen Rendite" des Bildungssystems – d.h. der abnehmenden Kosten aufgrund der rückläufigen Kinderzahlen – gegenfinanziert werden könnten.

4. Die sozialpolitische Perspektive

Eine Intensivierung der frühkindlichen Bildung wird von der Wirtschaft noch aus einem weiteren Grund für wichtig erachtet: Aufgrund der Bevölkerungsentwicklung werden in den kommenden Jahren immer weniger junge Menschen die Schulen verlassen. Der Wirtschaft geht also der Nachwuchs aus, und so werden zwei bisher eher ignorierte Gruppen in den Blick genommen: Kinder aus sozial schwachen Familien und Kinder mit Migrationshintergrund – wobei es natürlich Überschneidungen zwischen beiden Populationen gibt. Diese Kinder verlassen die Schule überdurchschnittlich häufig ohne Abschluss oder mit schlechten Noten. Sie sind aufgrund ihrer mangelnden Kompetenzen für Ausbildungsberufe kaum geeignet.

Kinder aus sozial schwachen und zugewanderten Familien bilden somit eine Arbeitsmarktreserve – vorausgesetzt, ihre Bildung kann verbessert werden. Und hier wird wieder bei der frühen Kindheit angesetzt: Besuchen Kinder mit Migrationshintergrund bereits mit zwei, drei Jahren eine Kindertageseinrichtung, ist die Wahrscheinlichkeit relativ groß, dass sie die deutsche Sprache so gut lernen, dass

---

22 z.B. Kieninger 2008 a, b, c.
23 Anger/Plünnecke/Tröger 2007.

sie in der Schule mit anderen Kindern mithalten können. Deshalb haben alle Bundesländer in den letzten Jahren flächendeckend Sprachstandserhebungen und besondere Sprachförderprogramme eingeführt, die auch deutsche Kinder mit Sprachdefiziten einbeziehen. Derzeit schicken Migranteneltern ihre Kinder aber noch später bzw. kürzer als deutsche Eltern in Kindertagesstätten und sie scheinen laut einer Studie des Mannheimer Zentrums für Europäische Sozialforschung auch qualitativ weniger gute Einrichtungen auszuwählen.[24] Daher müssten sie direkt auf Kinderbetreuungsangebote (für unter Dreijährige) aufmerksam gemacht und zu deren Nutzung motiviert werden.

Bei Kindern aus armen und bildungsfernen Familien – rund 15% bis 20% aller Kinder – ist die Problematik komplexer: Sie wachsen in einem anspruchslosen und anregungsarmen Umfeld auf. Ihre Eltern sind oft abgestumpft oder überfordert, kümmern sich kaum um sie und stimulieren ihre Entwicklung nur ansatzweise. Sie sprechen wenig mit ihnen, lesen ihnen nicht vor, lassen sie stundenlang fernsehen. So entwickeln die Kinder wenig intellektuelle Interessen und kognitive Kompetenzen, Lernfreude und Leistungsmotivation sind kaum ausgeprägt, ihr Wortschatz ist klein und wenig differenziert und es mangelt ihnen an kommunikativen Fertigkeiten. Hinzu kommt, dass sie später als andere Kinder in Kindertageseinrichtungen angemeldet werden: Während laut einer Auswertung von Daten des Sozio-ökonomischen Panels im Jahr 2006 33,4% der Mütter mit Fachhochschul- bzw. Hochschulabschluss ihr unter dreijähriges Kind in einer Kindertageseinrichtung betreuen ließen, waren es nur 9,7% der Mütter ohne Schulabschluss bzw. mit Hauptschulabschluss.[25]

Für Kleinkinder aus sozial schwachen Familien gibt es in Deutschland keine etablierten kompensatorischen Förderprogramme. Aber auch bei ihnen wird davon ausgegangen, dass sie von einer möglichst früh – vor dem dritten Lebensjahr – beginnenden Fremdbetreuung profitieren werden. Hier wird oft auf die Analysen des US-amerikanischen Ökonomen und Nobelpreisträgers James Heckman verwiesen.[26] Er wertete relevante wissenschaftliche Studien aus und kam zu dem Ergebnis, dass amerikanische Förderprogramme für benachteiligte Kleinkinder[27] dazu führen, dass diese in der Schule seltener sitzenbleiben, häufiger einen Schulabschluss erwerben, eher an einer Hochschule studieren und im Erwachsenenalter seltener durch Kriminalität, Drogensucht usw. negativ auffallen. Für

---

24 Becker 2007.
25 Fuchs-Rechlin 2008, 207.
26 Z.B. Funcke 2008.
27 Z.B. das „Perry Preschool Project" und die „Carolina Abecedarian Study"

Heckman ist entscheidend, dass Kleinkinder Neugier, Lernmotivation, Selbstvertrauen, Durchhaltevermögen usw. entwickeln und sich frühzeitig Wissen aneignen, da Lernen ein spiralförmiger Prozess sei, bei dem auf zuvor Erworbenem aufgebaut werde. Ein Kind, das während der Kleinkindheit nicht ein gewisses Fundament bilde, habe in der Schule weniger Chancen. Erst dann einsetzende Interventionen seien kostspieliger und weniger erfolgversprechend als Fördermaßnahmen in der frühen Kindheit. Armut könne am besten durch (frühkindliche) Bildung bekämpft werden.

Sozialpolitiker/innen haben noch eine dritte Gruppe von Kindern im Fokus – solche, die unabhängig vom sozialen Status ihrer Familie unter (Wohlstands-)Verwahrlosung, Misshandlung oder sexuellem Missbrauch leiden, die in ihrer psychischen Entwicklung durch sich über viele Jahre erstreckende Streitigkeiten ihrer Eltern, durch Trennung und Scheidung beeinträchtigt werden, deren Eltern in der Erziehung unsicher, verwöhnend oder überbehütend sind, keine Grenzen setzen können usw. Je früher diese Kinder in Tageseinrichtungen betreut werden, umso eher werden Defizite ihrer familialen Sozialisation offensichtlich, umso schneller kann einer Kindeswohlgefährdung begegnet werden und umso leichter lassen sich Verhaltensauffälligkeiten und psychische Probleme beheben. Vor allem aber kann vermieden werden, dass es später zu kostspieligen „Erziehungshilfe-Fällen" kommt, d.h. zur Unterbringung der Kinder in Heimen bzw. Pflegefamilien.

Erzieher/innen sollen also vernachlässigte und misshandelte Kinder, Eltern mit Erziehungsschwierigkeiten oder familialen Belastungen sowie Kinder mit Verhaltensauffälligkeiten und psychischen Problemen so früh wie möglich identifizieren und ihnen relevante Hilfen psychosozialer Dienste vermitteln, also von Frühförderstellen, Jugendämtern, Erziehungsberatungsstellen, medizinischen Einrichtungen usw. Auch sollen sie im Rahmen ihrer Möglichkeiten Eltern bei Erziehungsfragen und anderen Problemen beraten. Da in Kindertageseinrichtungen erstmalig alle Eltern mit Kleinkindern erreicht werden, könnte durch dort angesiedelte familienbildende Angebote wie Elternabende, Kurse und Gesprächskreise die Familienerziehung positiv beeinflusst werden.

Ferner wird seitens der Politik erwartet, dass Erzieher/innen, Tagespflegepersonen und Eltern prinzipiell bei der Erziehung und Bildung von Kindern eng zusammenarbeiten. So wird in den Bildungsplänen der Bundesländer eine „Bildungs- und Erziehungspartnerschaft" gefordert: Beide Seiten sollen in enger Kooperation das Kindeswohl und eine positive Entwicklung des jeweiligen Kindes sicherstellen.

5. Die bevölkerungspolitische Perspektive

Viele Politiker/innen hoffen, dass der Ausbau der Betreuungsangebote für unter Dreijährige und die Verlängerung ihrer Öffnungszeiten auch zu einer Steigerung der Geburtenrate führen werden. Hier wird vor allem auf die skandinavischen Länder und auf Frankreich verwiesen, die aufgrund bedarfsdeckender Kinderbetreuungssysteme viel höhere und (nahezu) „bestandserhaltene" Geburtenquoten erreicht hätten. Während die Gesamtfruchtbarkeitsrate im Jahr 2007 für Deutschland mit 1,39 Kindern beziffert wurde, betrug sie in Schweden und Dänemark 1,85, in Finnland 1,83 und in Frankreich sogar 1,98.[28] In diesen Ländern müssten Frauen nach der Geburt eines Kindes nicht die ökonomische Selbstständigkeit aufgeben, da parallel zu familienpolitischen Leistungen und Ansprüchen gegenüber dem Arbeitgeber

> „die Angebote institutioneller Betreuung in Krippe, Kindergarten bzw. Kindertagesbetreuung sowie Schule als eine Ergänzung und Bereicherung der elterlichen Fürsorge begriffen werden. Solche Systeme konnten nur entwickelt werden, weil die Überzeugung vorherrscht, dass Kinder eben nicht nur eine private Angelegenheit ihrer Eltern darstellen, sondern die Gesellschaft gemeinsam mit den Eltern zum Wohl des Kindes und seiner Entwicklung zusammenwirken, weil die positiven Folgen einer gelungenen kindlichen Entwicklung den Eltern und der Gesellschaft nutzen".[29]

Diese Aussage aus dem 7. Familienbericht verdeutlicht zugleich, dass in den vorgenannten Ländern großer Wert auf eine hohe Qualität der Kindertagesbetreuung gelegt wird, sodass Eltern ihre Kinder mit gutem Gewissen frühzeitig in die Obhut gut qualifizierter Fachkräfte geben können. Eine Studie des Max-Planck-Instituts für demographische Forschung verweist aber auch auf quantitative Aspekte: Nur ein deutlicher Angebotsausbau – bezogen auf die Zahl der Plätze für unter Dreijährige und die Dauer der Betreuungszeit (inklusive deren Flexibilität, M.T.) – würde signalisieren, dass Familie und Beruf miteinander vereinbar sind und die Entscheidung für ein erstes (bzw. weiteres) Kind erleichtern.[30]

In diesem Kontext soll daran erinnert werden, dass Ende des letzten Jahrhunderts die Kindertagesbetreuung eine große Rolle in der Debatte um die Reform von § 218 Strafgesetzbuch spielte. So wurde 1995/96 der Rechtsanspruch auf einen Kindergartenplatz zwecks Vermeidung von Schwangerschaftsabbrüchen eingeführt – und nicht aufgrund frauen-, familien-, wirtschafts- oder bildungspolitischer

---

28 Schipfer 2008, 16.
29 Sachverständigenkommission Siebter Familienbericht 2005, 110.
30 Hank/Kreyenfeld/Spieß 2003.

Erwägungen. Eventuell haben hier auch bevölkerungspolitische Motive eine Rolle gespielt, da weniger Abtreibungen natürlich mehr Geburten bedeuten.[31]

6. Fazit

In diesem Kapitel wurde deutlich, dass Erziehung und Bildung nach Vollendung des ersten Lebensjahres zunehmend vergesellschaftet werden. Dabei stehen frauen-, wirtschafts-, bildungs-, sozial- und bevölkerungspolitische Zielsetzungen und Anforderungen im Vordergrund. Bisher scheinen Bund, Länder und Kommunen aber noch nicht bereit zu sein, die aus einer Vergesellschaftung der frühkindlichen Bildung resultierenden Konsequenzen zu ziehen – also den Elementarbereich mit den nötigen finanziellen Ressourcen auszustatten und eine hohe Qualität der Betreuungsangebote sicherzustellen. So wird ignoriert, dass insbesondere die Länder, die bei internationalen Vergleichsuntersuchungen wie IGLU und PISA besonders gut abschnitten und für eine hochwertige frühkindliche Bildung bekannt sind, bei weitem mehr Geld als Deutschland in den Elementarbereich investieren: Laut der OECD-Studie „Starting Strong" gibt Dänemark 2,1% des Bruttoinlandsprodukts (BIP) für vorschulische Bildungs- und Betreuungsangebote aus, Schweden 1,9%, Norwegen 1,7%, Finnland 1,1% und Frankreich 1,0%, während die Bundesrepublik mit 0,53% des BIP weit unter diesen Werten liegt.[32]

In den folgenden Kapiteln wird immer wieder betont, dass die Qualität der Betreuungsangebote für unter Dreijährige in Deutschland noch unbefriedigend sei. Wie aber können schlecht qualifizierte Erzieher/innen, Kinderpfleger/innen und Sozialassistent/innen unter Rahmenbedingungen wie große Gruppen, hoher Erzieherin-Kind-Schlüssel, mangelnde Verfügungszeit usw. den in den Bildungsplänen der Bundesländer formulierten Ansprüchen an die frühkindliche Bildung genügen? Wie können sie bei diesen Gegebenheiten eine intensive Sprachförderung bei Migrantenkindern leisten und auf Kindern aus sozial schwachen Familien kompensatorisch einwirken? Wie soll unter diesen Voraussetzungen das Recht von unter Dreijährigen auf Befriedigung ihrer Bedürfnisse, auf sichere Bindungen, auf eine allseitige, ganzheitliche Entwicklung und auf ein glückliches Leben gewährleistet werden? Auf diese Fragen haben Wirtschaft und Politik noch keine adäquaten Antworten gegeben.

---

31 Im Jahr 2007 wurden knapp 120.000 Schwangerschaftsabbrüche registriert.
32 OECD 2006.

Literatur

Anger, Christina/Plünnecke, Axel (2008): Frühkindliche Förderung. Ein Beitrag zu mehr Wachstum und Gerechtigkeit, Köln.

Anger, Christina/Plünnecke, Axel/Tröger, Michael (2007): Renditen der Bildung – Investitionen in den frühkindlichen Bereich, Köln.

Becker, Birgit (2007): Bedingungen der Wahl vorschulischer Einrichtungen unter besonderer Berücksichtigung ethnischer Unterschiede, Mannheim.

Bien, Walter/Rauschenbach, Thomas/Riedel, Birgit (2007): Wer betreut Deutschlands Kinder? DJI-Kinderbetreuungsstudie, München.

Bundesministerium für Familie, Senioren, Frauen und Jugend (Hrsg.) (2002): Einnahmeeffekte beim Ausbau von Kindertagesbetreuung. Wesentliche Ergebnisse des Gutachtens des deutschen Instituts für Wirtschaftsforschung Berlin, Berlin.

Bundesministerium für Familie, Senioren, Frauen und Jugend (Hrsg.) (2005): Betriebswirtschaftliche Effekte familienfreundlicher Maßnahmen. Kosten-Nutzen-Analyse (Nachdruck 2008), Berlin.

Bundesministerium für Familie, Senioren, Frauen und Jugend (Hrsg.) (2008): Förderfibel zum Programm Betrieblich unterstützte Kinderbetreuung aus Mitteln des Europäischen Sozialfonds (ESF), Berlin.

Deutscher Industrie- und Handelskammertag (2008): Der Kita-Check: Kinderbetreuung in Deutschland 2008. Ergebnisse einer DIHK-Kitabefragung, Berlin.

Dohmen, Dieter (2007): Bedarf, Kosten und Finanzierung des Kita-Ausbaus für die unter 3-Jährigen, Berlin.

Fritschi, Tobias/Oesch, Tom (2009): Volkswirtschaftlicher Nutzen von frühkindlicher Bildung in Deutschland. Eine ökonomische Bewertung langfristiger Bildungseffekte bei Krippenkindern. http://www.bertelsmann-stiftung.de/bst/de/media/xcms_bst_dms_23966_23968_2.pdf (17. Januar 2009).

Fuchs-Rechlin, Kirsten (2008): Kindertagesbetreuung im Spiegel des Sozioökonomischen Panels. In: Forschungsverbund Deutsches Jugendinstitut/Universität Dortmund (Hrsg.): Zahlenspiegel 2007 – Kindertagesbetreuung im Spiegel der Statistik, München/Dortmund, 203-217.

Funcke, Antje (2008): Je früher, desto besser, Kinderzeit Heft 3, 28-31.

Hank, Karsten/Kreyenfeld, Michaela/Spieß, C. Katharina (2003): Kinderbetreuung und Fertilität in Deutschland, Rostock.

Institut für Demoskopie Allensbach (2007): Gravierende Unterschiede des gesellschaftlichen Klimas. Zusammenfassung der wichtigsten Befunde der Studie „Einflussfaktoren auf die Geburtenrate – ein deutsch-französischer Vergleich", Allensbach.

Institut für Demoskopie Allensbach (2008): Familienmonitor 2008, Allensbach.

Kieninger, Martina (2008 a): Biologie mit 2- bis 3-Jährigen, Berlin.

Kieninger, Martina (2008 b): Chemie mit 2- bis 3-Jährigen, Berlin.

Kieninger, Martina (2008 c): Technik mit 2- bis 3-Jährigen, Berlin.

Leu, Hans Rudolf (2008): Kinder mit Migrationshintergrund in Kindertageseinrichtungen. In: Forschungsverbund Deutsches Jugendinstitut/Universität Dortmund (Hrsg.): Zahlenspiegel 2007 – Kindertagesbetreuung im Spiegel der Statistik, München/Dortmund, 159-169.

Merkle, Tanja/Wippermann, Carsten (2008): Eltern unter Druck. Selbstverständnisse, Befindlichkeiten und Bedürfnisse von Eltern in verschiedenen Lebenswelten, Stuttgart.

OECD (2006): Starting Strong II. Early Childhood Education and Care, Paris.

Prognos AG (2008): Dossier Ausbau der Kinderbetreuung – Kosten, Nutzen, Finanzierung, Berlin, 2. Aufl.

Sachverständigenkommission Siebter Familienbericht (2005): Familie zwischen Flexibilität und Verlässlichkeit. Perspektiven für eine lebenslaufbezogene Familienpolitik, Berlin.

Schipfer, Rudolf Karl (2008): Familien in Zahlen. Aktualisierung 2008, Wien.

Seybold, Laetitia (2007): Berufstätige Mütter: Die Mehrheit will in den Job zurück, http://www.focus.de/karriere/berufsleben/beruf-und-familie/tid-7656/ berufstaetige-muetter_aid_135719.html (14. Oktober 2007).

Tietze, Wolfgang (Hrsg.) (1998): Wie gut sind unsere Kindergärten? Eine Untersuchung zur pädagogischen Qualität in deutschen Kindergärten, Weinheim.

Kirsten Fuchs-Rechlin und Matthias Schilling

Der Ausbau der Kindertagesbetreuung für unter Dreijährige: eine empirische Bestandsaufnahme

Durch das Kinderförderungsgesetz (KiFöG) wurde zum 1. Januar 2009 das SGB VIII u.a. dahingehend geändert, dass ab 2013 auch Kinder im Alter von ein und zwei Jahren einen Rechtsanspruch auf ein Betreuungsangebot haben werden. Bund, Länder und Kommunen haben sich im Lichte dieses Ziels darauf verständigt, dass für die Umsetzung dieses Anspruchs im Bundesdurchschnitt mindestens eine Inanspruchnahmequote von 35% erreicht werden muss. Nachfolgend werden die wichtigsten Eckwerte des bis zum 15. März 2008 erreichten und zukünftigen Ausbaus in West- und Ostdeutschland dargestellt.

Die Ergebnisse basieren auf der amtlichen Kinder- und Jugendhilfestatistik (KJH-Statistik). Im Rahmen dieser Statistik werden jährlich zum 15. März Daten zu allen Kindern in Tageseinrichtungen und Tagespflege deutschlandweit einheitlich erhoben (vgl. Statistisches Bundesamt 2008 a und 2008 b). Die Statistik wurde 2006 erstmals in dieser Form durchgeführt. Inzwischen stehen die Ergebnisse für die Erhebungszeitpunkte 15. März 2006, 15. März 2007 und 15. März 2008 zur Verfügung.

1. Erreichter Ausbaustand im März 2008

Im März 2008 nutzten insgesamt 364.190 unter Dreijährige Angebote in Tageseinrichtungen und Kindertagespflege, davon 203.721 in Westdeutschland. Somit wurde eine Quote der Inanspruchnahme von 12,2% in Westdeutschland erreicht, die sich damit deutlich ausgeweitet hat (vgl. Abbildung 1). Im Frühjahr 2006 nutzten in Westdeutschland erst 138.000 und ein Jahr später 167.000 unter Dreijährige die Angebote der frühkindlichen Bildung, Erziehung und Betreuung. Innerhalb von zwei Jahren wurden so 66.000 zusätzliche Betreuungsverhältnisse geschaffen, so dass dadurch die Inanspruchnahmequote von 8,0% auf 12,2% gesteigert werden konnte. Vor Einführung der überarbeiteten KJH-Statistik wurden nur Angaben zu den verfügbaren Plätzen alle vier Jahre erhoben. Gemäß diesen Angaben gab es im Jahre 2002 für ca. 3% der unter Dreijährigen Plätze. Die Kindertagespflege wurde nicht erhoben. Schätzungen gingen von einer Inanspruchnahmequote der öffentlich geförderten Kindertagespflege für unter Dreijährigen von ca. 1% aus.

Im Rahmen des Ausbaus soll die Kindertagespflege eine wichtige Rolle spielen. Zwischen 2006 und 2008 hat sich die Inanspruchnahme von 21.000 Kindertagespflegen auf 36.000 erhöht. Der Anteil der Kindertagespflege an allen U3-Angeboten in Westdeutschland konnte somit von 15,5% auf 17,7% gesteigert werden. Dies bedeutet aber zugleich, dass bei einem angestrebten Gesamtanteil von 30% die Kindertagespflege noch deutlich stärker ausgebaut werden muss als die Angebote in Kindertageseinrichtungen.

Vergleicht man die bisher erreichten Quoten der Inanspruchnahme in Einrichtungen und Kindertagespflege in den einzelnen westlichen Ländern, so zeigt sich zwar, dass es in allen Ländern klar erkennbare Ausbaufortschritte gibt, aber die Dynamik in den einzelnen Ländern dennoch unterschiedlich ist. Der stärkste Zuwachs ist in Rheinland-Pfalz zu beobachten. Dort ist die Quote von 9,4% auf 15,1% hochgeschnellt. Ebenfalls hohe Zuwachsraten sind in Hessen (+ 5,3), Bayern (+ 5,0) und Baden-Württemberg (+ 4,9) zu verzeichnen. Das bisher Erreichte ist allerdings nur der erste Schritt zu einem bedarfsgerechten Ausbau, der politisch

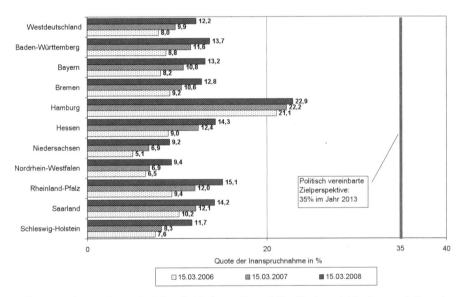

Quelle: Statistisches Bundesamt: Statistiken der Kinder- und Jugendhilfe – Kinder und tätige Personen in Tageseinrichtungen, Kinder und tätige Personen in Kindertagespflege 2006 bis 2008; eigene Berechnungen

Abbildung 1: Inanspruchnahmequote von Kindern unter drei Jahren in Tageseinrichtungen und Kindertagespflege in den westdeutschen Bundesländern (2006 – 2008)

gegenwärtig bei durchschnittlich 35% angesehen wird. In den verbleibenden fünf Jahren muss demnach die Angebotsquote noch um 22,8 Prozentpunkte angehoben werden, was einer jährlichen Steigerungsquote von 4,6 Prozentpunkten entspricht. Da diese Quote bisher jährlich nur um ca. 2 Prozentpunkte gesteigert werden konnte, ist somit eine erhebliche Steigerung der Ausbaudynamik notwendig, um das politisch selbst gesteckte Ziel zu erreichen: Die bisherige Ausbaudynamik muss mehr als verdoppelt werden.

In den ostdeutschen Ländern liegen die Quoten der Inanspruchnahme bereits deutlich über dem Wert von 35%, der in den westlichen Ländern angestrebt wird. Allerdings ist auch hier in den letzten Jahren eine leichte Steigerung zu verzeichnen. Die Quote ist dabei von 40% auf 42% gestiegen (vgl. Abbildung 2). Die länderspezifische Auswertung macht deutlich, dass zwischen den Ländern deutliche Unterschiede bestehen. In Sachsen liegt die Quote bei 37%, während sie in Sachsen-Anhalt auf 53% angestiegen ist.

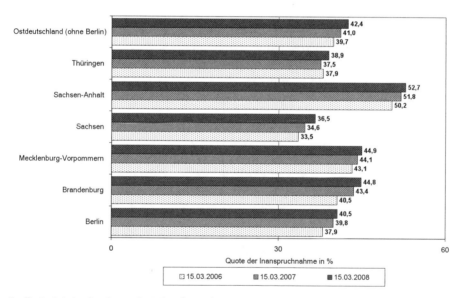

Quelle: Statistisches Bundesamt: Statistiken der Kinder- und Jugendhilfe – Kinder und tätige Personen in Tageseinrichtungen, Kinder und tätige Personen in Kindertagespflege 2006 bis 2008; eigene Berechnungen

Abbildung 2: Inanspruchnahmequote von Kindern unter drei Jahren in Tageseinrichtungen und Kindertagespflege in den ostdeutschen Bundesländern (2006 – 2008)

Die Diskussion um den Ausbau der Angebote für unter Dreijährige ist gegenwärtig noch stark durch den Durchschnittswert für alle drei Altersjahrgänge geprägt. Die Auswertung nach den Altersjahren macht unterdessen deutlich, dass es erhebliche Unterschiede bei der Inanspruchnahme gibt. So liegt die Inanspruchnahmequote bei den unter Einjährigen in Westdeutschland bei 1,7% (vgl. Abbildung 3). In Ostdeutschland ist die Quote mit 5,7% im Vergleich zu den anderen Altersjahren ebenfalls erheblich niedriger. Damit deutet sich an, dass die Nachfrage nach Angeboten für unter Einjährige ausgesprochen gering ist. Aber auch zwischen den Ein- und den Zweijährigen gibt es ein deutliches Gefälle. In Westdeutschland beträgt die Quote bei den Einjährigen 9,5%, während die Quote bei den Zweijährigen mit 25,2% fast dreimal so hoch liegt. Der Blick nach Ostdeutschland lässt erahnen, in welchen Größenordnungen sich die Inanspruchnahme im Westen entwickeln könnte. Dort liegt die Quote der Einjährigen bei 47,5% und die der Zweijährigen bei 75,2%. Nimmt man die prozentualen Anteile dieser Altersjahre und bezieht diese auf den angestrebten Durchschnittswert von 35% in Westdeutschland, so hieße das, dass nach der Umsetzung des Rechtsanspruchs bei den Einjährigen die Quote bei ca. 40% und bei den Zweijährigen bei ca. 60% liegen dürfte. Das wiederum bedeutet, dass für die Einjährigen die Quote der Inanspruchnahme noch um 29 Prozentpunkte und für die Zweijährigen noch um 36 Prozentpunkte gesteigert werden muss.

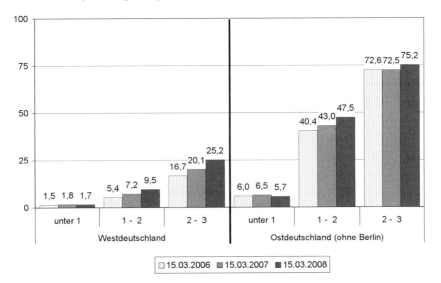

Quelle: Statistisches Bundesamt: Statistiken der Kinder- und Jugendhilfe – Kinder und tätige Personen in Tageseinrichtungen, Kinder und tätige Personen in Kindertagespflege 2006 bis 2008; eigene Berechnungen

Abbildung 3: Inanspruchnahmequote von Kindern unter drei Jahren in Tageseinrichtungen und Kindertagespflege nach Altersjahren in Westdeutschland (2006–2008)

2. Inanspruchnahme von Kindern mit Migrationshintergrund

Die Kindertageseinrichtungen und zunehmend auch die Kindertagespflege stellen die ersten öffentlichen Bildungsinstanzen für Kinder dar. Ziel ist dabei, die Kinder von Anfang an optimal in ihrer individuellen und sozialen Entwicklung zu fördern und zu bilden und damit Chancengerechtigkeit zu ermöglichen. Neben der kulturellen Integration bzw. Verständigung geht es insbesondere um den Erwerb der deutschen Sprache. Auf der Grundlage der Daten der amtlichen KJH-Statistik kann aufgezeigt werden, wie hoch der Anteil der Kinder mit Migrationshintergrund im Alter von unter drei Jahren ist, die Angebote der Kindertagesbetreuung in Anspruch nehmen. Kinder mit Migrationshintergrund sind im Sinne der KJH-Statistik Kinder mit mindestens einem Elternteil, dessen Herkunftsland nicht Deutschland ist.[1]

Die KJH-Statistik weist aus, dass in Westdeutschland im Jahr 2008 21,5% der Kinder im Alter von unter drei Jahren, die Kindertagesbetreuung in Anspruch nehmen, einen Migrationshintergrund haben (Abbildung 4). In Tageseinrichtungen ist der Anteil mit 23,1% deutlich höher als mit 14,0% in der Kindertagespflege. Um diesen Anteil einschätzen zu können, ist es notwendig zu wissen, wie viele Kinder unter drei Jahren in der Bevölkerung einen Migrationshintergrund nach dem gleichen Migrationskonzept haben. Entsprechende Sonderauswertungen des Mikrozensus für das Jahr 2006 kommen zu dem Ergebnis, dass in Westdeutschland der Anteil bei ca. 34% liegt. Damit zeigt sich, dass Kinder mit Migrationshintergrund dieser Altersgruppe tendenziell weniger Angebote der Tagesbetreuung in Anspruch nehmen als Kinder ohne Migrationshintergrund.

In den östlichen Bundesländern haben im Jahr 2008 insgesamt 3,7% der Kinder im Alter von unter drei Jahren, die Kindertagesbetreuung in Anspruch nehmen, einen Migrationshintergrund (Abbildung 4). In Kindertageseinrichtungen sind es 3,8% und in der Kindertagespflege 3,1%. Auch in den östlichen Bundesländern zeigt sich ähnlich wie in den westlichen Bundesländern, dass die Anteile der Bevölkerung mit Migrationshintergrund mit ca. 6% höher liegen und somit die Integrationspotenziale der Angebote der frühkindlichen Bildung, Erziehung und Betreuung offensichtlich noch nicht vollständig ausgeschöpft werden.

---

1 Dieses Migrationskonzept weicht etwas von dem Migrationskonzept ab, das bei der Auswertung des Mikrozensus verwendet wird. Bei der Auswertung des Mikrozensus werden auch noch diejenigen zu den Kindern mit Migrationshintergrund gezählt, deren Eltern zwar in Deutschland geboren wurden, aber nicht die deutsche Staatsangehörigkeit haben.

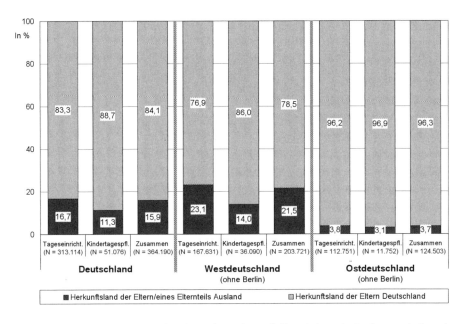

Quelle: Statistisches Bundesamt: Statistiken der Kinder- und Jugendhilfe – Kinder und tätige Personen in Tagesein-richtungen, Kinder und tätige Personen in Kindertagespflege 2008; Berechnungen der Dortmunder Arbeitsstelle Kinder- und Jugendhilfestatistik

Abbildung 4: Kinder im Alter von unter drei Jahren mit Migrationshintergrund in Kinder-tageseinrichtungen und Kindertagespflege in Deutschland und den westlichen sowie öst-lichen Bundesländern (jeweils ohne Berlin) 2008 (Anteile in %)

3. Die täglichen Betreuungszeiten bei den Angeboten für unter Dreijährige

Die tägliche Inanspruchnahme bei den unter Dreijährigen stellt sich in Tagesein-richtungen und in der Kindertagespflege sowie zwischen West- und Ostdeutsch-land sehr unterschiedlich dar. In Westdeutschland nutzen die unter Dreijährigen Tageseinrichtungen zu jeweils einem Drittel ganz-, dreiviertel- und halbtags (vgl. Abbildung 5). Bei den Dreivierteltagsangeboten (mehr als fünf und bis zu sieben Stunden täglich) sind auch die Vor- und Nachmittagsangebote ohne Mittagsbe-treuung mit einem Anteil von 5,3% enthalten. Die tägliche Inanspruchnahme bei der Kindertagespflege konzentriert sich etwas stärker auf die Halbtagsangebote mit einem Anteil von 40%. Der Anteil der Ganztagsangebote liegt bei 27,7%.

In Ostdeutschland werden die Ganztagsangebote bei den unter Dreijährigen viel stärker genutzt. Fast zwei Drittel aller unter Dreijährigen, die Tageseinrichtungen besuchen, tun dies dies täglich mehr als sieben Stunden. Diese hohen Anteile sind sicherlich im Kontext der langen Tradition der Ganztagsbetreuung in der Zeit der DDR zu sehen. Die tägliche Inanspruchnahme bei der Kindertagespflege hat allerdings ein vollkommen anderes Profil. Die Ganztagsinanspruchnahme ist mit einem Anteil von 11% nur marginal vertreten. Die höchsten Anteile mit 55% sind bei der Dreivierteltagsinanspruchnahme anzutreffen. Die Halbtagsinanspruchnahme ist mit 34% ebenfalls häufig vertreten.

Kinder unter drei Jahren in Einrichtungen

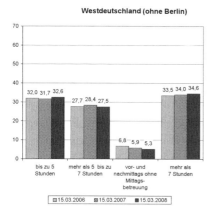

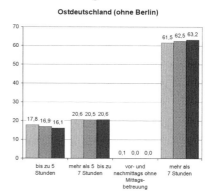

Kinder unter drei Jahren in Kindertagespflege

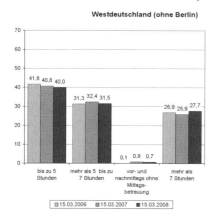

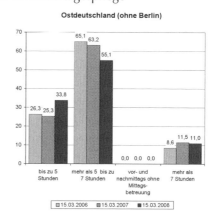

Quelle: Statistisches Bundesamt: Statistiken der Kinder- und Jugendhilfe – Kinder und tätige Personen in Tageseinrichtungen, Kinder und tätige Personen in Kindertagespflege 2006 bis 2008; Berechnungen der Dortmunder Arbeitsstelle Kinder- und Jugendhilfestatistik

Abbildung 5: Kinder im Alter von unter drei Jahren in Kindertagesbetreuung (Tageseinrichtungen und Kindertagespflege) nach täglicher Betreuungszeit in Deutschland und in den westlichen sowie östlichen Bundesländern (jeweils ohne Berlin)2006 bis 2008 (Anteile in %)

4. Gruppengröße

Im Allgemeinen wird davon ausgegangen, dass Bildungsprozesse umso leichter zu initiieren sind, je kleiner eine „Lerngruppe" ist. Vor diesem Hintergrund lohnt sich ein Blick auf die Größe der Gruppen, in denen unter Dreijährige betreut werden. Um Aussagen über die Gruppengröße treffen zu können, ist es hilfreich, sich zunächst zu vergegenwärtigen in welcher Form, also in welchen Gruppentypen, unter Dreijährige betreut werden. Abgesehen von der Kindertagespflege, ein Betreuungsarrangement, das überwiegend von der hier interessierenden Altersgruppe genutzt wird, finden sich unter dreijährige Kinder in Kindertageseinrichtungen in ganz unterschiedlichen Gruppentypen. Zum einen existieren altershomogene Krippengruppen für Kinder unter drei Jahren. Daneben hat sich insbesondere im Zuge des U3-Ausbaus die für Zweijährige geöffnete Kindergartengruppen etabliert, hier werden allerdings – wie die Bezeichnung bereits sagt – lediglich Zweijährige aufgenommen (im Folgenden: alterserweiterte Gruppen) und schließlich werden unter Dreijährige in altersgemischten Gruppen betreut. Um die Nutzung der einzelnen Gruppentypen zu analysieren, können nicht die Ergebnistabellen des Statistischen Bundesamtes verwendet werden, da in diesen die Merkmale der Gruppen nicht ausgewiesen werden. Zur Analyse müssen die Ursprungsdaten verwendet werden, die von wissenschaftlichen Einrichtungen in den Forschungsdatenzentren der Statistischen Landesämter auf Antrag bereitgestellt werden. Da diese Bereitstellung mit verschiedenen Abstimmungsprozessen verbunden ist, konnte die Analyse noch nicht auf der Basis der Daten zum Stichtag 15. März 2008, sondern nur zum 15. März 2007 durchgeführt werden.

Der Stellenwert dieser Gruppentypen für die Bildung, Erziehung und Betreuung unter dreijähriger Kinder variiert jedoch erheblich: Nimmt man lediglich die Anzahl der Gruppen, in denen unter Dreijährige betreut werden, so dominieren im Westen Deutschlands (ohne Berlin) die alterserweiterten Kindergartengruppen mit einem Anteil von 64,7% (vgl. Tabelle 1). Danach folgen, jedoch mit erheblichem Abstand, die altersgemischten Gruppen. Sie kommen auf einen Anteil von 27,0%. Weit abgeschlagen liegen die Krippengruppen mit 8,2% an letzter Stelle. In den östlichen Bundesländern zeichnet sich eine gänzlich andere Betreuungslandschaft für die Jüngsten ab: Hier sind jeweils 40% der Gruppen Krippengruppen bzw. altersgemischte Gruppen und nur 19,7% der Gruppen entfallen auf den Typus der alterserweiterten Gruppen. An diesen Verhältnissen spiegelt sich der Ausbaustand der Betreuung unter Dreijähriger in den westlichen und östlichen Bundesländern wider. So existierte in den östlichen Ländern traditionell eine vergleichsweise gut ausgebaute Infrastruktur in Bezug auf die unter Dreijährigen-Betreuung, während in den westlichen Bundesländern der – wenn auch von einem niedrigen Niveau ausgehende – aber dennoch beträchtliche Ausbau der Betreuung unter Dreijähriger seit Inkrafttreten des Tagesbetreuungsausbaugesetzes (TAG) nur durch die Alterserweiterung der Kindergartengruppen bewältigt werden konnte. Die Aufnahme der Dreijährigen in den alterserweiterten Kindergartengruppen korrespondiert jedoch nicht mit einem quantitativen Ausbau des Platzangebots bzw. der Gruppen, vielmehr wird der demografisch bedingte Rückgang der Kindergartenkinder genutzt, um die so frei werdenden Plätze den unter Dreijährigen zur Verfügung zu stellen.

Bundesländer	Gruppentypen* Krippengruppen		Alterserweiterte Kindergartengruppen		Altersgemischte Gruppen		Insgesamt
	abs.	%	abs.	%	abs.	%	
Ostdtl. (o. Berlin)	5.095	40,1	2.499	19,7	5.096	40,2	12.690
Westdtl. (o. Berlin)	2.557	8,2	20.059	64,7	8.378	27,0	30.994
Deutschland	7.666	17,5	22.562	51,6	13.503	30,9	43.731

Unter dem Gruppentyp „Krippengruppe" sind alle Gruppen zusammengefasst, in denen ausschließlich Kinder unter 3 Jahren sind. Unter dem Gruppentyp „alterserweiterte Kindergartengruppen" sind Gruppen mit 15 und mehr Kindern zusammengefasst, in denen neben Kindern ab einem Alter von 3 Jahren bis zum Schulbesuch auch bis zu fünf 2-jährige Kinder betreut werden. Unter „altersgemischte Gruppen" fallen Gruppen mit 0- bis 2-jährigen Kindern, die nicht den vorangegangene Gruppentypen zugeordnet wurden.
Quelle: Kinder und tätige Personen in Tageseinrichtungen, 2007; Forschungsdatenzentrum der Statistischen Landesämter; eigene Berechnungen

Tabelle 1: Gruppen für unter Dreijährige nach Gruppentyp in Ost- und Westdeutschland (2007)

Will man den Stellenwert der Gruppentypen für die Betreuung unter Dreijähriger bewerten, ist jedoch nicht die Anzahl der Gruppen in den verschiedenen Gruppentypen maßgeblich, sondern die Anzahl der betreuten Kinder unter drei Jahren in diesen Gruppentypen. Bei dieser Betrachtungsweise zeigt sich ein gänzlich anderes Bild: Von den insgesamt 278.642 unter Dreijährigen in Tageseinrichtungen im März 2007 in Deutschland werden die meisten in altersgemischten Gruppen und in Krippengruppen betreut (vgl. Tabelle 2). Auf diese beiden Gruppentypen entfällt jeweils rund ein Drittel der in Kindertageseinrichtungen betreuten unter Dreijährigen. In Einrichtungen ohne feste Gruppenstruktur und in alterserweiterten Gruppen finden sich jeweils rund 17% der unter Dreijährigen.

Unterscheidet man nach westlichen und östlichen Bundesländern, so dominieren in den östlichen Bundesländern gemessen an der Anzahl der betreuten Kinder die Krippengruppen. In dieser Gruppenform werden 54,3% der Kinder betreut. Danach folgen mit 32,9% die altersgemischten Gruppen und weit abgeschlagen mit 6,2% die alterserweiterten Gruppen. Was in den östlichen Bundesländern die Krippengruppe ist, ist für die westlichen Bundesländer die altersgemischte Gruppe: Rund 44% der unter Dreijährigen besuchen eine solche Gruppe. Aber

	Kinder in Tageseinrichtungen nach Gruppentypen*							
	insgesamt	Einrichtungen ohne feste Gruppenstruktur		Krippengruppen		Alterserweiterte Kindergarten- gruppen		Altersgemischte Gruppen	
	abs.	abs.	%	abs.	%	abs.	%	abs.	%
Ostdtl. (o. Berlin)	109.619	7.219	6,6	59.538	54,3	6.801	6,2	36.061	32,9
Westdtl. (o. Berlin)	137.660	9.242	6,7	28.987	21,1	39.328	28,6	60.103	43,7
Deutschland	278.642	47.471	17,0	88.662	31,8	46.138	16,6	96.371	34,6

Zur Erläuterung der Gruppentypen, vgl. Fußnote in Tabelle 1.
Quelle: Kinder und tätige Personen in Tageseinrichtungen, 2007; Forschungsdatenzentrum der Statistischen Landesämter; eigene Berechnungen

Tabelle 2: Unter dreijährige Kinder nach Gruppentypen in Ost- und Westdeutschland (2007)

auch die alterserweiterten Gruppen liegen in den westlichen Bundesländern bei einer Betrachtung nach Kindern mit 28,6% noch vor den Krippengruppen mit 21,1%.

Schaut man sich nun die Größe der Gruppen an, so variiert diese erwartungsgemäß ebenfalls nach Gruppentyp: In Krippengruppen werden durchschnittlich rund elf Kinder betreut, in den für Zweijährige geöffneten Kindergartengruppen 21 Kinder und in altersgemischten Gruppen 15 Kinder. Da die Gruppengröße nicht zuletzt vom Alter der Kinder abhängt und die Anzahl der unter Dreijährigen in den Gruppen je nach Gruppentyp variiert, ist der Unterschied in den Gruppengrößen ein durchaus erwartbarer Befund. Während in den altershomogenen Krippengruppen ausschließlich unter Dreijährige betreut werden – und diese Gruppen sind auch im Durchschnitt kleiner als die Gruppen der beiden anderen Typen – finden sich in den alterserweiterten Gruppen zu rund 57% lediglich ein bis zwei unter dreijährige Kinder. Weitere 20% der unter Dreijährigen in alterserweiterten Gruppen sind in Gruppen mit drei unter Dreijährigen und 23% in Gruppen mit mehr als drei unter Dreijährigen.

Damit befinden sich die unter Dreijährigen in alterserweiterten Gruppen also mehrheitlich in einem pädagogisch fragwürdigen Kontext, in dem sie keine oder nur wenige altersgleiche und damit ihrem Entwicklungsstand entsprechende Spielkamerad/innen finden können. In den altersgemischten Gruppen werden dagegen deutlich mehr unter Dreijährige betreut: Im Durchschnitt sind die Hälfte der Kinder in diesen Gruppen unter drei Jahre alt. Das heißt, bei einer durchschnittlichen Gruppengröße von 15 Kindern entfallen auf eine einzelne Gruppe sieben unter Dreijährige.

Zwischen den einzelnen Bundesländern finden sich jedoch noch einmal deutliche Unterschiede in den Gruppengrößen. Durchweg kleine Gruppen, also über alle Gruppentypen hinweg, finden sich in Bremen und Mecklenburg-Vorpommern: Diese beiden Länder kommen auf eine durchschnittliche Gruppengröße von unter zehn Kindern in Krippengruppen, unter 20 Kindern in alterserweiterten Kindergartengruppen und maximal 15 Kindern in altersgemischten Gruppen (vgl. Tabelle 3). Am Ende der Rangreihe stehen Bayern, Hamburg und Nordrhein-Westfalen (NRW). In diesen Ländern werden in allen drei Gruppenformen (bzw. zwei Gruppenformen für NRW, da hier Krippengruppen bis 2008 konzeptionell nicht vorgesehen waren) überdurchschnittlich viele Kinder betreut: Mehr als zwölf Kinder in Krippengruppen, 23 bzw. 24 Kinder in alterserweiterten Kindergartengruppen und mehr als 15 Kinder in altersgemischten Gruppen. Die übrigen Länder liegen mehr oder weniger im Mittelfeld.

Dieses Bild bestätigt sich im Wesentlichen auch, wenn man nur die jeweils dominante Gruppenform betrachtet, also die Gruppenform, in der die überwiegende Zahl der unter Dreijährigen in dem jeweiligen Bundesland betreut wird. Lediglich Niedersachsen (altersgemischte Gruppen), Schleswig-Holstein (altersgemischte Gruppen) und Thüringen (Krippengruppen und altersgemischte Gruppen) verbessern ihre Positionierung bei einer solchen Perspektive: Bezogen auf die do-

Bundes-länder	Gruppentyp* Krippengruppen			Alterserweiterte Kindergartengruppen			Altersgemischte Gruppen		
	MW	SD	N	MW	SD	N	MW	SD	N
SH	9,9	2,3	76	20,9	2,9	492	13,6	3,9	451
HH	13,3	4,9	253	23,4	6,4	275	18,3	7,8	309
NI	11,7	2,9	188	22,5	2,9	1.942	15,0	5,1	1.012
HB	8,1	1,9	46	19,6	4,6	20	10,3	3,4	142
NW	9,0	3,2	132	23,0	2,7	3.933	16,0	3,9	2.159
HE	11,7	3,8	401	21,7	2,7	1.716	15,9	5,5	743
RP	9,7	2,2	149	22,1	2,8	2.463	17,2	4,9	601
BW	9,9	3,2	727	21,7	3,0	4.664	14,9	4,7	1.319
BY	12,5	3,2	540	24,0	3,2	4.186	17,1	6,2	1.501
SL	11,1	4,0	45	22,5	2,8	368	16,4	3,1	141
BE	9,8	2,7	14	22,3	5,6	4	15,6	6,7	29
BB	11,2	4,4	837	20,6	5,9	334	14,4	5,5	995
MV	9,3	4,4	913	18,5	2,8	258	12,7	4,9	522
SN	11,6	3,8	1.529	19,0	3,7	836	14,2	4,3	1.512
ST	13,0	4,8	1.137	21,2	6,5	385	15,3	5,6	863
TH	10,4	3,1	679	18,1	2,0	686	14,4	3,5	1.204

* Zur Erläuterung der Gruppentypen, vgl. Fußnote in Tabelle 1.
MW = Mittelwert; SD = Standardabweichung; N = Anzahl
Quelle: Kinder und tätige Personen in Tageseinrichtungen, 2007; Forschungsdatenzentrum der Statistischen Landesämter; eigene Berechnungen

Tabelle 3: Gruppen für unter Dreijährige nach Gruppentyp, durchschnittlicher Gruppengröße und Bundesländern (2007)

minante Betreuungsform liegen diese Länder in der jeweiligen Spitzengruppe. Das Land Sachsen-Anhalt hingegen verschlechtert bei einer solchen Betrachtung seine Positionierung: Hier ist die dominante Gruppenform die Krippengruppe mit einer Gruppengröße von durchschnittlich 13 Kindern (gegenüber einer durchschnittlichen Gruppengröße von elf Kindern im Bundesdurchschnitt).

5. Personaleinsatz pro Gruppe

Kinder im Vorschulalter und davon insbesondere die jüngsten, die unter dreijährigen, sind in ihrem Bildungsprozess auf eine verlässliche Begleitung durch eine Bezugsperson angewiesen. Die Interaktion zwischen Erzieher/in und Kind ist die Basis, von der aus Bildungsprozesse initiiert und gestaltet werden können. Da Kinder in Beziehung lernen, ist Bildungsarbeit in erster Linie Beziehungsarbeit. Lernerfolge hängen somit vor allem von einer guten, tragfähigen Beziehung zwischen Kind und Erzieher/in ab. Beziehungsarbeit wiederum ist zeitabhängig, d.h. es muss zur Gestaltung und Intensivierung dieser Beziehung Zeit investiert werden. Je weniger Kinder eine Fachkraft zu betreuen hat, desto mehr Zeit kann sie sich für das einzelne Kind nehmen. Damit wird das Verhältnis zwischen der Anzahl der Kinder und der Anzahl der Fachkräfte innerhalb der Gruppe zu einem wichtigen Indikator für die Qualität der Bildungsarbeit in Einrichtungen der frühkindlichen Bildung, Erziehung und Betreuung.

Aufgrund der Heterogenität der Gruppen in Bezug auf die Anzahl der Kinder und ihrer unterschiedlichen Betreuungszeiten sowie die Anzahl des Personals und seinem unterschiedlichen Arbeitszeitvolumen ist es notwendig, eine „Kennzahl" zu konstruieren, die Vergleichbarkeit zwischen den unterschiedlichen Gruppen gewährleistet. So müssen in einem ersten Schritt auf der Gruppenebene die Betreuungszeiten der Kinder und der Beschäftigungsumfang des pädagogischen Personals standardisiert werden. Auf Seiten der Kinder wurden Ganztagsinanspruchnahmeäquivalente gebildet (Aufsummierung der Betreuungszeiten der Kinder und Division dieser Summe durch 40 Wochenstunden) und auf Seiten der pädagogisch Tätigen Vollzeitbeschäftigungsäquivalente (Aufsummierung der Arbeitszeit aller Tätigen und Division dieser Summe durch 38,5 Wochenarbeitsstunden[2]). Bei der Berechnung der Vollzeitbeschäftigungsäquivalente wurden die Gruppenleitungen und die Ergänzungskräfte pro Gruppe berücksichtigt. Das gruppenübergreifende Personal sowie die freigestellten Leitungskräfte wurden antei-

---

2 Um bundesweit vergleichbare Größen zu erhalten, wurde immer mit 38,5 Wochenarbeitsstunden gerechnet, obwohl es Länderdifferenzen in der wöchentlichen Arbeitszeit von Vollzeitbeschäftigten gibt.

lig auf die Gruppen verteilt und in die Berechnungen einbezogen. In einem zweiten Schritt wurden die Ganztagsinanspruchnahmeäquivalente und die Vollzeitbeschäftigungsäquivalente miteinander in Beziehung gesetzt.

Durch dieses Berechnungsverfahren wurden auf beiden Seiten – also auf Seiten der Kinder und auf Seiten der pädagogisch Tätigen – Äquivalente berechnet, die mithin eine abstrakte, aber standardisierte Größe darstellen. Sie bilden nicht die Zeit ab, die eine pädagogische Fachkraft täglich mit den Kindern verbringt, sondern der so errechnete Personalschlüssel stellt das Verhältnis von Ganztagsinanspruchnahmeäquivalenten pro Vollzeitbeschäftigungsäquivalent dar. Um dieses Konzept begrifflich gegenüber einem Betreuungsschlüssel abzugrenzen, wird der Begriff des Personalressourceneinsatzschlüssels verwendet.[3] Da die integrative Betreuung von Kindern mit einer Behinderung personalintensiver ist und folglich mit einem erhöhten Personaleinsatz einhergeht, wurden Gruppen mit Kindern mit einer Behinderung nicht in die Analyse einbezogen. Berücksichtigt wurden ferner nur Einrichtungen mit einer festen Gruppenstruktur.

Schaut man zunächst nach Unterschieden zwischen den Gruppentypen, so zeigt sich – sicherlich erwartungsgemäß –, dass der Personalressourceneinsatzschlüssel bei den Krippengruppen, also den Gruppen, in denen nur unter Dreijährige sind, besser ist als bei den alterserweiterten Kindergartengruppen und den altersgemischten Gruppen. Bei den Krippengruppen lag er 2007 bei einem Verhältnis von 1:6,2, d.h. auf ein Vollzeitäquivalent auf Personalseite entfielen 6,2 Ganztagsinanspruchnahmeäquivalente auf Seiten der Kinder. Für die alterserweiterten Kindergartengruppen wurden gut drei und für die altersgemischten Gruppen knapp zwei Äquivalente mehr ausgewiesen.

Über alle Gruppenformen hinweg liegt der Personalressourceneinsatzschlüssel in den östlichen Bundesländern über dem in den westlichen Bundesländern. Die Differenz liegt bei den Krippengruppen bei 1,5 Ganztagsbetreuungsäquivalenten pro Vollzeitäquivalent, bei den alterserweiterten Kindergartengruppen bei 3,0 und bei den altersgemischten Gruppen bei 2,7 Ganztagsbetreuungsäquivalenten. Wirft

---

3 „Personalressourceneinsatzschlüssel" ist sprachlich nicht der korrekte Begriff, da die ausgewiesen Werte genau das umgekehrte Verhältnis ausdrücken, nämlich die betreuten Ganztagsinanspruchnahmeäquivalente pro Vollzeitbeschäftigungsäquivalent. Gleichwohl drückt die Zahl indirekt aus, wie hoch der Personalressourceneinsatz pro Kind ist. Um dies nachvollziehbar zu machen und auch um an den in Gesetz und Debatte üblichen Begriff des Personalschlüssels anzuschließen, wurde der Begriff des Personalressourceneinsatzschlüssels gewählt, parallel wird der Begriff des standardisierten Personalschlüssels verwendet.

man nun einen Blick auf die einzelnen Bundesländer, so schneiden die Länder Bremen, Nordrhein-Westfalen, Saarland, Rheinland-Pfalz und Baden-Württemberg durchweg gut ab (vgl. Tabelle 4). Diese Länder liegen bei allen für sie relevanten Gruppenformen über dem Bundesdurchschnitt. Von den östlichen Bundesländern, die, wie bereits erwähnt im Hinblick auf den Personalressourceneinsatzschlüssel schlechter abschneiden als die westlichen Länder, liegt Sachsen-Anhalt vergleichsweise weit vorne.

Bundesländer	Krippengruppen		Alterserweiterte Kindergartengruppen		Altersgemischte Gruppen	
	PR	Diff. 2007- 2006	PR	Diff. 2007- 2006	PR	Diff. 2007- 2006
BW**	/	/	9,0	-0,2	6,6	-0,3
BY	5,0	0,1	9,7	-0,6	7,2	-1,5
BE***	/	/	/	/	6,2	-2,2
BB	7,3	-0,5	12,1	0,1	9,8	-0,3
HB****	6,1	0,8	/	/	5,1	-1,1
HH	5,8	-0,4	9,9	-1,1	7,4	-2,4
HE	4,8	-0,2	9,7	0,1	6,9	0,2
MV	5,7	-0,2	13,3	0,2	8,7	-0,2
NI	5,7	-0,2	9,5	-0,2	8,2	0,5
NW	/	/	8,7	-0,2	6,0	-0,8
RP	4,3	0,1	8,4	-0,5	6,3	-2,6
SL	/	/	8,9	-0,3	6,1	0,0
SN	6,6	-0,1	12,5	-0,1	9,6	-0,3
ST	6,7	-0,2	11,2	0,1	8,9	-0,2
SH	5,9	0,5	9,6	-0,7	7,1	-1,5
TH	6,5	0,0	11,8	-0,1	9,8	0,1
Ostdeutschland (ohne Berlin)	6,6	-0,2	12,1	-0,1	9,5	-0,2
Westdeutschland (ohne Berlin)	5,1	-0,1	9,1	-0,3	6,8	-0,7
Deutschland (ohne Berlin)	6,2	-0,2	9,5	-0,3	7,8	-0,6

PR = Personalressourceneinsatzschlüssel
** In Baden-Württemberg, Nordrhein-Westfalen und Saarland stellt die Betreuung unter Dreijähriger in reinen Krippengruppen den Ausnahmefall dar. Die vorherrschende Form der Angebote für unter Dreijährige ist z.B. in Nordrhein-Westfalen die kleine altersgemischte Gruppe. In den Durchschnittswerten für Westdeutschland und Deutschland bleiben diese Länder deshalb ebenfalls unberücksichtigt.
*** In Berlin findet die Betreuung überwiegend in Einrichtungen ohne Gruppenstruktur statt. Aus diesem Grund können keine Personalressourceneinsatzschlüssel ausgewiesen werden. In den Durchschnittswerten für Deutschland bleibt Berlin deshalb ebenfalls unberücksichtigt.
**** In Bremen bestehen Differenzen zwischen der Auswertung der KJH-Statistik und verwaltungsinternen Daten, die noch nicht vollständig geklärt werden konnten. Aufgrund dieser Unsicherheit wird für die Kindergartengruppen und die geöffneten Kindergartengruppen kein Wert ausgewiesen.

Quelle: Kinder und tätige Personen in Tageseinrichtungen 2007, Forschungsdatenzentrum der Statistischen Landesämter; eigene Berechnungen

Tabelle 4: Personalressourceneinsatzschlüssel in Kindertageseinrichtungen nach Gruppentypen in den Bundesländern 15. März 2006 und 15. März 2007 (Ganztagsinanspruchnahmeäquivalente pro Vollzeitbeschäftigungsäquivalent; Mittelwert)

Wenngleich sich zwischen 2006 und 2007 für alle hier untersuchten Gruppen-formen Verbesserungen beim Personaleinsatz aufzeigen lassen, so haben die zu beobachtenden Veränderungen bundesweit doch nur ein geringes Ausmaß. Allerdings werden dabei mitunter erhebliche Unterschiede zwischen den Ländern ausgeblendet. Bei den Krippengruppen lässt sich eine Verbesserung beim Personaleinsatz von mindestens einem halben Ganztagsäquivalent – und damit von einem Wert, der über dem Bundesdurchschnitt liegt – lediglich in Branden-burg beobachten. Dieses Land verbesserte seinen Personalressourceneinsatz um 0,5 Ganztagsäquivalente. Bezogen auf den Betreuungsumfang eines Kindes in einer Krippengruppe entspräche dies einer Verringerung der Gruppengröße um ein Kind mit einem Halbtagsplatz.

In der Regel etwas höher fallen die Verbesserungen bei der Personalausstattung für die alterserweiterten Kindergartengruppen aus. Zu nennen sind hier vor allem vier Bundesländer Hamburg, Schleswig-Holstein, Bayern und Rheinland-Pfalz. Diese Länder verbesserten den Personaleinsatz in der Spannbreite von 0,5 Ganz-tagsäquivalenten in Rheinland-Pfalz bis hin zu 1,1 Ganztagsäquivalenten in Ham-burg. Bei den altersgemischten Gruppen ist bundesweit mit einem Durchschnitt von 0,6 Ganztagsäquivalenten die größte Verbesserung festzustellen. Eine ganze Reihe von Ländern haben hier zum Teil beachtliche Verbesserungen beim Perso-naleinsatz erzielt. In Rheinland-Pfalz und Hamburg ist der Personalressourcen-einsatzschlüssel um 2,6 bzw. 2,4 Ganztagsäquivalente gesunken, in Bayern und Schleswig-Holstein hat sich der Personaleinsatz um 1,5 Ganztagsäquivalente ver-bessert und in Bremen fällt die Verbesserung mit 1,1 Ganztagsäquivalenten eben-falls überdurchschnittlich hoch aus.

Für den Personalressourceneinsatz ist keine Angleichung zwischen den Bundes-ländern zu beobachten. Im Trend ist die Differenz zwischen dem Bundesland mit dem höchsten und dem Bundesland mit dem niedrigsten Personalressourcenein-satz binnen Jahresfrist über alle drei Gruppenformen hinweg größer geworden. Betrug diese 2006 beispielsweise für die alterserweiterten Kindergartengruppen zwischen Mecklenburg-Vorpommern und Rheinland-Pfalz noch 4,1 zugunsten des letztgenannten Landes, so beträgt sie 2007 bereits 4,9 Ganztagsäquivalente. Neben der zunehmenden Ausdifferenzierung der Bundesländer bezüglich ihrer am Personaleinsatz gemessenen Betreuungsqualität lässt sich bei einigen Ländern parallel zum quantitativen Ausbau auch ein qualitativer Ausbau beobachten. Ein Gesamttrend, wonach zukünftig eine deutliche Verbesserung des Betreuungsver-hältnisses als notwendige Voraussetzung für die weitere Qualifizierung der An-gebote frühkindlicher Bildung und Betreuung zu erwarten wäre, zeichnet sich derzeit jedoch noch nicht ab.

6. Qualifikation der Fachkräfte in Einrichtungen und Kindertagespflege

Eine der zentralen grundlegenden Voraussetzungen für eine gute pädagogische Arbeit ist eine einschlägige Berufsausbildung bzw. ein sozialpädagogisches Hochschulstudium. Deshalb wird im Folgenden der Frage nachgegangen, über welchen Berufsausbildungsabschluss die pädagogisch Tätigen verfügen, die mit Kindern unter drei Jahren in Kindertageseinrichtungen und Kindertagespflege arbeiten.

Die pädagogisch Tätigen in Kindertageseinrichtungen werden jährlich im Rahmen der KJH-Statistik erfasst. Bei der Erhebung wird das Personal den jeweiligen Gruppen zugeordnet, so dass für die verschiedenen Gruppenformen dargestellt werden kann, über welchen Berufsausbildungsabschluss das Personal der Gruppe verfügt. Nachfolgend wird das Qualifikationsprofil für die Krippengruppen und die altersgemischten Gruppen dargestellt. Da die alterserweiterten Kindergartengruppen in der Ergebnisdarstellung des Statistischen Bundesamtes nicht ausgewiesen werden, bleiben diese in der Analyse unberücksichtigt. Innerhalb der Tätigkeit in einer Gruppe wird noch unterschieden, ob die Tätigen die Aufgaben der Gruppenleitung wahrnehmen oder als Zweit- bzw. Ergänzungskraft arbeiten.

In Ostdeutschland wird die Gruppenleitung in beiden Gruppentypen mit einem Anteil von über 96% von Erzieher/innen wahrgenommen (vgl. Tabelle 5). Andere Berufsgruppen sind nur in sehr geringem Maße vertreten. Bei den Zweit-/Ergänzungskräften – die es in Ostdeutschland allerdings deutlich weniger als in Westdeutschland gibt – ist der Anteil der Erzieher/innen mit über 86% immer noch sehr hoch. Kinderpfleger/innen und andere sozialpädagogische bzw. pflegerische Berufe spielen mit 6% auch weiterhin nur eine untergeordnete Rolle. In Westdeutschland ist die Vorrangstellung der Erzieher/innen nicht so ausgeprägt wie in Ostdeutschland. In den Krippengruppen haben die Erzieher/innen einen Anteil von 85% an der Gruppenleitung, bei den Zweit-/Ergänzungskräften ist der Anteil mit 44% erheblich geringer. In diesem Tätigkeitsbereich werden verstärkt Kinderpfleger/innen mit einem Anteil von 29% eingesetzt. Hochschulausgebildete Fachkräfte sind in der Gruppenleitung immerhin mit 5,5% vertreten. Dieser niedrige, aber im Vergleich zu anderen Tätigkeitsbereichen etwas höhere Wert könnte dadurch zustandekommen, dass für dieses neue Tätigkeitsfeld, das in Westdeutschland auch noch konzeptionell entwickelt werden muss, die Einstellungsträger höher qualifiziertes Personal auswählen. Auffallend ist bei den Zweit-/Ergänzungskräften, dass der Anteil ohne eine Berufsausbildung in Westdeutschland bei 4% bis 6%, je nach Gruppentyp liegt. An dieser Stelle muss durchaus kritisch gefragt werden, ob angesichts der vielfältigen Anforderungen an die pädagogisch Tätigen dieser hohe Anteil noch zeitgemäß ist.

	Ostdeutschland				Westdeutschland			
	Gruppen für unter Dreijährige		Altersgemischte Gruppen		Gruppen für unter Dreijährige		Altersgemischte Gruppen	
	GL	Z/EK	GL	Z/EK	GL	Z/EK	GL	Z/EK
Hochschulausgebildete sozialpäd. Fachkräfte	1,0	0,8	2,4	1,6	5,5	2,8	3,6	2,2
Erzieher/innen	96,9	88,2	95,7	86,1	85,0	43,7	91,3	49,8
Kinderpfleger/innen Andere sozialpäd./ pflegerische Berufe	0,6	2,7	0,5	2,5	6,0	28,9	3,5	28,3
	1,3	3,0	1,0	2,7	2,3	5,9	0,9	3,5
Andere Berufsaus- bildungen	0,2	1,6	0,4	2,7	1,1	6,3	0,6	3,8
In Ausbildung	0,0	1,1	0,0	1,6	0,1	7,7	0,1	8,5
Ohne Berufsausbildung	0,1	2,6	0,0	2,7	0,1	4,9	0,1	3,9

Quelle: Statistisches Bundesamt: Statistiken der Kinder- und Jugendhilfe – Kinder und tätige Personen in Tagesein-richtungen 2006 bis 2008, Wiesbaden; Berechnungen der Dortmunder Arbeitsstelle Kinder- und Jugendhilfestatistik

Tabelle 5: Tätige Personen in Tageseinrichtungen nach Art der Tätigkeit und Berufsausbildungsabschluss in Ost- und Westdeutschland am 15.03.2008

Bei den Analysen des Qualifikationsprofils der Tagespflegepersonen spielen nicht nur die Berufsausbildungsabschlüsse eine Rolle, sondern ebenso die erfolgreiche Teilnahme an spezifischen Qualifizierungskursen für Tagespflegepersonen. Eine pädagogische Berufsausbildung ist für Tagespflegepersonen zwar nicht vorge-schrieben, aber in der Praxis hat sich herausgestellt, dass von allen Tagespflege-personen inzwischen etwas mehr als ein Drittel über eine einschlägige pädagogische Berufsausbildung verfügt. Bezogen auf die Qualifizierungskurse gibt es sehr große Unterschiede, die sich in erster Linie auf den zeitlichen Umfang des Kurses beziehen. Als fachlich notwendig und eher als Mindestvoraussetzung wird zurzeit ein Qualifizierungskurs von 160 Stunden angesehen. Allerdings gibt es auch noch Personen, die Qualifizierungskurse nur in erheblich geringerem Maße absolviert haben oder über gar keine formale Qualifikation verfügen.

In Westdeutschland verfügen 13% der Tagespflegepersonen ausschließlich über einen pädagogischen Berufsausbildungsabschluss. Weitere 23% haben neben der pädagogischen Berufsausbildung auch noch einen speziellen Qualifizierungskurs für die Tätigkeit als Tagespflegeperson absolviert. Bei beiden Gruppen ist zwi-schen 2006 und 2008 ein deutlicher Zuwachs zu verzeichnen (Abbildung 6). Ta-gespflegepersonen, die über keine pädagogische Berufsausbildung verfügen, aber einen Qualifizierungskurs absolviert haben bzw. noch absolvieren, stellen einen Anteil von zusammen 47%. Tagespflegepersonen, die einen Qualifizierungskurs im Umfang von 160 Stunden (z.B. das Curriculum des Deutschen Jugendinstitu-tes) abgeleistet haben, stellen einen Anteil von inzwischen 15%, unabhängig

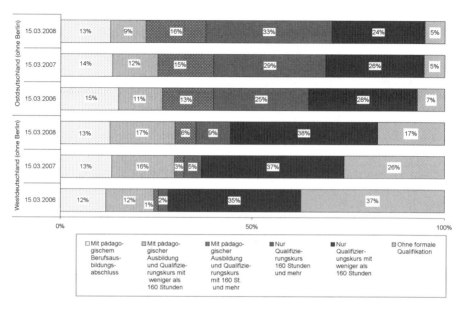

			Mit pädago-gischem Berufsaus-bildungs-abschluss	Mit pädago-gischer Ausbildung und Qualifizie-rungskurs mit weniger als 160 Stunden	Mit pädago-gischer Ausbildung und Qualifizie-rungskurs mit 160 St. und mehr	Nur Qualifizie-rungskurs 160 Stunden und mehr	Nur Qualifizier-ungskurs mit weniger als 160 Stunden	Ohne formale Qualifikation

Quelle: Statistisches Bundesamt: Statistiken der Kinder- und Jugendhilfe – Kinder und tätige Personen in Kindertagespflege 2006 bis 2007; Berechnungen der Dortmunder Arbeitsstelle Kinder- und Jugendhilfestatistik

Abbildung 6: Tagespflegepersonen nach Art der Qualifikation in Ost- und Westdeutschland 2006 bis 2008 (Anteile in %)

davon, ob sie über eine pädagogische Berufsausbildung verfügen. Im Jahr 2006 waren es erst 3%. Die Anzahl der Tagespflegepersonen, die in den westlichen Bundesländern Kindertagespflege ohne eine formale Qualifikation anbieten, ist zwischen 2006 und 2008 von 9.527 auf 5.793 zurückgegangen. Dadurch hat sich ihr Anteil von 37% auf 17% verringert.

In den östlichen Bundesländern (ohne Berlin) zeigt sich ein Qualifikationsprofil, das stärker durch formale Qualifikationen bestimmt ist. Der Anteil derjenigen Tagespflegepersonen, die über einen pädagogischen Berufsausbildungsabschluss verfügen, beläuft sich auf 38%. 16% von allen Tagespflegepersonen verfügen sogar noch über einen zusätzlichen Qualifizierungskurs mit 160 Stunden und mehr und 9% über einen zusätzlichen Qualifizierungskurs von unter 160 Stunden. Die Nutzung der speziellen Qualifizierungskurse ist in den östlichen Bundesländern sehr verbreitet. Der Anteil von Tagespflegepersonen, die solche Kurse absolviert haben – unabhängig davon, ob sie über eine pädagogische Berufsausbildung verfügen –, beläuft sich auf 82%. Diejenigen Tagespflegepersonen die einen Qualifizierungskurs im Umfang von 160 Stunden und mehr absolviert haben, stellen einen Anteil von 49%. Über keine formale Qualifikation verfügt mit 5% nur ein sehr geringer Anteil der Tagespflegepersonen in den östlichen Bundesländern.

7. Fazit

Die Angebote für unter Dreijährige in Tageseinrichtungen und Kindertagespflege sind insbesondere in Westdeutschland ein Arbeitsfeld, dass sich in den letzten drei Jahren erheblich dynamisiert hat. Diese kontinuierliche Veränderung wird sich in den nächsten Jahren auch noch weiter fortsetzen. Deshalb ist es dringend notwendig, dass dieses Arbeitsfeld einer kontinuierlichen statistischen Analyse unterzogen wird. Die Erkenntnisse werden einerseits dazu dienen, die Ausbauanstrengungen der öffentlichen und freien Träger zu dokumentieren und aufzuzeigen, wie viele Angebote noch zur Erreichung des quantitativen Ziels fehlen. Andererseits dienen die Ergebnisse auch der kritischen Analyse des Ausbaus. So wird z.B. zu beobachten sein, ob die personelle Ausstattung der neuen bzw. erweiterten Gruppen wirklich den Anforderungen an eine gute Bildungsarbeit mit den Kleinsten ausreichend dimensioniert ist, oder ob die Qualifikation der Tagespflegepersonen wirklich so schnell voranschreitet, dass in zwei bis drei Jahren alle Tagespflegepersonen über eine formale Qualifikation verfügen. Nur durch dieses kontinuierliche Monitoring auf der Basis der amtlichen Statistik als Vollerhebung kann sichergestellt werden, dass der Prozess kontinuierlich beobachtet und bei unerwarteten (Fehl-)Entwicklungen frühzeitig politisch und fachlich gehandelt werden kann.

Literatur

Statistisches Bundesamt (2006/2007/2008 a): Statistiken der Kinder- und Jugendhilfe. Kinder und tätige Personen in Tageseinrichtungen am 15.03.2006/ 15.03.2007/15.03.2008, Wiesbaden (www.destatis.de -> Publikationen -> Publikationsservice -> Schnellsuche: Tageseinrichtungen).

Statistisches Bundesamt (2006/2007/2008 b): Statistiken der Kinder- und Jugendhilfe. Kinder und tätige Personen in öffentlich geförderter Kindertagespflege am 15.03.2006/15.03.2007/15.03.2008, Wiesbaden (www.destatis.de -> Publikationen -> Publikationsservice -> Schnellsuche: Kindertagespflege).

Autorengruppe Bildungsberichterstattung (2008): Bildung in Deutschland 2008. Ein indikatorengestützter Bericht mit einer Analyse zu Übergängen im Anschluss an den Sekundarbereich I, Bielefeld.

Reinhard Wiesner

Die aktuelle Entwicklung beim Ausbau der Kindertagesbetreuung auf der Bundesebene

1. Der gesellschaftspolitische Kontext

Das Thema „Ausbau der Tagesbetreuung für Kinder" steht im Schnittpunkt verschiedener Debatten,[1] die ihm in den letzten Jahren ein hohes Maß an öffentlicher und politischer Aufmerksamkeit sichern. Genannt seien an dieser Stelle nur die Stichworte „(bessere) Vereinbarkeit von Erwerbstätigkeit und Familie", „Bildung von Anfang an" und „Ausgleich der Benachteiligung von Kindern aus bildungsfernen Schichten". Insbesondere im Hinblick auf die Förderung von Kindern im Alter unter drei Jahren wird heftig über das Verhältnis von elterlicher Erziehung und „Krippenerziehung" diskutiert. Verbunden damit ist auch die Sorge, der angestrebte quantitative Ausbau der Tagesbetreuung könnte zu Lasten ihrer Qualität gehen.[2]

Diese Debatte steht in einer Wechselwirkung mit den Aktivitäten des Bundesgesetzgebers. Zwar war bereits im Jahre 1992 der Rechtsanspruch auf einen Kindergartenplatz im Kontext der Debatte um den Schutz des ungeborenen Lebens in das SGB VIII aufgenommen worden.[3] Er gilt jedoch erst seit dem 1. Januar 1999 ohne Einschränkungen und garantiert bis heute noch keinen Ganztagsplatz. Einen neuen Anlauf zum Ausbau der Kindertagesbetreuung – diesmal für Kinder im Alter unter drei Jahren – unternahm die Bundesregierung im Jahre 2004, der in kurzer Folge zur Verabschiedung von zwei Gesetzen führte.

2. Das Tagesbetreuungsausbaugesetz (TAG)

Mit dem Tagesbetreuungsausbaugesetz, das am 1. Januar 2005 in Kraft getreten ist, hat die Bundesregierung einen ersten Schritt getan, um die Versorgung mit Plätzen für Kinder unter drei Jahren (in den alten Bundesländern) schrittweise zu verbessern. Zwar waren die Jugendämter als Behörden der örtlichen Träger der Jugendhilfe bereits vorher verpflichtet, ein bedarfsgerechtes Angebot an Betreuungsplätzen vorzuhalten (§ 24 Satz 2 SGB VIII a.F.). Der Begriff „bedarfsgerecht" wurde jedoch an keiner Stelle im Gesetz näher definiert – mit der Folge, dass es

---

1 Siehe dazu Textor 2008 und in diesem Band, S. 13 ff.; Bien/Rauschenbach/Riedel 2006, 282 ff.
2 Siehe dazu BMFSFJ 2008, 39 ff.
3 Siehe dazu Struck/Wiesner 1992, 452.

in den Kreisen und Gemeinden zu völlig unterschiedlichen Interpretationen und Ausbauniveaus kam. Deshalb hat der Gesetzgeber das in § 24 Satz 2 SGB VIII a.F. enthaltene Merkmal „bedarfsgerecht" mit nachprüfbaren Kriterien untersetzt und damit die Verpflichtung der Jugendämter konkretisiert.

Um den Ausbau nicht an finanziellen Engpässen der kommunalen Haushalte scheitern zu lassen, hatte sich der Bundestag ein spezifisches Finanzierungskonzept ausgedacht: Der Bund wollte den Kommunen im Rahmen der Zusammenlegung von Arbeitslosen- und Sozialhilfe bei der Bundesanstalt für Arbeit eine Entlastung von jährlich 2,5 Mio. € verschaffen, von denen sie 1,5 Mio. € für den Ausbau der Tagesbetreuung einsetzen sollten. Wie wir heute wissen, ist diese Entlastung – jedenfalls in diesem Umfang – nicht eingetreten, wobei Bund, Länder und Kommunen sich jeweils gegenseitig dafür beschuldigen. Durch das TAG, das rechtstechnisch eine Novellierung des SGB VIII darstellt, wurde der 3. Abschnitt „Förderung von Kindern in Tageseinrichtungen und in Kindertagespflege" (§§ 22 bis 26 SGB VIII) neu gefasst.[4]

2.1 Die Formulierung gemeinsamer Qualitätsmerkmale für die Kindertageseinrichtungen und Kindertagespflege (§ 22 SGB VIII)

Zunächst unterstrich der Gesetzgeber – insbesondere im Hinblick auf die Förderung von Kindern im Alter unter drei Jahren – die Notwendigkeit eines vielfältigen und bedarfsgerechten Angebotes, zu dem sowohl Kindertageseinrichtungen als auch die Kindertagespflege gehören (§ 22 Abs. 1 SGB VIII). Gleichzeitig formulierte er für beide Segmente gemeinsame Förderziele (§ 22 Abs. 2 SGB VIII). Schließlich konkretisierte er den gemeinsamen Förderungsauftrag als Trias von Erziehung, Bildung und Betreuung. Als Bezugspunkte der Förderung wies er Alter und Entwicklungsstand, die sprachlichen und sonstigen Fähigkeiten, die Lebenssituation sowie die Interessen und Bedürfnisse des einzelnen Kindes aus. Die bundesrechtliche Vorgabe für den Förderungsauftrag (§ 22 Abs. 3 SGB VIII) lautet seitdem:

> „Der Förderungsauftrag umfasst die Erziehung, Bildung und Betreuung des Kindes und bezieht sich auf die soziale, emotionale, körperliche und geistige Entwicklung des Kindes. Es schließt die Vermittlung orientierender Werte und Regeln ein. Die Förderung soll sich am Alter und Entwicklungsstand, den sprachlichen und sonstigen Fähigkeiten, an der Lebenssituation sowie den Interessen und Bedürfnissen des einzelnen Kindes orientieren und seine ethnische Herkunft berücksichtigen."

---

4 Siehe dazu im Einzelnen Wiesner 2004; Schmid/Wiesner 2005 und Wiesner 2006.

2.2 Qualitätsentwicklung in Kindertageseinrichtungen (§ 22 a SGB VIII)

Speziell für den Bereich der Kindertageseinrichtungen schrieb der Gesetzgeber die Sicherstellung und Weiterentwicklung der Qualität der Förderung vor. Dazu gehören die Entwicklung und der Einsatz einer pädagogischen Konzeption als Grundlage für die Erfüllung des Förderungsauftrags sowie der Einsatz von Instrumenten und Verfahren zur Evaluation der Arbeit in den Einrichtungen. Aufgenommen wurde auch eine Verpflichtung zur Sicherstellung der Förderung in Ferienzeiten (Schließzeiten) sowie zur gemeinsamen Förderung behinderter und nicht behinderter Kinder in den Einrichtungen. Die Erreichung dieses Zieles wird noch immer durch die gespaltene Zuständigkeit der Kinder- und Jugendhilfe für die Regelangebote und die der Sozialhilfe für Sondereinrichtungen für behinderte Kinder erschwert.

2.3 Aufwertung der Kindertagespflege (§ 23 SGB VIII)

Die Regelungssystematik im SGB VIII ging bis dahin – anknüpfend an die realen Verhältnisse bei der Tagesbetreuung von Kindern – von einem qualitativen Gefälle zwischen der Förderung in Kindertageseinrichtungen und der Förderung in Kindertagespflege aus. Während die Förderung in Kindertageseinrichtungen professionalisiert ist, wurde die Kindertagespflege lange Zeit als private, familiäre und damit nicht professionelle Betreuung angesehen. Die Unterschiede liegen u.a. in der fachlichen Qualifikation des Personals, aber auch in der Organisation und Struktur des Angebots. Angesichts unterschiedlicher Bedürfnisse der einzelnen Kinder, aber auch angesichts unterschiedlicher Anforderungen an die Flexibilität des Betreuungsangebots erschien es erforderlich, die Kindertagespflege aus ihrer Grauzone herauszuholen und ein integriertes und qualifiziertes Angebot verschiedener Formen der Kindertagesbetreuung zu schaffen.[5]

Das TAG unternahm daher einen ersten Schritt, um das Gefälle zwischen den verschiedenen Angebotsformen aufzuheben. Dies geschah dadurch, dass Qualitätsanforderungen an Tagespflegepersonen geregelt wurden. Dazu zählen insbesondere die persönliche Eignung, Sachkompetenz und Kooperationsbereitschaft, aber auch vertiefte Kenntnisse hinsichtlich der Anforderungen der Kindertagespflege, die in qualifizierten Lehrgängen erworben oder in anderer Weise nachgewiesen wurden (§ 23 Abs. 3 SGB VIII). Diese sind Voraussetzung für die Gewährung von Kindertagespflege als (finanzielle) Leistung der Jugendhilfe. Die Ausdehnung dieser Anforderungen auf privat vermittelte und finanzierte Kinder-

---

5 Siehe dazu Jurczyk 2005; Diller/Jurczyk/Rauschenbach 2005.

tagespflegeverhältnisse erfolgte durch die Änderung der Voraussetzungen für die Erteilung der Pflegeerlaubnis im Rahmen des Kinder- und Jugendhilfeweiterentwicklungsgesetzes (KICK) (siehe dazu unter 3.2).

Darüber hinaus wurden die bundesrechtlichen Vorgaben für die Zusammensetzung des vom Jugendamt zu zahlenden Pflegegelds erweitert. Bestandteil des Pflegegelds sind nicht nur der Sachaufwand und die Anerkennung der Förderungsleistung, sondern auch die nachgewiesenen Aufwendungen für die Unfallversicherung und (hälftig) für eine angemessene Alterssicherung der Tagespflegeperson (§ 23 Abs. 2 SGB VIII). Analog zur Regelung für die Kindertagesstätten wurden die Jugendämter verpflichtet, für eine Förderung auch bei Ausfall der Tagespflegeperson (in Ferienzeiten, bei Krankheit) Sorge zu tragen (§ 23 Abs. 4 Satz 2 SGB VIII).

2.4 Konkretisierung der Pflicht zur Vorhaltung eines bedarfsgerechten Angebots (§ 24 SGB VIII)

Die objektiv-rechtliche Pflicht zur Vorhaltung von Betreuungsplätzen wurde für Kinder im Alter unter drei Jahren durch Bedarfskriterien untersetzt, die an die Erwerbstätigkeit der Eltern bzw. des alleinerziehenden Elternteils und an den Unterstützungsbedarf des Kindes anknüpfen (§ 24 Abs. 3 SGB VIII). Dies bedeutet, dass das Jugendamt in den Fällen, in denen ein den Kriterien entsprechender Bedarf nachgewiesen wird, zur Bereitstellung und Finanzierung eines „Betreuungsplatzes" verpflichtet ist und die Eltern dabei zwischen Kindertageseinrichtung und Kindertagespflege im Rahmen des vorhandenen Angebots wählen können.

2.5 Übergangsregelung für die alten Länder (§ 24 a SGB VIII)

Dem Gesetzgeber war bewusst, dass das in § 24 SGB VIII vorgegebene Versorgungsniveau in weiten Teilen der alten Bundesländer nicht sofort – am Tage des Inkrafttretens des TAG – gewährleistet werden konnte. Immerhin war man in der Kostenschätzung von etwa 230.000 neu zu schaffenden oder umzuwidmenden Plätzen ausgegangen. Deshalb wurde den Kreisen und Städten die Möglichkeit eröffnet, den Ausbau auf das vorgegebene Versorgungsniveau stufenweise bis zum Jahre 2010 vorzunehmen. Damit dies auch tatsächlich geschieht, wurden sie verpflichtet, jährliche Ausbaustufen festzulegen und jeweils am Jahresende das tatsächliche Ausbauergebnis zu bilanzieren. Bis zum Erreichen des gesetzlich vorgegebenen Versorgungsniveaus wurden die Kommunen verpflichtet, neue bzw. frei werdende Plätze für Kinder erwerbstätiger Eltern und Kinder mit besonderem erzieherischem Bedarf zur Verfügung zu stellen. Die Bundesregierung wurde verpflichtet, dem Bundestag jährlich einen Bericht über den Stand des Ausbaus vorzulegen. Inzwischen liegen vier Berichte vor.[6]

2.6 Landesrechtsvorbehalt für die Finanzierung (§ 74 a)

In keinem anderen Bereich der Kinder- und Jugendhilfe finden sich so viele verschiedene Finanzierungsmodelle wie bei der Finanzierung der Kindertageseinrichtungen. Sie reichen von der klassischen Förderung von Trägern von Einrichtungen (Objektfinanzierung) bis hin zur Finanzierung belegter Plätze (Subjektfinanzierung) mit vielen Zwischenformen. Während das Bundesrecht die Regelung der Vorgaben zur Entgeltfinanzierung im Bereich der Kindertageseinrichtungen den Ländern überlässt (§ 78 a Abs. 2 SGB VIII), fand sich ein solcher Landesrechtsvorbehalt bei den Vorschriften über die Förderung (§ 74 SGB VIII) nicht. Abgesehen davon, dass das Instrument der Subvention für die Finanzierung objektiv-rechtlicher Verpflichtungen und subjektiver Rechte nicht geeignet erscheint,[7] schloss eine unmittelbare Anwendung des § 74 SGB VIII auf die Förderung von Kindertageseinrichtungen privat-gewerbliche Anbieter wegen des Erfordernisses der Gemeinnützigkeit von vornherein aus. Zur Klarstellung und um den Ländern ein Signal für die Öffnung des Trägerspektrums zu geben, wurde nun der Landesrechtsvorbehalt eingeführt.

3. Das Kinder- und Jugendhilfeweiterentwicklungsgesetz (KICK)

Weitere Verbesserungen für den Ausbau der Kindertagesbetreuung finden sich im KICK. Dieses war ursprünglich Bestandteil des TAG, wurde aber aus strategischen Gründen im Bundestag abgetrennt und als eigenständiges (zustimmungsbedürftiges) Gesetz verabschiedet. Zu diesen Verbesserungen zählen insbesondere die folgenden Regelungen:

3.1 Kooperations- und Informationspflichten (§§ 22 a, 24 SGB VIII)

Die Fachkräfte in den Kindertageseinrichtungen wurden verpflichtet, auch mit anderen kinder- und familienbezogenen Institutionen und Initiativen im Gemeinwesen, insbesondere solchen der Familienbildung und -beratung, sowie mit den Schulen zusammenzuarbeiten (§ 22 a Nr. 2 und 3 SGB VIII). In einzelnen Bundesländern sind bereits Einrichtungen entstanden, die nach dem Vorbild der

---

6 Ausbaubericht 2005, Bundestags-Drucks. 16/2250; Ausbaubericht 2006, Bundestags-Drucks. 16/6100; Ausbaubericht 2007, Bundestags-Drucks. 16/9049. Der vierte Bericht (Ausbaubericht 2008) liegt als Broschüre des BMFSFJ im Internet, aber noch nicht als Bundestagsdrucksache vor.
7 Siehe dazu Wiesner 2006, § 74 a Rn. 3 m.w.N.

early excellence centres die Förderung der Kinder mit Angeboten für die Eltern verknüpfen.[8] Die Jugendämter und die von ihnen beauftragten Stellen wurden verpflichtet, Eltern oder Elternteile, die Leistungen in Kindertageseinrichtungen oder in Kindertagespflege in Anspruch nehmen wollen, über das Platzangebot im öffentlichen Einzugsbereich und die pädagogische Konzeption der Einrichtung zu informieren und sie bei der Auswahl zu beraten (§ 24 Abs. 4 SGB VIII).

3.2 Neuregelung des Erlaubnisvorbehalts für die Kindertagespflege (§ 43 SGB VIII)

Die fachpolitische Aufwertung der Kindertagespflege sollte nicht auf die Kindertagespflege als aus öffentlichen Mitteln finanzierte Leistung (§ 23 SGB VIII) beschränkt bleiben, sondern auch die privat finanzierten Formen einbeziehen und sie aus der Grauzone herausholen. Seit dem 1. September 2005 ist auch die privat finanzierte Kindertagespflege ab dem ersten Kind erlaubnispflichtig. Die Regelung knüpft dabei an dieselben Anforderungen an, wie sie für die Tagespflegepersonen gelten, die aus öffentlichen Mitteln finanziert werden. Die Erlaubnis wird nicht mehr individuell kindbezogen erteilt, sondern befugt zur Betreuung von bis zu fünf Kindern (§ 43 Abs. 3 SGB VIII).

3.3 Einführung sozial gestaffelter Elternbeiträge für die öffentlich finanzierte Kindertagespflege (§ 90 SGB VIII)

Auch hinsichtlich der Leistungsabwicklung sollte die Förderung in Kindertageseinrichtungen und in der Kindertagespflege gleichgestellt werden. Dies bedeutet, dass auch bei der Kindertagespflege das Jugendamt – sofern die gesetzlich bestimmten Bedarfskriterien nach § 24 Abs. 3 SGB VIII gegeben sind – die laufenden Geldleistungen in voller Höhe an die Tagespflegeperson bezahlt und die Eltern anschließend zu einem sozial gestaffelten Elternbeitrag herangezogen werden (§ 90 Abs. 1 SGB VIII). Die häufig anzutreffende Praxis, dass die Eltern des Kindes zunächst den ihnen zuzumutenden Betrag an die Tagespflegeperson zahlen und das Jugendamt je nach den Einkommensverhältnissen diesen Betrag aufstockt, ist daher nicht mehr vom Gesetzeswortlaut gedeckt.

3.4. Neuordnung der Statistik für Kinder in Tageseinrichtungen und in öffentlich finanzierter Kindertagespflege (§§ 99 ff. SGB VIII)

Der politischen Bedeutung des Aufgabenfeldes entsprechend wurde die Statistik für diesen Bereich verbessert. Sie gibt jetzt nicht nur Auskunft über die Zahl der

---

8 Siehe dazu Diller 2007, 17 ff. m.w.N.

Plätze, sondern vor allem auch über die Lebenssituation der Kinder. Einbezogen in die Erhebung wurden auch die Kinder in öffentlich geförderter Kindertagespflege. Darüber hinaus werden die Daten jetzt jährlich erhoben.

3.5 Aufnahme von Kindern in öffentlich vermittelter Kindertagespflege in die gesetzliche Unfallversicherung (SGB VII)

Analog zu den Kindern, die Kindertageseinrichtungen besuchen, sind nun auch die Kinder in öffentlich geförderter Kindertagespflege in die gesetzliche Unfallversicherung aufgenommen worden (§ 2 Abs. 1 Nr. 8 a SGB VII).

3.6 Einbeziehung der Kindertageseinrichtungen in den Schutzauftrag bei Kindeswohlgefährdung (§ 8 a SGB VIII)

Im Rahmen des KICK wurde der Schutzauftrag des Jugendamtes zur Abwendung einer Gefährdung des Kindeswohls strukturiert und konkretisiert. Dabei wurden die Einrichtungen und Dienste, die Leistungen der Jugendhilfe erbringen, in das Schutzkonzept einbezogen. Denn Anhaltspunkte für eine Kindeswohlgefährdung ergeben sich häufig auch im Zusammenhang mit der Leistungserbringung in diesen Einrichtungen und Diensten, z.B. in Tageseinrichtungen für Kinder. Diese übernehmen gegenüber den Eltern Leistungs- und Schutzpflichten für die zu fördernden Kinder. Das Jugendamt wird zu vertraglichen Regelungen mit den Leistungserbringern verpflichtet, in denen die Art und Weise der Wahrnehmung privatrechtlich übernommener Schutzpflichten näher geregelt wird. So müssen sich die Träger von Einrichtungen und Diensten, die Leistungen nach dem SGB VIII erbringen, dazu verpflichten, den Schutzauftrag in eigener Verantwortung wahrzunehmen und bei der Abschätzung des Gefährdungsrisikos eine „insoweit erfahrene Fachkraft" hinzuzuziehen. Je nach dem Profil der Einrichtung oder des Dienstes bzw. der Angebotsstruktur des jeweiligen Trägers müssen solche Fachkräfte entweder intern oder durch eine weitere Vereinbarung (z.B. mit einem Kinderschutzzentrum) extern hinzugezogen werden (§ 8 a Abs.2 SGB VIII).[9]

4. Das Kinderförderungsgesetz (KiföG)

Bereits im Koalitionsvertrag vom 11. November 2005 wurde das Thema „Tagesbetreuung für Kinder" wieder aufgenommen. Unter Berufung auf die Betreuungsstudie des Deutschen Jugendinstituts (DJI)[10] sowie auf Erfahrungen in anderen eurpäischen Ländern wurde nun eine Betreuungsquote von 35% für Kinder unter

---

9 Siehe dazu Münder/Smessaert 2007.
10 Bien/Rauschenbach/Riedel 2006.

drei Jahren gefordert. Auch die sog. Lissabon-Strategie der Europäischen Union[11] geht von dieser Größenordnung aus. Um dieses Ziel zu erreichen, sind in Deutschland auf der Basis der zu diesem Zeitpunkt vorhandenen Plätze noch etwa 450.000 Plätze zu schaffen.

Auf dem „Kinderbetreuungsgipfel" vom 2. April 2007 haben sich Bund, Länder und Kommunen darauf verständigt, die für dieses Ausbauziel erforderlichen Plätze bis zum Jahre 2013 zu schaffen. Eine Einigung wurde auch über das finanzielle Ausbauvolumen in Höhe von 12 Mrd. € erzielt. Der Bund hat sich bereit erklärt, ein Drittel der Ausbaukosten in Höhe von 4 Mrd. € zu tragen. Dies geschieht im Hinblick auf die investen Kosten durch die Gewährung von Finanzhilfen nach Art. 104 b GG auf der Grundlage des Gesetzes über Finanzhilfen des Bundes zum Ausbau der Tagesbetreuung für Kinder (Art. 3 KiföG). Die Einzelheiten wurden in einer Verwaltungsvereinbarung mit den Ländern geregelt. Die Beteiligung an den Betriebskosten erfolgt durch eine Veränderung bei der Verteilung des Aufkommens an der Umsatzsteuer.[12] Die gesteigerte Ausbauverpflichtung für die Träger der öffentlichen Jugendhilfe wurde durch eine erneute Änderung der §§ 22 bis 24 des SGB VIII sichergestellt. Das KiföG ist am 16. Dezember 2008 in Kraft getreten.[13]

4.1 Ausbau der Tagesbetreuung für Kinder unter drei Jahren in zwei Stufen

Mit dem TAG hatte der Gesetzgeber den ersten Schritt zu einem stufenweisen Ausbau von Plätzen in Tageseinrichtungen und der Tagespflege für Kinder im Alter unter drei Jahren unternommen und dabei den kommunalen Gebietskörperschaften als Trägern der öffentlichen Jugendhilfe als Zielmarke den 30. September 2010 (§ 24 a SGB VIII) für das neue Versorgungsniveau (§ 24 Abs. 2 SGB VIII) vorgegeben. Aufbauend auf diesen Zielvorgaben und noch während des Umsetzungsprozesses gibt das KiföG nun eine höhere Zielmarke vor, verlängert aber den Umsetzungszeitraum bis zum 31. Juli 2013 (erste Stufe). Schließlich hat der Gesetzgeber des KiFöG bereits für die Zeit nach dem 1. August 2013 (zweite

---

11 Beim Europäischen Rat am 15./16. März 2002 wurde dazu folgender Beschluss gefasst: Die Mitgliedstaaten sollten Hemmnisse beseitigen, die Frauen von einer Beteiligung am Erwerbsleben abhalten, und bestrebt sein, nach Maßgabe der Nachfrage nach Kinderbetreuungseinrichtungen und im Einklang mit den einzelstaatlichen Vorgaben für das Versorgungsangebot bis 2010 für mindestens 90% der Kinder zwischen drei Jahren und dem Schulpflichtalter und für mindestens 33% der Kinder unter drei Jahren Betreuungsplätze zur Verfügung zu stellen (SN 100/1/02 REV 1 S. 12).

12 Zu diesem Zweck sieht Art. 2 des KiföG eine Änderung des Finanzausgleichsgesetzes vor.

13 BGBl. I S. 2403.

Stufe) die bis dahin bestehende öffentlich-rechtliche Verpflichtung zum Nachweis eines Betreuungsplatzes bei Erfüllung der Bedarfskriterien in einen Rechtsanspruch auf frühkindliche Förderung für alle Kinder, die das erste Lebensjahr vollendet haben, umgewandelt (§ 24 Abs. 2 SGB VIII). Zu diesem Zweck enthält Art. 1 KiFöG hintereinander zwei – auf verschiedene Zeitpunkte bezogene – Befehle zur Änderung von § 24 SGB VIII (Art. 1 Nr. 6 und 7 KiföG).

In der ersten Stufe gelten über das TAG hinausgehende Kriterien als Voraussetzung für die Verpflichtung der kommunalen Gebietskörperschaften, für Kinder im Alter unter drei Jahren einen Betreuungsplatz vorzuhalten. So wird die Pflicht zum Nachweis eines Platzes bereits ausgelöst, wenn die Förderung für die Entwicklung des Kindes zu einer eigenverantwortlichen und gemeinschaftsfähigen Persönlichkeit geboten ist (§ 24 Abs. 3 Nr. 1 SGB VIII) oder die Erziehungsberechtigten arbeitsuchend sind (§ 24 Abs. 3 Nr. 2 a SGB VIII). Da diese erste Stufe erst bis zum 31. Juli 2013 erreicht sein muss, gelten für die „Nachzügler" vorerst die in § 24 a geregelten Mindestverpflichtungen (§ 24 a Abs. 4 SGB VIII). Bei der Ausbaugeschwindigkeit darf das bereits durch das TAG für das Jahr 2010 vorgegebene Zielniveau nicht unterschritten werden (§ 24 a Abs. 3 SGB VIII).

4.2 Qualifizierung der Kindertagespflege

4.2.1 Förderung in Kindertagespflege als Leistung der Jugendhilfe (§§ 23, 24 SGB VIII)

Bereits mit dem TAG waren die Weichen für den Ausbau eines differenzierten Leistungsangebots gestellt worden, das den unterschiedlichen Entwicklungen und Bedarfslagen von Kindern und Familien entsprechend auch die Kindertagespflege einbezieht. So hat bereits § 23 Abs. 3 SGB VIII in der Fassung des TAG fachliche Anforderungen an die Tagespflegeperson formuliert. Darauf aufbauend verpflichtet nun § 23 Abs. 2 a in der Fassung des KiFöG die Träger der öffentlichen Jugendhilfe dazu, den Betrag zur Anerkennung der Förderungsleistung der Tagespflegeperson (als Bestandteil der laufenden Geldleistung) leistungsgerecht auszugestalten. Die laufende Geldleistung umfasst künftig auch die hälftige Erstattung nachgewiesener Aufwendungen zu einer angemessenen Krankenversicherung und Pflegeversicherung (§ 23 Abs. 2 Nr. 4 SGB VIII). Mit diesen Vorgaben wird die Grundlage für eine Anhebung der monatlichen Zahlungen geschaffen, deren konkrete Höhe aber weiterhin von den örtlichen Trägern bestimmt wird. Eine Anhebung ist die Voraussetzung dafür, dass die Mehrbelastungen durch die ab dem 1. Januar 2009 eintretende Einkommensteuerpflicht (siehe unten 4.4.1). und höhere Beiträge zur Sozialversicherung (siehe unten 4.4.2) kompensiert werden.

4.2.2 Modifizierung des Erlaubnisvorbehalts (§ 43 SGB VIII)

Geändert wurden auch die Vorschriften zum Erlaubnisvorbehalt in der Kindertagespflege. So wird nun klargestellt, dass sich der Mindestzeitraum von 15 Stunden auf die wöchentliche Arbeitszeit der Tagespflegeperson bezieht (§ 43 Abs. 1 Satz 1 SGB VIII) und die Erlaubnis zur Betreuung von bis zu fünf gleichzeitig anwesenden fremden Kindern befugt (§ 43 Abs. 3 Satz 1 SGB VIII). Während bisher das Landesrecht die Zahl der zu betreuenden Kinder weiter einschränken oder vorsehen konnte, dass die Erlaubnis im Einzelfall für weniger als fünf Kinder erteilt werden kann, eröffnet jetzt das Bundesrecht unmittelbar dem Träger der öffentlichen Jugendhilfe die Möglichkeit, die Erlaubnis für eine geringere Zahl von Kindern zu erteilen (§ 43 Abs. 3 Satz 2 SGB VIII). Eine absolute Obergrenze für die Zahl der (nicht gleichzeitig) zu betreuenden Kinder sieht das Bundesrecht weiterhin nicht vor, sie kann aber landesrechtlich bestimmt werden. Darüber hinaus räumt das Bundesrecht den Ländern künftig ausdrücklich die Möglichkeit ein, sogenannte Großtagespflegestellen einzurichten, wie sie bereits bisher in einzelnen Ländern zugelassen waren. So kann die Erlaubnis zur Betreuung von mehr als gleichzeitig fünf anwesenden fremden Kindern erteilt werden, wenn die Person über eine pädagogische Ausbildung verfügt. In der (Groß-)Pflegestelle dürfen jedoch nicht mehr Kinder betreut werden als in einer vergleichbaren Gruppe einer Kindertageseinrichtung (§ 43 Abs. 3 Satz 3 SGB VIII). Damit soll verhindert werden, dass in den Ländern die Standards der Kindertageseinrichtungen über die Großtagespflege unterlaufen werden.

4.3 Stärkere Einbeziehung privat-gewerblicher Anbieter (§ 74 a SGB VIII)

Im Regierungsentwurf und im identischen Gesetzentwurf der Koalitionsfraktionen war die Verpflichtung vorgesehen, bei der öffentlichen Förderung, deren Einzelheiten im Übrigen weiterhin von den Ländern bestimmt werden sollten, alle Träger von Einrichtungen gleich zu behandeln, die die rechtlichen und fachlichen Voraussetzungen für den Betrieb der Einrichtung erfüllen (§ 74 a Satz 2 SGB VIII).[14] Damit sollten künftig in allen Ländern unabhängig von der gewählten Finanzierungsform private und gemeinnützige Träger gleichgestellt werden.[15] Der Bundestag ist diesem Vorschlag jedoch nach einer kontroversen Debatte nicht gefolgt. Nach dem beschlossenen Wortlaut „können alle Träger, die die rechtlichen und fachlichen Voraussetzungen erfüllen, gleich behandelt werden" – eine Formulierung ohne normativen Gehalt.

---

14 Art. 1 Nr. 15 des Gesetzentwurfs zum KiföGBT-Dr. 9299 und BT-Dr.16/10173.
15 Begründung zu Art. 1 Nr. 15 KiföG BT-Dr. 16/9299 S. 18.

4.4 Änderung der steuer- und sozialversicherungsrechtlichen Rahmenbedingungen

4.4.1 Einkommensteuerpflicht

Nach dem Rundschreiben des Bundesministeriums der Finanzen (BMF) vom 17. Dezember 2007 zur „Einkommensteuerrechtlichen Behandlung der Geldleistungen für Kinder in Kindertagespflege" werden seit dem 1. Januar 2009 alle Einkünfte aus der öffentlich geförderten Kindertagespflege als Einnahmen aus selbstständiger Tätigkeit im Sinne des § 18 Abs. 1 Nr. 1 Einkommensteuergesetz (EstG) behandelt, wenn die Tagespflegeperson Kinder verschiedener Personensorgeberechtigter im eigenen Haushalt, im Haushalt des Personensorgeberechtigten oder in anderen Räumen betreut. Bis zu diesem Zeitpunkt waren die aus öffentlichen Kassen gezahlten Leistungen als steuerfreie Beihilfen nach § 3 Nr. 11 EStG angesehen worden, wenn keine erwerbsmäßige Kindertagesbetreuung vorlag, was bei einer Betreuung von bis zu fünf Kindern generell vermutet wurde. Bei der Ermittlung der Einkünfte wird aus Vereinfachungsgründen zugelassen, dass (bei privat und öffentlich finanzierter Kindertagespflege) von den erzielten Einnahmen 300,– € je Kind und Monat als Betriebsausgaben pauschal abgezogen werden können.

4.4.2 Kranken- und Pflegeversicherung

Ab dem 1. Januar 2009 sind alle Menschen in Deutschland verpflichtet, Mitglied einer privaten oder gesetzlichen Krankenversicherung zu sein. Ehepartner/in oder eingetragene Lebenspartner/in einer gesetzlich krankenversicherten Person können unter bestimmten Voraussetzungen über die Familienversicherung beitragsfrei mitversichert sein. Verheiratete Tagespflegepersonen und Lebenspartner/innen haben grundsätzlich die Möglichkeit, über ihre/n gesetzlich versicherte/n Eheoder Lebenspartner/in beitragsfrei familienversichert zu werden, solange sie kein durchschnittliches Gesamteinkommen über 360,– € im Monat (Stand 2009) erzielen und keiner hauptberuflich selbstständigen Tätigkeit nachgehen. Erzielen sie ein höheres Einkommen, so müssen sie sich freiwillig in einer gesetzlichen oder privaten Krankenkasse versichern.

Durch die Änderungen im SGB V (Art. 4 KiföG) wird die Betreuung bis zu fünf Kindern als nicht hauptberuflich ausgeübte selbstständige Tätigkeit angesehen (§ 240 Abs. 4 SGB V) sowie sichergestellt, dass für Tagespflegepersonen, die bis zu fünf Kindern betreuen, eine Familienversicherung möglich ist, wenn ein steuerlicher Gewinn von 360,– € monatlich (ein Fünftel der Bezugsgröße) nicht überschritten wird (§ 10 Abs. 1 SGB V). Die Sonderregelung in der Familienversicherung ist als Übergangsregelung bis zum 31. Dezember 2013 befristet. Die

Entscheidung des Gesetzgebers, für die Betreuung von bis zu fünf Kindern keine hauptberufliche selbstständige Erwerbstätigkeit anzunehmen, führt zu einer Privilegierung der Tagespflegepersonen, weil insoweit nicht die Mindestbemessungsgrundlage für hauptberuflich selbstständige Erwerbstätige nach § 240 Abs. 4 Satz 2 SGB V Anwendung findet, sondern die geringere Mindestbemessungsgrundlage nach § 240 Abs. 4 Satz 1 SGB V.

5. Das Aktionsprogramm Kindertagespflege des Bundes

Das Bundesministerium für Familie, Senioren, Frauen und Jugend (BMFSFJ) unterstützt mit dem Aktionsprogramm den Ausbau der Kindertagesbetreuung und leistet damit zugleich einen Beitrag zur Qualifizierungsinitiative „Aufstieg durch Bildung" der Bundesregierung. Eine gezielte Förderung der Kindertagespflege ist eine wesentliche Voraussetzung, um die frühkindliche Förderung zu verbessern und die Vereinbarkeit von Familie und Beruf zu erleichtern. Zugleich soll potenziellen Tagespflegepersonen ein Anreiz gegeben werden, sich für diesen Beruf zu entscheiden und zu qualifizieren. Das Aktionsprogramm folgt damit den beschäftigungspolitischen Zielvorgaben der Europäischen Union und wird zu einem großen Teil aus Mitteln des Europäischen Sozialfonds (ESF) finanziert. Um die in der Tagespflege benötigten zusätzlichen 30.000 Fachkräfte zu gewinnen, wird das Programm in enger Kooperation mit den Ländern und der Bundesagentur für Arbeit durchgeführt.

Das Aktionsprogramm besteht aus drei Säulen:

- Strukturbildung in 200 Modellstandorten
  Zur Werbung, Qualifizierung und Vermittlung von Tagespflegepersonen werden entsprechend dem ESF-Verteilerschlüssel bundesweit 200 Modellstandorte gefördert. Gefragt sind insbesondere Konzepte solcher Kommunen, die noch einen hohen Bedarf an Tagespflegepersonen haben. Als Modelle für Steuerung, Koordinierung und Vernetzung vor Ort sollen sie die strukturellen Voraussetzungen für den regionalen Ausbau der Kindertagespflege schaffen und die damit verbundenen arbeitsmarktpolitischen Zielsetzungen umsetzen. Ihre Aufgabe ist die Entwicklung eines regionalen, arbeitsmarktpolitischen Gesamtkonzepts zur Gewinnung und Vermittlung des für den quantitativen und qualitativen Ausbau der Kindertagespflege im Fördergebiet erforderlichen Personals.

- Bundesweite Mindestqualifizierung von Tagesmüttern und -vätern
  Auf der Basis der Bedarfsmeldungen der Jugendhilfeträger und der regionalen Analyse des Bewerberpotenzials erfolgt bundesweit die Qualifizierung geeig-

neter Bewerberinnen und Bewerber. Die Finanzierung erfolgt durch die Kommunen bzw. Jugendhilfeträger; für Arbeitslose und Arbeitsuchende kann bei Vorliegen der Voraussetzungen auch eine Förderung durch die Arbeitsagenturen/Grundsicherungsstellen in Betracht kommen. Vor Ort ist diesbezüglich eine Abstimmung zwischen den betroffenen Akteuren erforderlich. Ziel der Qualifizierungsinitiative des Aktionsprogramms Kindertagespflege ist deshalb, Tagesmütter und -väter bundesweit nach den fachlich anerkannten Mindeststandards von 160 Stunden nach dem Curriculum des DJI bzw. qualitativ vergleichbarer Lehrplänen zu qualifizieren. Bund, Länder und die Bundesagentur für Arbeit wollen sich auf ein gemeinsames Gütesiegel für Bildungsträger verständigen, die Tagesmütter nach diesen fachlich anerkannten Mindeststandards unterrichten.

• Online-Portal zur Information, Vernetzung und Qualifizierung
Das neue Portal www.vorteil-kinderbetreuung.de präsentiert die unterschiedlichen Formen der Kinderbetreuung in Deutschland, bietet Entscheidungshilfen für Erziehungsberechtigte mittels Fragen und Antworten sowie ein Glossar und zeigt denjenigen, die eine Beschäftigung in der Kinderbetreuung suchen, den Weg zu den passenden Anlaufstellen. Es lotst alle Hilfe- und Ratsuchenden zu den Themen Kindertagesbetreuung und Kindertagespflege – ob Eltern, Erzieher/innen oder auch Jugendämter und Unternehmen – zu den Ansprechpartner/innen in ihrer jeweiligen Region. Das Portal, das auch das bewährte „Handbuch Kindertagespflege" bereitstellt, richtet sich an drei unterschiedliche Zielgruppen und bereitet die Inhalte entsprechend auf.

6. Auswirkungen der Föderalismusreform auf die Kindertagesbetreuung[16]

6.1 Erhalt der Gesetzgebungskompetenz des Bundes

Am 1. September 2006 ist die Föderalismusreform in Kraft getreten. Zentrales Ergebnis für die Kinder- und Jugendhilfe ist dabei, dass auch künftig dem Bund die konkurrierende Gesetzgebungskompetenz für das Sachgebiet „Kinder- und Jugendhilfe" im Rahmen des Kompetenztitels der „öffentlichen Fürsorge" (Art. 74 Abs.1 Nr. 7 GG) im Grundsatz erhalten bleibt. Damit bleiben auch künftig Finanzhilfen des Bundes für Investitionen der Kommunen zulässig (Art.104 b GG). Modifikationen erfährt die Gesetzgebungskompetenz des Bundes jedoch im Hinblick auf die Abweichungsrechte der Länder bei den sog. Annexkompetenzen (siehe dazu 6.2) und die stärkere Mitsprache des Bundesrates bei kostenwirksamen Regelungen (siehe dazu 6.3).

---

16 Siehe dazu im Einzelnen Schmid/Wiesner 2006, 392 und 449.

6.2 Abweichungsrechte der Länder

Bis zur Föderalismusreform konnte der Bund, wenn ihm die materiell-rechtliche Kompetenz zur Gesetzgebung zustand, durch Bundesgesetze, die der Zustimmung des Bundesrates bedurften, Regelungen zur Einrichtung von Behörden und zum Verwaltungsverfahren ohne Abweichungsrechte für die Länder vornehmen (Art. 84 Abs. 1 GG a. F.). Seitdem darf der Bund zwar die Einrichtung von Behörden und das Verwaltungsverfahren sogar ohne Zustimmung des Bundesrates regeln. Die Länder können jedoch von bundesrechtlichen Vorgaben zur Behördeneinrichtung und zum Verwaltungsverfahren abweichen (Art. 84 Abs. 1 Satz 2 GG n. F.). Andererseits ist der Bund nicht gehindert, auf eine solche Abweichung mit einer neuen bundesgesetzlichen Regelung zu antworten. Hat ein Land eine abweichende Regelung getroffen, so treten in diesem Land hierauf bezogene spätere bundesgesetzliche Regelungen der Einrichtung der Behörden und des Verwaltungsverfahrens frühestens sechs Monate nach ihrer Verkündung in Kraft, soweit nicht mit Zustimmung des Bundesrates anderes bestimmt ist (Art. 84 Abs. 1 Satz 3 GG n. F.). Im Verhältnis von Bundes- und Landesrecht geht das jeweils spätere Gesetz vor (Art. 84 Abs. 1 Satz 4 i.V.m. Art. 72 Abs. 3 Satz 3 GG n.F.). Expert/innen sprechen in diesem Zusammenhang von einer „Ping-Pong-Gesetzgebung", die Raum für Aktionismus lässt und die Rechtssicherheit und Rechtsklarheit auf unerträgliche Weise untergräbt.

Das SGB VIII enthält zahlreiche Vorschriften, die nach dieser Definition als Regelungen zur Einrichtung von Behörden zu definieren sind. Dazu zählen zunächst die Vorschriften über die Errichtung und Organisation der Jugendämter und Landesjugendämter (§ 69 Abs. 3, § 70 Abs. 1 und 3 SGB VIII), also auch ihre Zweigliedrigkeit. Darüber hinaus zählen dazu auch Regelungen über die Aufgabenzuweisung zu bestimmten Verwaltungsträgern, wie den kommunalen Gebietskörperschaften (§ 69 Abs. 1 SGB VIII), die aber im Rahmen des KiföG gestrichen worden sind. Schließlich zählen dazu auch die Vorschriften über die sachliche und die örtliche Zuständigkeit (§§ 85 ff. SGB VIII).

6.3 Zustimmungspflicht des Bundesrates

Seit dem 1. September 2006 bedürfen Bundesgesetze, die bestimmte Leistungspflichten der Länder gegenüber Dritten begründen, der Zustimmung des Bundesrates. Anknüpfungspunkt für die Zustimmungsbedürftigkeit solcher Bundesgesetze sind die daraus entstehenden Kostenfolgen für die Länderhaushalte.

Bislang waren Kostenfolgen für Länder (und Kommunen) kein Kriterium für die Zustimmungsbedürftigkeit des Bundesrates. So konnte der Bundesgesetzgeber zuletzt den Ausbau der Tagesbetreuung aus dem Regierungsentwurf zum TAG aus-koppeln und als zustimmungsfreien Teil gesondert verabschieden.[17] Auch der weit kostenträchtigere Rechtsanspruch auf einen Kindergartenplatz hatte seinerzeit keine Zustimmungspflicht ausgelöst. Damit sahen sich die kommunalen Ge-bietskörperschaften, aber auch die Länder selbst als Garanten für die Leistungs-fähigkeit der Kommunen den Mehrbelastungen durch Bundesgesetze schutzlos ausgesetzt.

Zustimmungspflichtig sind künftig Gesetze, die Pflichten der Länder „zur Erbrin-gung von Geldleistungen oder geldwerten Sachleistungen gegenüber Dritten begründen". In der Gesetzesbegründung wird im Hinblick auf diese Tatbe-standsmerkmale auf die Erläuterungen in der Anlage zum Koalitionsvertrag vom 18. November 2005 verwiesen.[18] Dort wird ausgeführt, dass der Begriff der „geld-werten Sachleistungen" mit Blick auf den Schutzzweck der Norm auch hiermit vergleichbare Dienstleistungen umfasst. Dabei wird ausdrücklich auf die Ver-pflichtung der Länder zur Bereitstellung von Tagesbetreuungsplätzen Bezug ge-nommen. Dementsprechend wurde das KiföG mit der Zustimmung des Bundesrates verabschiedet.

7. Ausblick

Mit dem TAG und dem KiföG haben sich Bund, Länder und Kommunen auf ein ehrgeiziges Ausbauprogramm verständigt. Wie die ersten Ausbauberichte zeigen, ist das Ausbautempo bisher hinter den Planungen zurückgeblieben und muss for-ciert werden. Angesichts der aktuellen Weltwirtschaftskrise, deren konkrete Aus-wirkungen niemand vorhersagen kann, wachsen die Zweifel, ob das unter anderen Vorzeichen beschlossene Programm in dem vorgesehenen Zeitrahmen tatsächlich realisiert wird. Zwar profitieren die Kommunen auch von den inzwi-schen aufgelegten Konjunkturprogrammen des Bundes. Diese lassen aber nur die Finanzierung investiver Kosten, nicht aber der Betriebskosten zu. Hinzu kommt die höhere Belastung der Tagespflegepersonen durch Steuern und Beiträge zur Sozialversicherung, die nur durch höhere monatliche Zahlungen seitens der Ju-gendämter kompensiert werden kann.

Darüber hinaus ist festzustellen, dass nicht genügend qualifizierte Fachkräfte in Tageseinrichtungen zur Verfügung stehen. Unter diesen Bedingungen muss damit gerechnet werden, dass Länder und Kommunen die großen Gestaltungsspiel-

---

17 Vgl. Beschlussempfehlung und Bericht des Ausschusses für Familie, Senioren, Frauen und Jugend, Bundestags-Drucks. 15/4045; siehe auch Wiesner 2004, 441, 448.
18 Bundestags-Drucks. 16/813 S. 46.

räume, die ihnen das Bundesrecht im Hinblick auf die qualitative Ausstattung der Angebote, aber auch auf die Höhe der finanziellen Leistungen für die Tagespflegepersonen einräumt, voll ausschöpfen werden.

In seinem Resümee kam der wissenschaftliche Beirat für Familienfragen bereits 2008 zu dem Schluss: „Der Prozess des Ausbaus von Betreuungsplätzen für unter Dreijährige läuft also Gefahr, dass Qualitätsaspekte erst zu spät oder gar nicht berücksichtigt werden und dass Betreuungsplätze entstehen, die den Anforderungen des frühkindlichen Bereichs in keiner Weise gerecht werden."[19] Diese Gefahr ist auf Grund der geschilderten Entwicklung nicht geringer geworden.

Literatur

Bien, Walter/Rauschenbach, Thomas/Riedel, Birgit (Hrsg.) (2006): Wer betreut Deutschlands Kinder? DJI Kinderbetreuungsstudie, Weinheim und Basel.
BMFSFJ Bundesministerium für Familie, Senioren, Frauen und Jugend (Hrsg.) (2008): Bildung, Betreuung und Erziehung für Kinder unter drei Jahren – elterliche und öffentliche Sorge in gemeinsamer Verantwortung: Kurzgutachten des wissenschaftlichen Beirats für Familienfragen, Berlin.
Diller, Angelika (2007), in: DJI Bulletin 80, 3/4.
Diller, Angelika/Jurczyk, Karin/Rauschenbach, Thomas (Hrsg.) (2005): Tagespflege zwischen Markt und Familie, München.
Jurczyk, Karin (2005): Familiäre Kindertagesbetreuung auf dem Weg in die Zukunft, in: ZfJ, 455.
Münder, Johannes/Smessaert, Angela (2007): Die Sicherstellung des Kinderschutzes nach § 8 a Abs.2 SGB VIII, in: ZKJ, 232 ff.
Schmid, Heike/Wiesner, Reinhard (2005): Rechtsfragen der Kindertagespflege nach dem Tagesbetreuungsausbaugesetz, in: ZfJ, 274.
Schmid, Heike/Wiesner, Reinhard (2006): Die Kinder- und Jugendhilfe und die Föderalismusreform, in: ZKJ.
Struck, Jutta/Wiesner, Reinhard (1992): Der Rechtsanspruch auf einen Kindergartenplatz, in: ZRP, 452 ff.
Textor, Martin R. (2008): Kindertagesbetreuung: Ökonomisierung, (Sozial-)Politisierung und Scholarisierung, in: UJ.
Wiesner, Reinhard (2004): Das Tagesbetreuungsausbaugesetz, in: ZfJ, 441 ff.
Wiesner, Reinhard (Hrsg) (2006): SGB VIII – Kinder- und Jugendhilfe, München, 3. Aufl.

---

19 BMFSFJ 2008, 45.

Stefan Sell

Aktuelle Entwicklungen auf der Länderebene beim Ausbau der Kindertagesbetreuung – zur Ambivalenz des Bildungs- und Betreuungsföderalismus

Die Zielperspektive ist klar: Bis zum Jahr 2013 sollen in den alten Bundesländern für 35% aller Kinder unter drei Jahren Betreuungsangebote in Kindertagesein-richtungen oder in der Kindertagespflege geschaffen werden. Ausgehend von den vorhandenen Betreuungsplätzen handelt sich um ein äußerst ambitioniertes Ziel, das allerdings vor dem Hintergrund bewertet werden muss, dass es bei den 35% um eine durchaus diskussionswürdige Größenordnung für den Ausbau der Be-treuungsplätze geht.[1]

Derzeit sind vor allem zwei Aspekte relativ sicher: Zum einen wird es ab dem Jahr 2013 einen individuellen Rechtsanspruch auf einen Betreuungsplatz ab dem vollendeten ersten Lebensjahr geben, der möglicherweise zu höheren Inan-spruchnahmequoten führen wird. Von dieser zusätzlichen Problematik abgesehen müssen wir derzeit feststellen, dass bereits der eigentlich notwendige Ausbau-stand zum Erreichen der 35%-Quote in den meisten Fällen nicht erreicht wird. Damit befinden wir uns schon zum heutigen Zeitpunkt im Rückstand, gemessen an dem vorgegebenen (quantitativen) Zielniveau, das zugleich eher als eine Un-tergrenze betrachtet werden sollte. Für die zuständigen Gebietskörperschaften wird sich ein enormer Druck aufbauen, wenn das System mit dem individuellen Rechtsanspruch scharfgestellt wird.

---

1 Die im Gesetzgebungsverfahren zum Kinderförderungsgesetz (KiföG) festgelegte Größen-ordnung von 35% im Sinne einer „bedarfsdeckenden" Quote für die Kinder unter drei Jah-ren basiert auf korrigierten Bedarfszahlen, die vom Deutschen Jugendinstitut (DJI) im Wesentlichen auf der Basis von Befragungsdaten aus der Vergangenheit abgeleitet worden sind. Es ist durchaus plausibel, davon auszugehen, dass sich die tatsächliche Inanspruch-nahme von Betreuungsplätzen für unter dreijährige Kinder in der Zukunft weiter nach oben verschieben kann. Dies gilt vor allem im Zusammenspiel mit dem nunmehr eingeführten Rechtsanspruch auf einen Betreuungsplatz ab dem vollendeten ersten Lebensjahr, der zum 1. Januar 2013 in Kraft treten wird. In der Ökonomie kennen wir das so genannte Say'sche Theorem, nach dem sich jedes Angebot seine Nachfrage schafft. Übertragen auf den Bereich der Kindertagesbetreuung bedeutet dies, dass man durchaus davon ausgehen kann, dass bei Vorhandensein eines Rechtsanspruches die tatsächliche Nachfrage zumindestens in einigen Regionen deutlich über den unterstellten (und auch für die Finanzplanung relevanten) 35% liegen wird.

Sowohl die Festlegung auf eine bedarfsdeckende Quote von 35% wie auch die Einführung eines individuellen Rechtsanspruchs ab dem vollendeten ersten Lebensjahr im SGB VIII geht auf gesetzgeberische Aktivitäten auf der Bundesebene zurück. Die Umsetzung dieser Anforderungen obliegt aber im Wesentlichen den Kommunen als Trägern der öffentlichen Jugendhilfe sowie den Bundesländern, die mehr oder weniger stark in die Finanzierung der Kinderbetreuung eingebunden sind. Den Bundesländern kommt aber nicht nur eine wichtige Rolle bei der Finanzierung der Kindertageseinrichtungen zu. Sie spielen insgesamt eine Schlüsselrolle nicht nur beim Ausbau der Einrichtungen und Kindertagespflegeangeboten, sondern auch hinsichtlich der Steuerung und Entwicklung der Systeme. Es ist an dieser Stelle angebracht, besonders hervorzuheben, dass es eben nicht ein System der Kindertagesbetreuung in Deutschland gibt, sondern wir sind konfrontiert mit sechzehn teilweise erheblich divergierenden Kita-Systemen, die ihrer eigenen, in der Regel auch nur historisch zu verstehenden Logik folgen. Insofern muss die Rolle der Bundesländer beim Ausbau der U 3-Betreuung als eine zentrale beschrieben werden.

1. Kriterien für eine Untersuchung der Aktivitäten auf der Ebene der Bundesländer

Eine Untersuchung der aktuellen Entwicklungen beim Ausbau der Kindertagesbetreuung für die unter dreijährigen Kinder in den Bundesländern kann angesichts der Vielgestaltigkeit und der Verschränkungen der Steuerungs- und Verantwortungsebenen nur auf der Grundlage einer Festlegung der für die Länderebene besonders relevanten Steuerungs- und damit Beeinflussungsgrößen sowie der messbaren „Erfolgsindikatoren"[2] geleistet werden. Hierbei ist die „Sandwich-Position" der Bundesländer im Gesamtsystem der Kindertagesbetreuung besonders zu berücksichtigen. Darunter ist zu verstehen, dass die Bundesländer auf der einen Seite die bundesgesetzlichen Vorgaben aus dem SGB VIII umzusetzen haben, wobei in vielen Punkten eine landesgesetzliche Konkretisierung bis hin zu abweichenden Regelungen vorgenommen werden kann. Auf der anderen Seite strukturieren die Bundesländer mit ihren landesgesetzlichen Vorgaben, aber auch durch die von ihnen zur Verfügung gestellte Ressourcenbeteiligung die Umset-

---

2 Die Anführungszeichen sollen darauf hinweisen, dass beispielsweise die auch in diesem Beitrag verwendeten Quoten hinsichtlich der realisierten Betreuungsangebote nur als Annäherung an den Erfolg der Systementwicklung bewertet werden können, wobei eine differenzierte Betrachtung der realisierten Angebote z.B. hinsichtlich ihrer Passungsfähigkeit für elterliche (oder gar für kindliche) Bedarfe zu abweichenden, möglicherweise – bei entsprechend niedriger oder schlechter Qualität – sogar zu einer negativen Erfolgsbewertung führen könnte.

zungsspielräume auf der kommunalen Ebene. Dabei ist besonders relevant, dass die Bundesländer auf der einen Seite bis zu einem gewissen Grad als Interessenvertreter der Kommunen zu fungieren haben, auf der anderen Seite sind sie aber auch in ihren Gestaltungsspielräumen durch die mittlerweile flächendeckende Einführung des sogenannten „Konnexitätsprinzips"[3] beschränkt. Anders als in der Vergangenheit ist es in den meisten Bundesländern nunmehr nicht mehr möglich, die Ausweitung von Betreuungsangeboten allein auf Kosten der Kommunen durchzusetzen. Aus Änderungen in Form von landesgesetzlichen Vorgaben, beispielsweise bei den Personalstandards oder den räumlichen Anforderungen, resultieren unmittelbar Auswirkungen auf den jeweiligen Landeshaushalt. In Verbindung mit dem kommunalpolitischen Druck in Richtung Absenkung der bereits vorhandenen Standards, um darüber die finanzielle Belastung auf der örtlichen Ebene zu reduzieren, ergibt sich in der Tendenz durchaus plausibel die Erwartung, dass die meisten Länder eher eine verhaltene Strategie bei der Umsetzung vor allem qualitativer Ziele verfolgen werden. Dieser bereits in der Vergangenheit zu beobachtende Trend wird sich in Zeiten eines bundesgesetzlich vorgeschriebenen quantitativen Ausbaus der Betreuungsangebote aller Voraussicht nach vor allem zulasten der Qualität fortschreiben lassen – so die hier vertretene Hypothese.

Vor diesem Hintergrund müsste eine Untersuchung der aktuellen Entwicklungen in den Bundesländern auf der einen Seite die landesgesetzlichen Ausformungen in den Kita-Gesetzen berücksichtigen. Dies gilt vor allem mit Blick auf die Normierung von existenziellen Rahmenbedingungen für eine gelingende Bildungs- und Betreuungsarbeit in Einrichtungen, zum Beispiel durch die Festlegung der Personalschlüssel und/oder der relevanten Gruppengrößen. Auf der anderen Seite geht es um die Ausgestaltung wie auch die konkrete Höhe der Finanzierungsbeteiligung der Länder.

---

3 Staatsrechtlich versteht man unter dem Konnexitätsprinzip den Grundsatz, dass Aufgabenwahrnehmung und Ausgabenverantwortung bei derselben staatlichen Ebene, vor allem Bund oder Ländern, liegen. Dieser Grundsatz ist im Grundgesetz in Artikel 104 a verankert. Im Binnenverhältnis zwischen den Kommunen und dem jeweiligen Bundesland schützt das Konnexitätsprinzip die Kommunen vor einer übermäßigen finanziellen Belastung durch übertragene Aufgaben, womit eine faktische Unterbindung der kommunalen Selbstverwaltung verhindert werden soll. Der auftragende Gesetzgeber muss als Verursacher für einen finanziellen Ausgleich der von ihm aufgetragenen Aufgaben sorgen (striktes Konnexitätsprinzip). Dies gilt in vielen Bundesländern. Mindestens aber sind Regelungen für eine entsprechende Kostenbeteiligung vorzusehen.

Auf der „Erfolgsebene" muss quantitativ der Ausbaustand der Betreuungsange-bote analysiert werden,[4] vor allem mit Blick auf die notwendige Umsetzung der ambitionierten Ausbauziele. Darüber hinaus muss die rein quantitative Betrach-tung der Betreuungsangebote ergänzt werden durch eine eher qualitativ ausge-richtete Analyse der tatsächlichen Art und Weise der Bildungs- und Betreuungsangebote. Denn natürlich macht es einen Unterschied, ob die Be-treuung der unter dreijährigen Kinder in einer „klassischen" Krippengruppe er-folgt oder aber die „klassische" Kindergartengruppe für 3-6-Jährige für einige unter dreijährige Kinder geöffnet wird und diese gleichsam „mitbetreut" werden, ohne dass sich an den bisherigen Rahmenbedingungen etwas substanziell ändert. Auch die unterschiedliche Ausgestaltung der Angebote hinsichtlich der zeitlichen In-anspruchnahme, hierbei vor allem das Angebot an Ganztagsplätzen, darf nicht aus den Augen verloren werden. Gerade hier zeigen sich erhebliche Unterschiede zwischen den Bundesländern sowie den Gebietskörperschaften innerhalb der Länder.[5] Ideal wäre eine Analyse, ob das im SGB VIII normierte Wunsch- und Wahlrecht hinsichtlich eines konkreten Betreuungsplatzes für die Eltern nur ein theoretischer Anspruch bleibt, oder ob tatsächlich entsprechende Wahlmöglich-keit vorhanden sind. Dies kann allerdings auf der Ebene eines Bundeslandes nicht adäquat geleistet werden, sondern hier wäre eine kleinräumige Analyse erfor-derlich.

Noch weitaus komplexer, aber vor dem Hintergrund der Aufgabenstellung, die man den Bundesländern zuschreiben muss, von letztendlich sogar größerer Be-deutung für eine Bewertung ihrer Aktivitäten wäre die Analyse ihres jeweiligen Beitrags zur Systementwicklung. Hier wird die Gesamtverantwortung der Lan-desebene vor allem in den folgenden Bereichen angesprochen:

---

4 Die rein quantitative Zielerreichung hinsichtlich der notwendigen Betreuungsangebote müsste eigentlich differenziert nach Kindertageseinrichtungen und Kindertagespflege betrachtet wer-den, ist es doch eine der Zielvorgaben des KiföG, dass 70% der neu zu schaffenden Plätze in Einrichtungen, 30% hingegen in der Tagespflege realisiert werden sollen – was auch der entsprechenden Finanzplanung zugrunde liegt. Zugleich wird an dieser Stelle auch ver-ständlich, warum die ausschließliche Betrachtung von Betreuungsquoten nicht wirklich ziel-führend im Sinne einer Erfolgsbewertung ist, denn die 70/30%-Relation entspringt eher einer finanztechnischen Logik, weniger zum Beispiel einer bedarfsseitigen Ableitung. Zugespitzt for-muliert könnte man die These vertreten, dass eine 100%ige Realisierung der zusätzliche Be-treuungsplätze in Einrichtungen als ein „größerer" Erfolg zu werten wäre – wenn dies beispielsweise den Präferenzen auf der Nachfrageseite entsprechen würde.

5 Natürlich hat die konkrete Ausgestaltung der Betreuungsangebote, zum Beispiel der Anteil der realisierten Ganztagsplätze auch erhebliche Auswirkungen auf den Finanzierungsbedarf und damit auf die Finanzierungsintensität im jeweiligen Bundesland.

- Die Formulierung und verbindliche Vereinbarung/Einführung von Bildungs-plänen bzw. -empfehlungen sowie die Frage, ob und in welcher Art und Weise die Umsetzung auch kontrolliert und ggfs. sanktioniert wird. In diesem Kontext ist es natürlich auch von Bedeutung, ob das jeweilige Bundesland den Trägern und ihren Einrichtungen auch entsprechende Ressourcen für eine Umsetzung der Anforderungen aus den Bildungsplänen zur Verfügung stellt.
- Die Gestaltung des Systems der Aus- und Weiterbildung, angefangen von der „klassischen" Erzieher/innen-Ausbildung bis hin zur Akademisierung der Aus-bildungsstrukturen. Hier wäre auch der Aktivitätsgrad des Landes hinsichtlich der Fortbildung der im System arbeitenden Fachkräfte als eigenes Merkmal zu berücksichtigen. Die Gesamtverantwortung des Landes für diesen Bereich er-gibt sich gerade in Zeiten des Bildungsföderalismus aus der durchgängig in den Bundesländern zugeschriebenen Zuständigkeit von der Kita über die Schule bis hin zu Hochschulausbildung.
- Von besonderer Relevanz für die zukünftige Entwicklung des Kita-Systems ist die Frage, wie die Schnittstelle zum Grundschulbereich gesehen und geregelt wird. Hierbei geht es um die Frage, ob die in den vergangenen Jahren beob-achtbaren Tendenzen einer „Scholarisierung" des Kita-Bereichs[6] auch auf der formalen Ebene, also hinsichtlich der institutionellen Ausformung, zum Durch-bruch gelangen werden oder aber ob eine Strategie der aktiven Eigenständig-keit des frühpädagogischen Bereichs verfolgt wird.[7]

2. Ausgewählte Befunde zu aktuellen Entwicklungen in den Bundesländern

Die Darstellung der eigentlich notwendigen Kriterien für eine Untersuchung des Aktivitätsniveaus wie auch der Intensität der landesseitigen Gestaltung des Sys-tems hat verdeutlichen können, dass wir es mit einer Vielzahl von Merkmalen zu tun haben, deren genauere Analyse den Rahmen der vorliegenden Arbeit bei Wei-tem sprengen würden. Sie zeigen aber auch, dass die Bedeutung der Länder bei einer Gesamtwürdigung deutlich über das hinausreichen, was ihnen üblicher-weise in der Literatur zugewiesen wird. So findet sich beispielsweise bei Dis-kowski der folgende Passus:

---

6 Mit diesem Begriff soll eine partielle „Verschulung" der frühpädagogischen Arbeit in Kinder-tageseinrichtungen adressiert werden.
7 Unmittelbar mit dieser Grundsatzentscheidung verbunden wäre die Frage der zukünftigen Ausbildung der frühpädagogischen Fachkräfte. Eine auch institutionelle „Verschulung" im Sinne einer wie auch immer ausgestalteten Inkorporierung des „vorschulischen" Systems in das staatliche Schulsystem müsste erhebliche Auswirkungen haben auf die Ausbildung, denn bei einer solchen Entwicklungslinie wäre eine Zusammenlegung der Ausbildung für den vor- und grundschulischen Bereich naheliegend, wenn nicht sogar zwingend.

„Bei den Ländern liegt eine relativ unbestimmte Anregungs-und Forderungsaufgabe sowie die Verpflichtung, auf einen gleichmäßigen Ausbau der Einrichtungen und Angebote hinzuwirken (§ 82 SGB VIII). Im Rahmen der konkurrierenden Gesetzgebung führen sie – so weit nicht bundesrechtlich abschließend bestimmt oder wo der Spielraum ausdrücklich eröffnet ist – das in Nähere (oder nach der Föderalismusreform zum Teil auch das Abweichende) durch Ländergesetze aus. Sie setzen somit wesentliche Strukturen der Kindertagesbetreuung in den Ländern. (...) (Allerdings) werden die Strukturen nicht nur durch die ausdrücklichen gesetzlichen Regelung gebildet, sondern mindestens ebenso durch Traditionen. Prägend ist das allgemeine Wissen darum, wie die Dinge zu sein haben – ob sie nun rechtlich so bestimmt sind oder nicht."[8]

Diskowski kommt in seiner Analyse allerdings zu einer bedeutsamen Schlussfolgerung hinsichtlich der aktuellen Entwicklungen in den Bundesländern:

„Mit den Bildungsplänen hat eine neue Qualität der Steuerung Einzug gehalten – und hat auch die Qualitätsdebatte einen neuen Bezugspunkt gefunden. In einigen Ländern wurden die Pläne durch Gesetz zur verbindlichen Grundlage der pädagogischen Arbeit erklärt; der bayerische Bildungsplan gilt als Normeninterpretation der Ausführungsverordnung und Berlin hat die Bezuschussung der Träger von ihrer Unterzeichnung einer Qualitätsvereinbarung abhängig gemacht. Bislang eher deklaratorische Bestimmungen der Kita-Gesetze werden durch finanzielle Sanktionsmöglichkeiten zu materiell wirksamen Regelungen. Damit gibt es neben dem sehr groben Instrument der Erlaubniserteilung und die eher verdeckt wirksamen und wenig nachprüfbaren Einflussnahmen nun eine neue Form der inhaltlichen Bestimmung der Aufgabe, die der fachlichen und der öffentlichen Diskussion zugänglich ist."

Im Folgenden können lediglich einige wenige ausgewählte Aspekte thematisiert werden, um aktuelle Entwicklungslinien zu illustrieren. Den ersten umfassenden Versuch einer Gesamtbetrachtung und -bewertung der Rolle der Bundesländer im System der frühkindlichen Bildung und Betreuung hat die Bertelsmann Stiftung im Jahr 2008 publiziert.[9] Im Ländermonitoring der Bertelsmann Stiftung wird die Situation der frühkindlichen Bildung und Betreuung in vergleichbaren Länderprofilen nach den drei Themenschwerpunkten „Teilhabe sichern",[10] „Investi-

---

8 Diskowski 2009, 100.
9 Bock-Famulla 2008. Vgl. auch das Online-Angebot unter http://www.laenderreport.de.
10 Hier geht es um ein differenzierteres Bild über die Zugangsmöglichkeit von Kindern zu Angeboten der frühkindlichen Bildung und Betreuung, wobei auch der Umfang der genutzten Betreuungszeiten berücksichtigt wird.

tionen wirkungsvoll einsetzen"[11] sowie „Bildung fördern – Qualität sichern"[12] anhand ausgewählter Indikatoren dargestellt.

2.1 Betreuungsquoten

Hinsichtlich der bereits mehrfach angesprochenen Betreuungsquoten für die unter dreijährigen Kinder ergibt sich auf der Basis der Kinder- und Jugendhilfestatistik bereits bei einem ersten Blick auf die unterschiedliche Positionierung der Bundesländer der Befund einer sehr heterogenen quantitativen Entwicklung der Betreuungsangebote. Abbildung 1 verdeutlicht die enorme Spannbreite.

Abbildung 1: Betreuungsquoten für die unter dreijährigen Kinder im Jahr 2008

---

11 Hier macht der Länderreport den Versuch, zumindest die Verteilung der Finanzierungslasten auf die unterschiedlichen Akteure im System aufzuzeigen. Damit wird es zumindest möglich, die Finanzierungsbeteiligung der Bundesländer in groben Zügen erkennbar werden zu lassen.

12 In diesem dritten Themenbereich wird die Umsetzung des Bildungsauftrages von Kindertageseinrichtungen anhand der Maßnahmen und Aktivitäten auch der Landesebene untersucht. Hier finden sich auch Bewertungen der verfügbaren Personalressourcen in den Einrichtungen.

Neben der „klassischen" Zweiteilung in Ost und West – hier im Sinne einer erheblich besseren Versorgungssituation in den neuen Bundesländern – kann man in der Abbildung mit Blick auf die westdeutschen Bundesländer neben einer großen Varianz zwischen den Bundesländern auch einen deutlichen Rückstand hinsichtlich der Annäherung an die Zielgröße einer Versorgungsquote von 35% spätestens ab dem Jahr 2013 erkennen.

Betrachtet man die teilweise erheblichen Unterschiede zwischen einzelnen Bundesländern im vergangenen Jahr, so beispielsweise die Differenz zwischen 15,1% in Rheinland-Pfalz und lediglich 9,2 bzw. 9,4% in Niedersachsen und Nordrhein-Westfalen, dann wird man zwangsläufig die Frage aufwerfen müssen, wie es zu derart ausgeprägten Unterschieden kommen kann. Dies gilt auch vor dem Hintergrund, dass beispielsweise Rheinland-Pfalz und Niedersachsen zwei vergleichbare, nämlich vor allem ländlich strukturierte Bundesländer darstellen. Allein der Vergleich des unterschiedlichen Ausbaustandes der Betreuungsangebote für unter Dreijährige zwischen den Bundesländern vermittelt den Eindruck, dass es eher „aktive" und eher „passive" Bundesländer bei der Umsetzung des beschlossenen Ausbaus gibt. Der Blick auf die beiden westdeutschen Stadtstaaten, Hamburg und Bremen, zeigt ein vergleichbares Bild zu den beiden Flächenländern Rheinland-Pfalz und Niedersachsen. Auch zwischen diesen beiden Stadtstaaten gibt es erhebliche Unterschiede bei den Betreuungsquoten, die nur mit einem unterschiedlichen Aktivitätsniveau erklärt werden können.

Angesichts der gesetzlich fixierten Zielgröße von 35% zur (unterstellten) Bedarfsdeckung im Kontext eines individuellen Rechtsanspruches ab dem Jahr 2013 ist auf der Basis der Wachstumsentwicklung in den Jahren 2006 bis 2008 in den einzelnen Bundesländern eine modellhafte Abschätzung des weiteren Wachstumsverlaufs bis zum Jahr 2013 und ein Vergleich mit dem eigentlich erforderlichen Wachstumsraten möglich. In der Abbildung 2 sind die Ergebnisse einer solchen modellhaften Gegenüberstellung dargestellt. Man erkennt, dass das in den zurückliegenden Jahren realisierte Ausbautempo bei Weitem nicht ausreichen wird, um die Zielgröße 35% auch nur annähernd zu erreichen. Angesichts der sich öffnenden Schere zwischen Soll und Ist – bei einer Fortschreibung des bisherigen Ausbautempos – müssen die Bundesländer ihre Ausbaudynamik erheblich steigern.

Eine genauere Betrachtung der einzelnen Bundesländer hinsichtlich ihrer Soll-Ist-Abweichung zeigt den folgenden Befund: Über dem Durchschnitt liegen nach dieser Berechnung die Bundesländer Rheinland-Pfalz, Hessen, Bayern und Baden-Württemberg, wobei auch der Spitzenreiter Rheinland-Pfalz bei Fortschreibung

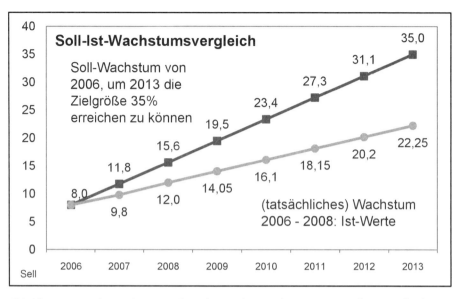

Abbildung 2: Wachstum beim Ausbau der Kindertagesbetreuung – Soll-Ist-Vergleich

der bisherigen Ausbaudynamik lediglich auf 29% im Jahr 2013 kommen würde. Besonders problematisch ist die Prognose für die beiden Bundesländer Nordrhein-Westfalen und Niedersachsen, die danach den Zielwert deutlich verfehlen würden. Angesichts der Tatsache, dass es sich bei Nordrhein-Westfalen um das bevölkerungsreichste Bundesland handelt, wäre diese Entwicklung angesichts des realen Bedarfs wie aber auch vor dem Hintergrund des gesetzlichen Anspruchs auf einen Betreuungsplatz nicht akzeptabel – und sie wäre für die zuständigen Gebietskörperschaften ein massives Problem, sollten die Eltern auf die Einlösung des Rechtsanspruchs bestehen.

2.2 Kindertagespflege

Auch hinsichtlich der Kindertagespflege, die innerhalb der Ausbauplanung mit einem Zielanteilswert in der Größenordnung von 30% der neu zu schaffenden Betreuungsplätze versehen worden ist, zeigt bereits ein erster Blick auf die jeweiligen Anteilswerte in den Bundesländern eine erhebliche Varianz, die von 7,2% der betreuten 0- bis 3-Jährigen im Saarland bis zu einem Anteilswert von über 37% in Schleswig-Holstein reicht. Der Durchschnittswert über alle Bundesländer liegt bei 17,7% und ist damit weit von den 30% entfernt. Erschwerend kommt hinzu, dass seit Jahresbeginn 2009 aufgrund einer steuerrechtlichen Neuregelung innerhalb der Kindertagespflege die Rahmenbedingungen für einen Teil der Kindertagespflegekräfte schlechter geworden sind. Tendenziell wird dies dazu führen, dass bereits tätige Kindertagespflegepersonen ihre Tätigkeit entweder aufgeben, oder aber den zeitlichen Betreuungsumfang einschränken werden, was sich natürlich negativ auf den „Deckungsbeitrag" der Kindertagespflege auswirken wird.

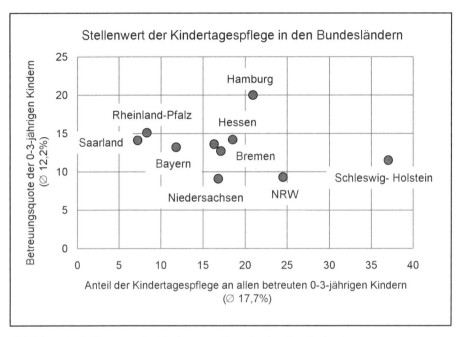

Abbildung 3: Stellenwert der Kindertagespflege in den Bundesländern

Zwischen den Bundesländern gibt es erhebliche Unterschiede, was den Einsatz und die Erwartungen hinsichtlich der Kindertagespflege betrifft. So gibt es Länder wie das Saarland und Rheinland-Pfalz, die auch aus fachlichen Gründen einer stärkeren Expansion der Kindertagespflege skeptisch gegenüberstehen. In anderen Bundesländern sind die Erwartungen hinsichtlich des Beitrags der Kindertagespflege für eine Realisierung der angestrebten Betreuungsquoten bei den unter dreijährigen Kindern sehr hoch. Dies beruht nicht zuletzt auch auf finanziellen Erwägungen, erhofft man sich doch durch den Ausbau der Kindertagespflege eine relativ kostengünstige Deckung des Betreuungsbedarfs.

2.3 Formen des Ausbaus der Kindertagesbetreuung

Hinsichtlich der interessanten Frage, in welcher Form die zusätzlichen Betreuungsplätze für die unter dreijährigen Kinder geschaffen werden, kann die reformierte Kinder- und Jugendhilfestatistik leider nur begrenzte Aussagen liefern. Grundsätzlich gibt es unterschiedliche Möglichkeiten, neue Plätze zu generieren:

- Zum einen werden Kinder im Alter von zwei Jahren in bestehende Kindergartengruppen aufgenommen, die in der Regel für 20 bis 25 Kinder im Alter von drei Jahren bis zum Schuleintritt konzipiert sind. Zumeist belegt dabei ein Kind im Alter von zwei Jahren zwei Kindergartenplätze. Innerhalb der Bundesländer gibt es hierzu sehr unterschiedliche Regelungen. Die Obergrenze für die Anzahl der Zweijährigen, die in eine Kindergartengruppe aufgenommen werden, liegt bei sechs Kindern.
- Zum anderen werden sogenannte altersgemischte Gruppen geschaffen, in denen Kinder von vier Monaten bis zum Schuleintritt, manchmal auch bis zu einem Alter von unter 14 Jahren betreut werden. Für diese Gruppenform sind Räumlichkeiten und Personalausstattung speziell auf die Anforderungen der pädagogischen Arbeit mit Kindern dieser großen Altersspanne ausgerichtet.
- Drittens werden Krippengruppen eingerichtet, in denen ausschließlich Kinder im Alter von unter drei Jahren betreut werden.

Für 48% der Kinder im Alter von unter drei Jahren kann nicht genau bestimmt werden, welche der genannten Gruppenarten sie nutzen. Sie besuchen Tageseinrichtungen, in denen mehrere Gruppenarten für mehrere Altersgruppen angeboten werden und für die in den Standardtabellen der Statistischen Ämter keine Zuordnung der Kinder im Alter von unter drei Jahren ausgewiesen wird.[13] Dies ist bedauerlich, denn detailliertere Angaben zu der Art und Weise der Umsetzung des Ausbaus wären hilfreich vor dem Hintergrund der immer wieder geäußerten Kritik, angesichts der Kostenbelastung gäbe es einen Druck in Richtung einer Realisierung von „Billigangeboten". An dieser Stelle wäre zudem zu fragen, ob und in welchem Ausmaß das jeweilige Bundesland Einfluss zu nehmen versucht auf die Art und Weise der Umsetzung des Ausbaus vor Ort.

Dass es auch innerhalb eines Bundeslandes zu erheblich abweichenden Entwicklungslinien kommen kann, zeigt das Beispiel Rheinland-Pfalz, das sich deswegen anbietet, weil hier bereits seit Jahren über ein spezielles Landesprogramm der Ausbau von Betreuungsplätzen für unter dreijährige Kinder vorwiegend über Landesmittel finanziert vorangetrieben wird. Betrachtet man die Zunahme dieser

---

13 Vgl. hierzu Bericht der Bundesregierung über den Stand des Ausbaus für ein bedarfsgerechtes Angebot an Kindertagesbetreuung für Kinder unter drei Jahren für das Berichtsjahr 2008, Bundestags-Drucksache 16/12.268 vom 12. März 2009, 8.

Plätze seit dem Jahr 2005, in dem das Landesprogramm aufgelegt wurde, dann zeigen sich vor allem zwei interessante und parallel ablaufende Ausformungen: Von den insgesamt 16.000 Plätzen für unter Dreijährige am Ende des Jahres 2008 entfallen immerhin mehr als 3.500 auf reine Krippengruppen, während sich 5.300 Kinder in geöffneten Kindergartengruppen befanden. Weitere 3.000 Kinder wurden über die so genannte Geringfügigkeitsregelung versorgt – hierbei handelt es sich faktisch um die billigste Variante, während die Krippenbetreuung die teuerste darstellt. Interessant wird es, wenn man untersucht, in welchen Landkreisen und kreisfreien Städten welche Art und Weise der Umsetzung des Ausbaus gewählt wurde. Hierbei zeigt sich ein markantes Phänomen kommunalisierter Systeme: Die Frage, nach welchen Kriterien beziehungsweise nach welchen strukturellen Gegebenheiten die eine oder andere Variante präferiert wird, kann nicht an „harten" Merkmalen der jeweiligen Gebietskörperschaft bestimmt werden. Letztendlich dominiert in der Realität der so genannte „L-Faktor", also der Landratsfaktor. Damit soll zum Ausdruck gebracht werden, dass letztendlich die persönliche Haltung und Einstellung der politisch Verantwortlichen zum Thema Kinderbetreuung ausschlaggebend dafür ist, ob eine teure oder billige Variante der Umsetzung gewählt wird. Dabei ist dies noch nicht einmal korreliert mit der parteipolitischen Ausrichtung der jeweiligen politisch Verantwortlichen.

2.4 Finanzierung

Nicht minder heterogen und unübersichtlich sowie einer Typisierung genauso wenig zugänglich stellt sich die Finanzierung und hierbei die Rolle des jeweiligen Bundeslandes dar. Der Länderreport der Bertelsmann Stiftung weist hinsichtlich des Finanzierungsanteils des jeweiligen Bundeslandes für das Jahr 2005 eine Spannweite von 7,1% (Hessen) bis zu 38% (Thüringen) aus. In einer Sonderrolle befinden sich die Stadtstaaten Berlin, Bremen und Hamburg, in denen die kommunale und die Länderebene gleichsam zusammenfallen.[14] Allerdings ist ein valider Vergleich der jeweiligen Länderanteile an der Finanzierung des Betreuungssystems allein schon aufgrund der unterschiedlichen Ausgestaltung der Länderfinanzsysteme nur äußerst eingeschränkt möglich. Trotz dieser Einschränkung kann man eine Gruppe von Ländern identifizieren, die hinsichtlich ihrer Finanzierungsbeteiligung als eher „passiv" einzuordnen wären. Dazu gehören neben Hessen auch Schleswig-Holstein und Niedersachsen.

Ein besonderes Kennzeichen der Kita-Systeme in Deutschland ist der stark ausgeprägte Mischfinanzierungscharakter, bestehend aus den Finanzierungsakteu-

---

14 Vgl. Bock-Famulla 2008, Tab. 23 im Tabellenanhang.

ren Land, Kommunen, Eltern, Träger der Einrichtungen, sowie vermittelt über das jeweilige Land nunmehr auch der Bund.[15] Generell sind hier aktuell zwei fundamentale Entwicklungslinien erkennbar. Zum einen können wir beobachten, dass sich die jeweiligen Finanzierungssysteme in den Bundesländern von ihrer bisherigen objektbezogenen Finanzierung hin zu einer eher subjektorientierten, auf die konkrete Inanspruchnahme seitens der Nachfrager ausgerichteten Finanzierung entwickeln – jedenfalls dort, wo wie in Nordrhein-Westfalen das Finanzierungssystem für die Kindertagesbetreuung in den letzten Jahren „reformiert" wurde. Es gibt nur noch wenige Bundesländer, wie beispielsweise Rheinland-Pfalz, die über ein „traditionelles" – manche würden sagen: „antiquiertes" – Finanzierungssystem verfügen, das allerdings für die Träger der Einrichtungen durchaus attraktiv ist, da alle neueren Finanzierungssysteme das Trägerrisiko teilweise erheblich erhöht haben. Dies geschieht vor allem über eine durchschnittskostenkalkulierte Pauschalierung[16] und damit verbunden einer Abkehr von der anteiligen Ist-Kostenfinanzierung, die beispielsweise Tariflohnerhöhungen noch systematisch berücksichtigt. Dies ist bei pauschalierten Beträgen nicht mehr der Fall, es sei denn, es gäbe eine entsprechende Dynamisierungsklausel, was aber in den vorliegenden pauschalierenden Systemen so nicht vorgesehen ist.

Eine zweite grundsätzliche Entwicklungslinie betrifft die Frage der Elternbeiträge. Hier kann man derzeit eine Dualisierung zwischen den Bundesländern erkennen. Während eine Gruppe in Richtung Reduzierung bis hin zu einer völligen Abschaffung der Elternbeiträge marschiert (z.B. Rheinland-Pfalz, wo ab 2011 die gesamte Kita-Zeit beitragsfrei sein wird), müssen wir in anderen Bundesländern sogar eine Ausweitung der Elternbeitragsbelastung beobachten. Besonders kritikwürdig wird dies dann im Zusammenspiel mit konterkarierenden Verteilungseffekten, die sich aus der Ausgestaltung der neuen Finanzierungssysteme ergeben. Dies ist beispielsweise in Nordrhein-Westfalen der Fall, wo aufgrund der abgeschafften Defizithaftung der Landesebene die Elternbeiträge in denjenigen Kommunen am höchsten sein müssen, denen es wirtschaftlich am schlechtesten geht, da die Kommunen die Fehlbedarfsfinanzierung bei ausfallenden Elternbeiträgen übernehmen müssen und zugleich als Kommunen oftmals unter Haushaltsvor-

---

15 Vgl. ausführlicher zum aktuellen Stand der Entwicklung der Finanzierung frühkindlicher Bildung Sell 2009.

16 Insofern vollzieht der Kita-Bereich hier eine Entwicklung sukzessive nach, die wir seit mehreren Jahren bei der Finanzierung der Krankenhausleistungen mit der Einführung eines fallpauschalierenden Vergütungssystems beobachten können, das erhebliche Veränderungsprozesse in der Krankenhauslandschaft ausgelöst hat – in Richtung Konzentration, Spezialisierung und Beschleunigung der Prozesse in den Kliniken. Durchaus vergleichbare Effekte können für den Kita-Bereich erwartet werden.

behalt stehen. Praktisch bedeutet das dann, dass eine „reiche" Kommune wie Düsseldorf den Eltern die Beiträge erlassen bzw. diese deutlich reduzieren kann, während in Gelsenkirchen die Eltern, die noch über ein normales Einkommen verfügen, immer höhere Elternbeiträge abführen müssen.

Grundsätzlich lässt sich in diesem Kontext eine kritische Entwicklungslinie identifizieren, die unter dem Segel der „Kommunalisierung" in unterschiedlichen Bundesländern wie Schleswig-Holstein, Baden-Württemberg oder nun auch Nordrhein-Westfalen faktisch zu einem Rückzug der Landesebene aus der Finanzierungsverantwortung im Bereich der Kindertagesbetreuung geführt hat. Am anderen Ende der Skala stehen Bundesländer wie Rheinland-Pfalz, die eine Strategie der „aktiven Föderalisierung" fahren, bei der der Ausbau der Angebote über eine erhebliche Kostenbeteiligung bzw. eine vollständige Gegenfinanzierung durch das Land erleichtert und vorangetrieben wurde und wird, was sich dann durchaus auch niederschlägt in der Zielerreichung mit Blick auf die angestrebten Betreuungsquoten.

Textor hat zu Recht darauf hingewiesen, dass die Ausdifferenzierung der Finanzierungssysteme für die Kindertagesbetreuung in Deutschland durch eine erhebliche Spannweite der Pro-Kopf-Ausgaben für Kindertagesbetreuung charakterisiert ist – die bezogen auf das von ihm betrachtete Jahr 2006 von 2.925,– € in Bayern bis hin zu 7.082,– € in Berlin reicht – und dass diese unterschiedlichen Beträge für eine unterschiedliche Qualität der Kindertagesbetreuung steht.[17] So kommt er zusammenfassend zu dem Ergebnis,

> „... dass das deutsche System der Kindertagesbetreuung höchst ungerecht ist. Je nach Wohnort müssen Eltern mehr oder weniger für die Betreuung ihrer Kinder bezahlen, haben sie eine mehr oder minder große Chance einen Kita-Platz für ein Kind unter drei Jahren oder einen Ganztagsplatz zu erhalten, ist die Qualität der Betreuung – gemessen anhand der Kriterien Gruppengröße, Fachkraft-Kind-Relation und formale Qualifikation des Personals – mehr oder minder hoch ... Wo bleibt hier die Gleichheit vor dem Gesetz? Schließlich ist Kindertagesbetreuung eine Leistung nach dem SGB VIII!"[18]

---

17 Vgl. Textor 2008. Ein Teil der Unterschiede erklärt sich natürlich auch aus unterschiedlichen Kostenintensitäten aufgrund divergierender Angebotsstrukturen, z.B. mit Blick auf die unterschiedlichen Ganztagsanteile oder einem höheren Anteil an Krippenkindern.
18 Textor 2008, 492.

2.5 Indikatoren für die Qualität der Kindertagesbetreuung

Die von Textor in seinem Beitrag anhand der erheblichen Finanzierungsunterschiede zwischen den Bundesländern behaupteten unterschiedlichen Qualitäten in der Kindertagesbetreuung lassen sich auch anhand anderer, direkt auf die Qualität zielenden Indikatoren nachzeichnen, auf die er sich auch bezieht: Die von ihm herangezogenen Indikatoren Gruppengröße, Fachkraft-Kind-Relation sowie die Qualifikation der Fachkräfte markieren das von Viernickel beschriebene „eiserne Dreieck der Strukturqualität", das aus eben diesen drei Merkmalen besteht, bzw. durch diese Merkmale sichtbar gemacht werden kann.[19]

Eine Analyse der Konkretisierung dieser Merkmale in den einzelnen Bundesländern zeigt erneut die erheblichen Diskrepanzen zwischen den Bundesländern, die ein Wesensmerkmal des deutschen Bildungs- und Betreuungsföderalismus darstellen. Betrachten wir einmal die Merkmale Gruppengröße und Personalschlüssel in Gruppen für unter dreijährige Kinder, also den „klassischen" Krippengruppen: Die Gruppengröße in Ganztagsgruppen schwankte nach Angaben des DJI[20] zwischen durchschnittlich neun Kindern in Rheinland-Pfalz und 13 Kindern in Niedersachsen – das bedeutet, dass die Zahl der in einer Gruppe im Krippenbereich in Niedersachsen befindlichen Kinder um 44% größer ist als in Rheinland-Pfalz. Diese massive Diskrepanz manifestiert sich dann auch beim Personalschlüssel[21] in den Krippengruppen: In Rheinland-Pfalz belief sich der Personalschlüssel auf 4,2 und in Niedersachsen auf 5,9 – auch hier beträgt die Differenz zwischen der Personalausstattung in dem einen und in dem anderen Bundesland mehr als 40%, wohlgemerkt zwischen zwei Bundesländern, die man strukturell gut miteinander vergleichen kann. Ein derart gravierender Unterschied bei der Personalausstattung wie auch der Größe der Gruppe – nachgewiesenermaßen entscheidende Determinanten für eine gute Qualität pädagogischer Prozesse – ist absolut durch nichts zu rechtfertigen, es kennzeichnet ausschließlich unterschiedliche politische und normative Festlegungen auf der jeweiligen Landesebene.

---

19 Viernickel 2006; vgl. auch Sell 2008.
20 Basis sind die Angaben im DJI-Zahlenspiegel (2007).
21 Der Personalschlüssel – wie er vom DJI ausgewiesen wird – ist ein rechnerisches Konstrukt, definiert als das Verhältnis von Ganztagsbetreuungsäquivalente pro Vollzeitäquivalent der pädagogisch tätigen Personen, einschließlich der Leitungspersonen. Daraus folgt, dass der so ermittelte Personalschlüssel aus Sicht der Einrichtung ein künstlicher oberer Wert ist, also die faktisch gegebene Personal-Kind-Relation überzeichnet, was aus datentechnischen Gründen nicht zu vermeiden ist. Man sollte nur daran denken: Die tatsächlichen Werte sind noch mal schlechter.

Wie katastrophal die Unterschiede bei diesen wichtigen Parametern für pädagogische Qualität ist, kann man daran verdeutlichen, dass die Spannweite beim Personalschlüssel von 4,2 in Rheinland-Pfalz bis 7,8 in Mecklenburg-Vorpommern reicht – das heißt, die Personalausstattung im Krippenbereich ist im Norden unseres Landes um fast 90% schlechter als in Rheinland-Pfalz. Aber – und das macht die Situation noch schlimmer – auch der Spitzenreiter beim Personalschlüssel ist lediglich „ein Guter unter lauter Schlechten", zumindest wenn man als Beurteilungsmaßstab die aus der Fachdiskussion geforderten Standards zugrundelegt. Hierzu wurde jüngst eine aktuelle Expertise von Viernickel und Schwarz vorgelegt.[22] Nach dieser Studie finden sich in der Fachliteratur Hinweise auf Schwellenwerte, ab denen die pädagogische Prozessqualität sowie das Verhalten und Wohlbefinden der Kinder negativ beeinflusst wird: Sie liegen bei Gruppen mit Kindern unter drei Jahren z.B. bei 1:3 bis 1:4 maximal.[23]

3. Fazit und natürlich: Was zu tun wäre

Die skizzierten Entwicklungslinien auf der Länderebene offenbaren erhebliche Defizite aufgrund des bestehenden Bildungs- und Betreuungsföderalismus. Nun ist eine deutliche Stärkung der zentralen Ebene in diesem Bereich angesichts der Föderalismusreform wie auch angesichts der Tatsache, dass die Länder ansonsten kaum noch eigene „Spielfelder" der Gestaltung haben, nicht zu erwarten, selbst wenn man dies für richtig halten würde. Auf der anderen Seite sind nicht nur die erkennbare regionale Ungleichbehandlung der Kinder und ihrer Eltern, sondern auch die offensichtlichen Zielverfehlungen schon mit Blick auf die durchaus fragwürdige Bedarfsdeckungsquote von 35% im Jahr 2013 ein grundsätzliches Systemproblem, das dringend einer möglichst gemeinschaftlichen Bearbeitung zugeführt werden muss. Dies gilt schon allein vor dem Hintergrund, dass ansonsten viele Kommunen ab dem Jahr 2013 vor die Wand fahren werden. Daraus resultiert in der Zusammenschau mit den beschriebenen qualitativen Defiziten in den einzelnen Systemen eine doppelte Kraftanstrengung:

Zum einen muss der anstehende „Minimalausbau" (also bezogen auf die Zielgröße 35%) vor allem von der Seite der dafür notwendigen Fachkräfte abgesichert werden, denn bereits konservativ geschätzt wird der zusätzliche Personalbedarf von mehr als 50.000 Fachkräften nur in Westdeutschland auf herkömmlichen Rekrutierungswegen nicht zu decken sein – und dieser Personalbe-

---

22 Viernickel/Schwarz 2009.
23 Bei Gruppen mit drei- bis sechsjährigen Kindern sind es etwa 1:8 und bei Gruppen mit fünf- und sechsjährigen Kindern 1:10.

darf basiert auf einer Fortschreibung der heutigen defizitären, ja skelettösen Personalausstattung in den Einrichtungen und einer Erwartungsüberfrachtung, was den Beitrag der Kindertagespflege angeht. Diese Herkulesaufgabe muss dann auch noch begleitet werden vor einem qualitativen Umbau der Ausbildung hin zu einer ergänzenden Teil-Akademisierung der frühpädagogischen Ausbildung, die „unten" ergänzt werden muss um eine Öffnung auch für andere Berufs- bzw. Qualifikationsgruppen. Dies wäre aber nur dann akzeptabel, wenn es ein möglichst konsistentes Qualifizierungs- und Professionalisierungsprogramm geben würde. Für diese Aufgaben muss die Landesebene die planerische und die Durchführungsverantwortung übernehmen.

Aus fachlicher Sicht muss es in den kommenden Jahren gelingen, zentrale, also nationale Mindeststandards, die fachlich zu bestimmen sind, wenn schon nicht im SGB VIII, dann wenigstens verbindlich in allen Ländergesetzen zu verankern. Der Bildungs- und Betreuungsföderalismus darf nicht auf einen „Wettbewerb nach unten", sondern ausschließlich auf einen „Wettbewerb um bessere Bedingungen" ausgerichtet sein. Hier könnte er auch Produkt- und Prozessinnovationen vorantreiben. Bildlich gesprochen brauchen wir mit Blick auf die Rahmenbedingungen eine Art „gesetzlichen Mindestlohn" im System der Kindertagesbetreuung.

Der Verfasser verhehlt nicht seine große Sympathie für ein solches Vorgehen, muss aber mit Blick auf die Geschichte zugleich Skepsis anmelden, ob das gelingen kann, denn das System befindet sich insgesamt in einer massiven Expansionsphase und bislang hat es noch kein Beispiel gegeben, dass in einer Phase des quantitativen Ausbaus zugleich auch die qualitativen Standards nach oben gefahren werden konnten. Aber es gibt bekanntlich immer ein erstes Mal. Sollte es nicht dazu kommen, sondern vielleicht aufgrund der Finanzierungsnöte der Umsetzungsebene sogar zu einem weiteren Abbau der wenigen Standards in diesem Bereich, dann muss man kein Frühpädagoge sein um vorauszusagen, dass gerade die vulnerabelsten Kinder, also die ganz Kleinen, auch Schaden nehmen können durch die an sich zu begrüßende Ausweitung der Kindertagesbetreuung.

Literatur

Bock-Famulla, Kathrin (2008): Länderreport Frühkindliche Bildungssysteme 2008. Transparenz schaffen – Governance stärken, Gütersloh.
Diskowski, Detlef (2009): Die Qualität- und die Bildungsdebatte in der Kindertagesbetreuung. Wenig Steuerung – vielfältige Einflussnahmen, in: Recht der Jugend und des Bildungswesens, Heft 1/2009, 93-113.
Sell, Stefan (2008): Gute KiTa – schlechte KiTa? Pädagogische Qualität als zentrale Aufgabe für Leitungskräfte, in: Das Leitungsheft Kindergarten Heute, Heft 2, 14-19.

Sell, Stefan (2009): Finanzierungssysteme für Kindertageseinrichtungen aus ökonomischer Sicht, in: Recht der Jugend und des Bildungswesens, Heft 1/2009, 114-130.

Textor, Martin R. (2008): Pro-Kopf-Ausgaben für Kindertagesbetreuung schwanken zwischen 2.925,- und 7.082,- €, in: Nachrichtendienst des Deutschen Vereins für öffentliche und private Fürsorge, Heft 12, 489-492.

Viernickel, Susanne (2006): Qualitätskriterien und im Bereich der frühkindlichen Bildung und Betreuung, Remagen.

Viernickel, Susanne/Schwarz, Stefanie (2009): Schlüssel zu guter Bildung, Erziehung und Betreuung – Wissenschaftliche Parameter zur Bestimmung der pädagogischen Fachkraft-Kind-Relation. Expertise, Berlin.

Matthias Selle

Aktuelle Aspekte und Entwicklungen im Ausbau der Tagesbetreuung für Kinder unter drei Jahren: die kommunale Ebene

1. Vorbemerkung

Die aktuellen kommunalen Entwicklungen beim Ausbau der Angebote für Kinder unter drei Jahren lassen sich nicht allgemeingültig darstellen, da gravierende regionale, kommunale und landespolitische Unterschiede in den gesetzlichen Regelwerken, der Bevölkerungsstruktur und damit in der Bedarfsstruktur bestehen: Die Konzepte der örtlichen Jugendämter sind jeweils auf den Bedarf vor Ort abgestimmt und unterliegen unterschiedlichen Finanzierungskonzepten und politischen Paradigmen. Insofern werden in diesem Aufsatz eher grundsätzliche Aussagen getroffen und einzelne kommunale Beispiele beschrieben, die nicht zwingend als repräsentativ angesehen werden können.

2. Wahrnehmung der Aufgaben nach § 22, 24 und 24 a SGB VIII – gesetzlicher Anspruch und kommunale (finanzielle) Realität

Der § 22 SGB VIII beschreibt die Grundsätze der Förderung von Kindern in Kindertageseinrichtungen und Kindertagespflege:

„(1) Tageseinrichtungen sind Einrichtungen, in denen sich Kinder für einen Teil des Tages oder ganztägig aufhalten und in Gruppen gefördert werden. Kindertagespflege wird von einer geeigneten Tagespflegeperson in ihrem Haushalt oder im Haushalt des Personensorgeberechtigten geleistet. Das Nähere über die Abgrenzung von Tageseinrichtungen und Kindertagespflege regelt das Landesrecht. Es kann auch regeln, dass Kindertagespflege in anderen geeigneten Räumen geleistet wird.
(2) Tageseinrichtungen für Kinder und Kindertagespflege sollen
1. die Entwicklung des Kindes zu einer eigenverantwortlichen und gemeinschaftsfähigen Persönlichkeit fördern,
2. die Erziehung und Bildung in der Familie unterstützen und ergänzen,
3. den Eltern dabei helfen, Erwerbstätigkeit und Kindererziehung besser miteinander vereinbaren zu können.
(3) Der Förderungsauftrag umfasst Erziehung, Bildung und Betreuung des Kindes und bezieht sich auf die soziale, emotionale, körperliche und geistige Entwicklung des Kindes. Er schließt die Vermittlung orientierender Werte und Regeln ein. Die Förderung soll sich am Alter und Entwicklungsstand, den sprachlichen und sonstigen Fähigkeiten, der Lebenssituation sowie den Interessen und Bedürfnissen des einzelnen Kindes orientieren und seine ethnische Herkunft berücksichtigen."

2.1 Wunsch und Wirklichkeit – finanzielle Rahmenbedingungen

Die Kommunen befinden sich in der schwierigen Situation, Angebote für Kinder unter drei Jahren schaffen zu müssen, die dem zitierten gesetzlich verankerten Anspruch von Bildung, Erziehung und Betreuung gerecht werden, verfügen aber in der Regel nicht über eine ausreichende Finanzausstattung, um eine den beschriebenen Anforderungen entsprechende Struktur zu errichten. Während sich bundesweit in Gesellschaft, Politik und Wissenschaft die Erkenntnis durchsetzt, dass die frühkindliche Bildung eine unverzichtbare Basis für die weitere Entwicklung der Kinder und ihrer Bildungsbiografie legt, sorgt die gegenwärtig bestehende unzureichende finanzielle Grundausstattung in vielen Kommunen für eine bislang zögerliche Verwirklichung der bundesrechtlichen Vorgaben.

Das Grundproblem sind dabei die Personalkosten: Einmalige Investitionen lassen sich auch aufgrund der aktuell verfügbaren Fördermittel des Bundes besser umsetzen als die dauerhafte Verankerung von Stellen in kommunalen Stellenplänen oder die langfristige Bereitstellung von Personalkostenzuschüssen für freie Träger. Es ist also ein Dilemma für die Kommunen, zu wissen, was nötig ist, dies aber aus finanziellen Gründen nicht voll umsetzen zu können. Wer nun denkt, es müssten in den Kommunen nur die richtigen Prioritäten gesetzt werden, dann könne man ohne Weiteres genügend in die Förderung der Kinder in Kindertageseinrichtungen und Kindertagespflege investieren, schätzt die kommunalen Realitäten falsch ein, denn dort ist die frühkindliche Bildung nur einer unter vielen Aufgabenbereichen.

Daher ist es eine dringende Aufgabe, die Kommunen als Verantwortungsträger für frühkindliche Bildungs- und Betreuungsangebote in die finanzielle Lage zu versetzen, eine den quantitativen Vorgaben aber auch den qualitativen Erfordernissen entsprechende Angebotspalette vorhalten zu können. Vor diesem Hintergrund ist auch zu überlegen, wie die Finanzströme anders verteilt und den Kommunen zielgerichtet zur Realisierung quantitativ und qualitativ angemessener Angebote zur Verfügung gestellt werden können.

2.2 Ausbau und Qualität der Betreuung unter Dreijähriger im Ost-West-Vergleich

Die Bertelsmann Stiftung teilt in einer Pressemeldung zum „Länderreport – Frühkindliche Bildung" aus dem Jahr 2008 mit, dass die

> „frühkindliche Bildung und Betreuung in den 16 Bundesländern deutliche Unterschiede aufweist. Während in Westdeutschland vor allem die Qualität des Angebotes – gemessen am Personalschlüssel – überzeugt, stehen im Osten

wesentlich mehr Betreuungsplätze zur Verfügung. Dies ist das Ergebnis einer aktuellen Studie der Bertelsmann Stiftung, die die frühkindlichen Bildungssysteme miteinander vergleicht. Die Untersuchung konzentriert sich auf die Schwerpunkte Teilhabe, Qualität und Investitionen."

Es ist festzustellen, dass neben diesen Faktoren auch die demografische Entwicklung in den Kommunen der neuen und alten Bundesländer die unterschiedlichen Entwicklungen befördert. In den alten Bundesländern führen die zurückgehenden Kinderzahlen zur Schaffung neuer Plätze in bestehenden Gruppen durch die Umwandlung von Plätzen für 3-6-Jährige in Krippenplätze. In den neuen Bundesländern besteht von jeher eine höhere und den Bedarf vom Grundsatz her deckende Versorgungsquote; hier führt die demografische Entwicklung zu einem Rückbau von Plätzen.

In der Pressemeldung der Bertelsmann Stiftung heißt es weiter:

„Nahezu alle Bundesländer hätten ihr Engagement in der frühkindlichen Bildung deutlich intensiviert [...]. Herausragend bei den unter Dreijährigen ist Sachsen-Anhalt: Zehn Prozent der Kinder unter einem Jahr besuchen eine Einrichtung, bei den Einjährigen sind es 60 Prozent, bei den Zweijährigen 85 Prozent und bei den Dreijährigen 94 Prozent. In Sachsen-Anhalt besteht von Geburt an ein Rechtsanspruch auf einen Betreuungsplatz. [...] Auch die Investitionen in frühkindliche Bildung und Betreuung variieren zwischen den Bundesländern deutlich: Die Spannbreite liegt zwischen 1.000 und 3.000 Euro pro Kind unter zehn Jahren. So geben Schleswig-Holstein und Niedersachsen nur 37 Prozent der Summe aus, die Berlin für Bildung und Betreuung seiner Kinder ausgibt. Entsprechend unterschiedlich werden die Eltern an der Finanzierung beteiligt. Ein wichtiges Kriterium für die Qualität von Kindertageseinrichtungen ist der Personalschlüssel. Der Personaleinsatz pro Kind unter drei Jahren hat im Bundesländervergleich eine Spannbreite von 1:4,2 bis 1:7,8. In der Spitzengruppe mit einem Personalschlüssel von unter 1:5 liegen Bayern, Hessen, Rheinland-Pfalz und das Saarland. Im Mittelfeld liegen Bremen, Mecklenburg-Vorpommern, Niedersachen und Schleswig-Holstein mit einem Personalschlüssel zwischen 1:5 bis 1:6. Die Schlussgruppe bilden Brandenburg, Hamburg, Sachsen, Sachsen-Anhalt und Thüringen mit einem Personalschlüssel über 1:6. Damit liegen selbst die Spitzenländer unter dem von der Bertelsmann-Stiftung empfohlenen Personalschlüssel für Kinder unter drei Jahren von 1:3."

2.3 Personal für Kindertageseinrichtungen

In vielen Kommunen bleiben bereits heute Stellen für Erzieher/innen unbesetzt, weil es an Bewerber/innen mangelt. Da der Erzieher/innenberuf zunehmend unattraktiver geworden ist, ist ein massiver Fachkräftemangel absehbar. Wenn in den Kommunen die Weichen für 2010 und 2013 gestellt werden, ist noch nicht sicher, dass die neu zu schaffenden Gruppen auch tatsächlich personell ausreichend besetzt werden können. Es fehlen zurzeit abgestimmte Strategien, wie diesem Teilproblem begegnet werden kann. Daher ist es eine wichtige Aufgabe für die nahe Zukunft, dieses Problem anzufassen.

2.4 Welche Versorgungsquote ist erforderlich?

Häufig wird festgestellt, die Kommunen müssten im U3-Bereich eine Versorgungsquote von 35% erreichen. Diese Behauptung beruht wohl auf Grundannahmen, die im Zuge des Gesetzgebungsverfahrens zu den letzten SGB VIII-Novellen getroffen wurden und als Berechnungsgrundlage für eine mögliche Kostenbelastung der Kostenträger dienten. Im Gesetz ist die 35%-Quote allerdings nicht zu finden, dort heißt es in § 24 a Abs. 3 SGB VIII a:

„Ab dem 1. Oktober 2010 sind die Träger der öffentlichen Jugendhilfe verpflichtet, mindestens ein Angebot vorzuhalten, das eine Förderung aller Kinder ermöglicht,
1. deren Erziehungsberechtigte
a) einer Erwerbstätigkeit nachgehen oder eine Erwerbstätigkeit aufnehmen,
b) sich in einer beruflichen Bildungsmaßnahme, in der Schulausbildung oder Hochschulausbildung befinden oder
c) Leistungen zur Eingliederung in Arbeit im Sinne des Zweiten Buches erhalten; lebt das Kind nur mit einem Erziehungsberechtigten zusammen, so tritt diese Person an die Stelle der Erziehungsberechtigten;
2. deren Wohl ohne eine entsprechende Förderung nicht gewährleistet ist."

Für die Ausbauphase bis zum 31. Juli 2013 werden im Vergleich zum Tagesbetreuungsausbaugesetz (TAG) erweiterte, objektiv rechtliche Verpflichtungen der Kommunen für die Bereitstellung von Plätzen eingeführt, womit nicht nur berufstätige Eltern einen gesicherten Betreuungsplatz für ihr Kind bekommen, sondern auch schon diejenigen, die eine Arbeit suchen. Ab dem 1. August 2013, nach Abschluss der Ausbauphase, soll der Rechtsanspruch auf einen Betreuungsplatz für alle Kinder vom vollendeten ersten bis zum vollendeten dritten Lebensjahr durch eine erneute Änderung des § 24 a SGB VIII eingeführt werden.

Somit besteht ab dem 1. Oktober 2010 bis 31. Juli 2013 eine objektiv-rechtliche Verpflichtung der Kommunen, ein Angebot für bestimmte Zielgruppen vorzuhalten und ab dem 1. August 2013 der Rechtsanspruch für Kinder ab dem ersten Lebensjahr. Die Kommunen werden sich dann in den tatsächlichen Bedarf „hineintasten" und in der Regel ebenfalls ihre Planungen auf der Basis der Grundannahme eines 35%igen Bedarfes vornehmen und diesen dann je nach der tatsächlichen Nachfrage nach unten oder oben anpassen.

2.5 Regionale Unterschiede und konjunkturelle Abhängigkeiten

Der Rechtsanspruch ab 2013 wird demzufolge zu unterschiedlichen Versorgungsquoten entsprechend der jeweiligen Bedarfssituation vor Ort führen – in einer Großstadt werden mehr Plätze als in ländlichen Regionen geschaffen werden –; gleichzeitig wird auch die konjunkturelle Situation sowie die Arbeitslosenquote eine unmittelbare Auswirkung auf die Nachfrage haben. Solange für die Förderung von Kindern in Kindertageseinrichtungen und Kindertagespflege Elternbeiträge erhoben werden, werden Eltern in vielen Fällen auf die bei ihnen durchaus umstrittene Betreuung von Kleinkindern unter drei Jahren in der Regel nur aus Gründen der Erwerbstätigkeit zurückgreifen.

2.6 Angebote für Kinder unter drei Jahren im Kontext kommunaler Bildungs- und Präventionsansätze

In den Kommunen wird der Ausbau der Kindertagesbetreuung für unter Dreijährige schon lange nicht mehr vor dem ausschließlichen Hintergrund einer „Betreuung" zur Unterstützung der Vereinbarkeit von Familie und Beruf gesehen, sondern zunehmend in den Kontext kommunaler Bildungskonzepte eingeordnet. Vor allem die Jugendämter mit hohen Fallzahlen in der Hilfe zur Erziehung verstärken ihre Bemühungen, insbesondere den Kindern, die unter § 24 Abs. 3 Satz 2 SGB VIII fallen, möglichst umfassende Angebote zu machen. Dies sind die Kinder, deren Eltern grundsätzlich die Möglichkeit hätten, ihr Kleinkind selbst zu betreuen und zu fördern, die aber aufgrund ihrer sozial benachteiligenden Lebenssituation nicht über die entsprechenden Ressourcen und Kompetenzen verfügen. Wenn diese Kinder früh und unter guten qualitativen Rahmenbedingungen gefördert werden, lassen sich Fehlentwicklungen vermeiden und rechtzeitig Bildungsfundamente legen, die dem Kind lebenslang zugute kommen und auf die es im familiären Umfeld ggf. hätte verzichten müssen.

Vor diesem Hintergrund sind auch die jüngsten Entwicklungen zur konzeptionellen Neuorientierung der Kindertageseinrichtungen hin zu „Familienzentren" zu sehen: Hier werden neben Angeboten im Rahmen der Trias „Bildung, Betreuung und Erziehung" der Kinder auch Angebote für Eltern durch Eltern- und Familienbildung, durch niedrigschwellige Beratungsangebote und soziokulturelle Veranstaltungen gemacht. So werden beispielsweise in Nordrhein-Westfalen durch landespolitische Impulse Kindertageseinrichtungen systematisch zu Familienzentren weiterentwickelt. Dabei wandeln viele Kommunen ihre Kindertageseinrichtungen auch aus eigenem Antrieb und ohne finanzielle Unterstützung des Landes in sog. Familienzentren um.

3. Umsetzung des § 22 a SGB VIII

3.1 Pädagogische Qualität in kommunalen Einrichtungen

§ 22 a SGB VIII beschreibt die Ansprüche an die Förderung von Kindern in Kindertageseinrichtungen und damit auch die Anforderungen an ein Qualitätsmanagement sowie an eine angemessene pädagogische und organisatorische Abwicklung der Angebote:

„(1) Die Träger der öffentlichen Jugendhilfe sollen die Qualität der Förderung in ihren Einrichtungen durch geeignete Maßnahmen sicherstellen und weiterentwickeln. Dazu gehören die Entwicklung und der Einsatz einer pädagogischen Konzeption als Grundlage für die Erfüllung des Förderungsauftrags sowie der Einsatz von Instrumenten und Verfahren zur Evaluation der Arbeit in den Einrichtungen.
(2) Die Träger der öffentlichen Jugendhilfe sollen sicherstellen, dass die Fachkräfte in ihren Einrichtungen zusammenarbeiten
1. mit den Erziehungsberechtigten und Tagespflegepersonen zum Wohl der Kinder und zur Sicherung der Kontinuität des Erziehungsprozesses,
2. mit anderen kinder- und familienbezogenen Institutionen und Initiativen im Gemeinwesen, insbesondere solchen der Familienbildung und -beratung,
3. mit den Schulen, um den Kindern einen guten Übergang in die Schule zu sichern und um die Arbeit mit Schulkindern in Horten und altersgemischten Gruppen zu unterstützen. Die Erziehungsberechtigten sind an den Entscheidungen in wesentlichen Angelegenheiten der Erziehung, Bildung und Betreuung zu beteiligen.
(3) Das Angebot soll sich pädagogisch und organisatorisch an den Bedürfnissen der Kinder und ihrer Familien orientieren. Werden Einrichtungen in den Ferienzeiten geschlossen, so hat der Träger der öffentlichen Jugendhilfe für die Kinder, die nicht von den Erziehungsberechtigten betreut werden können, eine anderweitige Betreuungsmöglichkeit sicherzustellen.
(4) Kinder mit und ohne Behinderung sollen, sofern der Hilfebedarf dies zulässt, in Gruppen gemeinsam gefördert werden. Zu diesem Zweck sollen die Träger der öffentlichen Jugendhilfe mit den Trägern der Sozialhilfe bei der Planung, konzeptionellen Ausgestaltung und Finanzierung des Angebots zusammenarbeiten.
(5) Die Träger der öffentlichen Jugendhilfe sollen die Realisierung des Förderungsauftrages nach Maßgabe der Absätze 1 bis 4 in den Einrichtungen anderer Träger durch geeignete Maßnahmen sicherstellen."

Die Absätze 1 bis 4 beinhalten explizite Forderungen zur Gestaltung der pädagogischen Prozesse und strukturellen Rahmenbedingungen, die von den Kommunen zurzeit in unterschiedlicher Intensität umgesetzt werden: In kommunalen Einrichtungen soll die Qualität durch geeignete Maßnahmen sichergestellt werden, wozu in der Regel der Einsatz eines Qualitätsmanagementverfahrens mit entsprechenden Evaluationsinstrumenten gehören dürfte. Ebenso soll eine Konzeption als Grundlage zur Erfüllung des Förderauftrages existieren, was natürlich eigentlich eine

Selbstverständlichkeit darstellt. Die kommunalen Träger von Kindertageseinrichtungen haben zudem dafür zu sorgen, dass sich ihr Personal mit anderen Institutionen vernetzt und eine enge Verzahnung mit den Eltern erfolgt. Im organisatorischen Bereich verlangt der Gesetzgeber eine Ausgestaltung der Angebote, die die Bedürfnisse der Eltern und Kinder aufgreift. Hinzu kommt der Anspruch der gemeinsamem Bildung, Betreuung und Erziehung von Kindern mit und ohne Behinderung. Alles, was in den kommunalen Einrichtungen umgesetzt wird bzw. für diese gilt, soll auch in den Einrichtungen freier Träger realisiert bzw. sichergestellt werden (Abs. 5). Somit ist die Qualitätssicherung bzw. das Qualitätsmanagements für alle Einrichtungen der Kindertagesbetreuung neben dem quantitativen Ausbau der Plätze in den Städten, Kreisen und Gemeinden eine parallele „Baustelle".

4. Kindertagespflege nach §§ 22, 23 und 43 SGB VIII im kommunalen Kontext

§ 22 Abs. 3 SGB VIII definiert die qualitative Dimension der Tageseinrichtung für Kinder und der Kindertagespflege. Dort heißt es:

> „Der Förderungsauftrag umfasst Erziehung, Bildung und Betreuung des Kindes und bezieht sich auf die soziale, emotionale, körperliche und geistige Entwicklung des Kindes. Er schließt die Vermittlung orientierender Werte und Regeln ein. Die Förderung soll sich am Alter und Entwicklungsstand, den sprachlichen und sonstigen Fähigkeiten, an der Lebenssituation sowie den Interessen und Bedürfnissen des einzelnen Kindes orientieren und seine ethnische Herkunft berücksichtigen."

Mit § 43 SGB VIII – Erlaubnis zur Kindertagespflege – wird die Erlaubnispflicht geregelt und das Jugendamt erhält Leitlinien für die Praxis der Erlaubniserteilung. § 23 SGB VIII – Förderung in Kindertagespflege – beschreibt den Umfang der Leistung, die finanziellen Aspekte, die Frage der Eignung und den Beratungsanspruch von Eltern und Kindertagespflegepersonen.

Die Kindertagespflege soll, wie die Kindertageseinrichtung, Kindern Betreuung, Bildung und Erziehung anbieten. Voraussetzung hierfür sind qualifizierte Tagespflegepersonen sowie ein von der Strukturqualität her angemessenes Umfeld in der Wohnung der Tagespflegeperson bzw. dem Elternhaus des Kindes, in welches die Tagespflegeperson zur Betreuung kommt. Die Kindertagespflege macht Angebote vor allem für Kinder in den ersten Lebensjahren und stellt eine familiennahe Betreuungsform dar. Insbesondere die individuellen Bedürfnisse der Kinder dieser Altersgruppe und deren Eltern können in der Kindertagespflege besser berücksichtigt werden als in der Kindertageseinrichtung. Tagespflegestellen sind mit bis zu drei und max. bis zu fünf Kindern deutlich kleiner als U3-Gruppen in Kindertageseinrichtungen. In der Kindertagespflege außerhalb des Elternhauses lebt das Kind für einen Teil des Tages in einer anderen Familie in der Regel mit den eigenen Kindern der Tagespflegeperson zusammen. Es ist eine familienähnliche Situation, die Kindern Erfahrungen, die sie in ihrer häuslichen Umgebung z.T. nicht machen können, vermittelt.

Grundsätzlich unterscheidet man zwischen drei Formen der Kindertagespflege: Die Kindertagespflege im Haushalt der Tagespflegeperson ist die wohl gebräuchlichste Form der Betreuung; die Kindertagespflege im Haushalt der Eltern bzw. der Personensorgeberechtigten stellt eine auch in den vergangenen Jahren praktizierte Form der Kindertagesbetreuung dar, aber auch die Kindertagespflege in anderen geeigneten Räumen, z.B. in angemieteten Wohnungen oder Teilen von Kindertageseinrichtungen, wird nunmehr durch die Bundesgesetzgebung ermöglicht.

Vor dem o.g. Hintergrund und der im Gesetz zum Ausdruck gebrachten Gleichrangigkeit von Kindertageseinrichtungen und Kindertagespflege beschreiten die Kommunen sehr unterschiedliche Wege in der Ausgestaltung der Kindertagespflegeangebote. Hierzu einige Aspekte:

- Da die Kindertagespflege grundsätzlich die kostengünstigere Variante zur Schaffung der neuen U3-Angebote ist, wird sie vor allem in den westlichen Bundesländern forciert, denn dort liegen die Versorgungsquoten – wie oben bereits beschrieben – deutlich unter denen in den östlichen Bundesländern.
- Ein erheblicher Teil der Eltern zieht nach Erfahrungen kommunaler Praktiker/innen die Kindertageseinrichtung der Kindertagepflege vor. Deswegen treten die für die Kommunen finanziellen Vorteile vielfach in den Hintergrund und es werden tatsächlich die Angebote geschaffen, die die Eltern für ihre Kinder wünschen.
- Vor allem in Kommunen, in denen Gebäude und eine entsprechende Infrastruktur bereitstehen, werden eher Plätze in Einrichtungen als in Kindertagespflege geschaffen.
- In vielen Kommunen entstehen zurzeit „Familienbüros", in denen die Aufgaben: „Vermittlung von Plätzen in Tageseinrichtungen und Kindertagespflege", „Betreuung und Schulung von Kindertagespflegepersonen" und „Beratung in allen Fragen rund um die Familie" komplett oder teilweise zusammengefasst werden.[1]

---

1 Beispiele: Familienbüro der Stadt Recklinghausen (www.recklinghausen.de), Familienbüro der Stadt Münster (http://www.muenster.de/stadt/jugendamt/e_familienbuero.html), i-Punkt-Familie der Stadt Düsseldorf (http://www.duesseldorf.de/jugendamt/ipunkt/index.shtml), 21 Familienservicebüros im Landkreis Osnabrück (http://lkos.betreuungsboerse.net/index.php?&m=3&hid=25) u. v. m.

5. Verwaltung und Organisation der Kindertagesbetreuung

Aktuell sind unterschiedliche Entwicklungen bzw. Modelle in der organisatorischen Anbindung der Aufgaben nach den §§ 22 – 26 SGB VIII zu beobachten. Die Varianten werden im Folgenden, ohne Anspruch auf Vollständigkeit, kurz skizziert:

- Anbindung der Kindertageseinrichtungen und der Kindertagespflege an das Jugendamt in einer Abteilung „Kindertagesbetreuung",
- Anbindung der Kindertageseinrichtungen an eine Abteilung und der Kindertagespflege an eine andere Abteilung (häufig: Familienhilfen/Erziehungshilfen) im Jugendamt,
- Anbindung der Kindertageseinrichtungen an das Schulamt und der Kindertagespflege an das Jugendamt,
- Anbindung der Kindertageseinrichtungen und der Kindertagespflege an das Schulamt,
- Anbindung der Kindertageseinrichtungen und der Kindertagespflege an einen Eigenbetrieb/Regiebetrieb, eine kommunale Anstalt öffentlichen Rechts, an eine gGmbH etc.

Für die unterschiedliche organisatorische Anbindung gibt es durchaus jeweils gute Gründe: Eine Anbindung der Organisationsbereiche Kindertageseinrichtungen und Kindertagespflege an das Jugendamt entspricht der gesetzlichen Systematik, die diese Bereiche auch in einen Gesetzesabschnitt bündelt (Aufgaben nach dem 3. Abschnitt des SGB VIII) und erleichtert dem örtlichen öffentlichen Jugendhilfeträger mit seinen Organen Verwaltung und Jugendhilfeausschuss die Bedarfsplanung im Rahmen der Jugendhilfeplanung und die Organisation erfolgt sozusagen aus „einer Hand". Eine organisatorische Anbindung an das Schulamt oder eine Art „kommunale Bildungs-GmbH" erleichtert die Vernetzung der frühkindlichen Bildung mit anderen Bildungsangeboten einer Kommune wie z.B. dem regulären Schulsystem (Stichwort: Bildungsübergänge Kindergarten-Grundschule). Gleich welche Organisationsform gewählt wird: Eine Vernetzung der Angebote unterschiedlicher, aber gleichsam zuständiger Dienste ist erforderlich und sollte über explizite Absprachen bzw. schriftliche Kontrakte erfolgen.

6. Kindertagesbetreuung als Standortfaktor

Bislang wurde die in einer Kommune vorgehaltene Struktur der Kindertagesbetreuung nicht immer als sog. weicher Standortfaktor begriffen. Hier sind seit geraumer Zeit gegenläufige Tendenzen zu beobachten. Tendenziell ist feststellbar, dass eine zunehmende Zahl an Kommunen die Angebote zur Kindertagesbetreuung in Kindergärten und bei Tagesmüttern und -vätern als harten und gewichtigen Standortvorteil bei der Werbung um die Ansiedlung von Unternehmen ansehen. Auch das Bundesministerium für Familien, Senioren, Frauen und Jugend (BMFSFJ) beschreibt diesen Effekt auf seiner Internetseite „Vorteil Kinderbetreuung" wie folgt:

> „Im europaweiten Wettbewerb von Regionen spielen weiche Standortfaktoren eine zunehmend wichtige Rolle. Zu diesen Standardfaktoren gehören gute Kinderbetreuungsangebote. Sie stärken das kommunale Leistungsprofil und üben insbesondere auf junge Familien eine besondere Anziehungskraft aus. Eine ausreichende Zahl an Kinderbetreuungsplätzen verkürzt die allgemein üblichen Wartelisten und erhöht die Chance auf frühe Förderung. Junge Eltern sind – insbesondere wenn sie neu in der Stadt sind und keine familiäre Rückbindung in der Region haben – bei Arbeitsaufnahme bzw. im Falle der Berufsrückkehr darauf angewiesen, rasch einen Betreuungsplatz für den Nachwuchs zu finden. Der Qualitätsaspekt spielt eine mindestens ebenso große Rolle im Standortwettbewerb: Kinder sollen nicht nur betreut, sondern vielmehr gefördert werden. Frühkindliche Bildungserlebnisse erleichtern den Wissenserwerb in späteren Lebensphasen. Eine gelungene Sozialisation im Kleinkindalter, vermittelt über Gruppenerlebnisse, schafft günstige Voraussetzungen dafür, dass sich junge Menschen in sinnvoller Weise in der Region engagieren, in der sie aufwachsen."[2]

Während der Phase bis 2013, in der der individuelle Rechtsanspruch noch nicht greift und vor allem in Ballungsräumen – überall dort, wo Familien die Wahl zwischen der Ansiedlung in unterschiedlichen Kommunen haben – sind die quantitative und qualitative Dimension der Angebote frühkindlicher Bildung und Betreuung, ebenso wie die reguläre Schullandschaft, ein entscheidendes Auswahlkriterium für den Wohnort. Wenn Kommunen ausreichende und den individuellen Bedürfnissen der Familien entsprechende Plätze vorhalten (können), verschaffen sie sich damit entscheidende Standortvorteile.

Einige Kommunen gehen bereits dazu über, einen Teil der Plätze kostenfrei zu anzubieten. So heißt es auf der Homepage der Stadt Düsseldorf:

> „Die Stadt Düsseldorf ist Familienstadt: Alle Eltern mit Kindern im Alter von drei Jahren bis zum Schuleintritt sind ab 1. August 2009 von den Elternbeiträgen für die Kinderbetreuung befreit. Durch die neue Regelung sollen insbesondere junge Familien weiter entlastet werden. Die Stadt übernimmt die entstehenden Kosten in Höhe von rund 20 Millionen Euro pro Jahr. Die Bei-

---

2 Http://www.vorteil-kinderbetreuung.de/fuer_institutionen/standortfaktor_kinderbetreuung/dok/63.php (3.2.2009).

tragsbefreiung bezieht sich sowohl auf die Betreuung in Kindertageseinrichtungen als auch in der Kindertagespflege. Das bei einer ganztägigen Betreuung anfallende Verpflegungsgeld muss allerdings weiterhin gezahlt werden. Ab dem 1. August 2009 fallen nur noch die Beiträge für die Betreuung von Kindern unter drei Jahren und für Schulkinder nach Einkommen gestaffelt an."[3]

---

3 Http://www.duesseldorf.de/jugendamt/akt/top_040.shtml (27.2.2009).

Doris Beneke

Der Ausbau der Kindertagesbetreuung aus Sicht der Freien Wohlfahrtspflege

1. Strategien der Wohlfahrtsverbände beim Ausbau der Kindertagesbetreuung für unter Dreijährige

1.1 Die Weiterentwicklung der Kindertagesbetreuung im Kontext des SGB VIII

Die Spitzenverbände der Freien Wohlfahrtspflege, die in der Bundesarbeitsgemeinschaft der Freien Wohlfahrtspflege (BAG FW) zusammengeschlossen sind, haben die Gesetzgebungsverfahren zum Ausbau der Plätze für Kinder unter drei Jahren vom Tagesbetreuungsausbaugesetz (TAG) über das Gesetz zur Weiterentwicklung der Kinder- und Jugendhilfe (KICK) bis zum Kinderförderungsgesetz (KiföG) unterstützt und sich für den Ausbau eingesetzt. Ihre Forderungen gingen allerdings über einen rein quantitativen Ausbau mit Plätzen weit hinaus. Im Blickpunkt der Wohlfahrtsverbände stand neben dem quantitativen Ausbau immer auch die Forderung nach einem qualitativen Ausbau, der auf die Bedarfe dieser Altersgruppe bezogene Gruppengrößen, Fachkraftausstattungen und entsprechende Qualifizierungen berücksichtigt. Ziel ist die Schaffung eines bedarfsgerechten Infrastrukturangebotes, das die regionalen Bedarfe von Familien mit Kindern erhebt und qualitativ hochwertig umsetzt. Mit dem 2008 verabschiedeten KiföG wurde der Rechtsanspruch auf einen Betreuungsplatz ab dem ersten Lebensjahr an den stufenweisen Ausbau bis zum Jahr 2013 gekoppelt. Aus der Sicht der Wohlfahrtsverbände sind damit die Chancen gestiegen, die qualitativen Erfordernisse durch die Möglichkeit des langfristigen Aufbaus neuer Plätze zu berücksichtigen und umzusetzen. Voraussetzung ist, dass alle Beteiligten im System der Kindertagesbetreuung die zur Verfügung gestellten Finanzmittel auch zielgerichtet einsetzen.

Die politische Debatte über den Ausbau mit Plätzen für Kinder unter drei Jahren war stark geprägt von familienpolitischen Schwerpunkten wie Vereinbarkeit von Berufstätigkeit und Familie, insbesondere für Frauen. Die Wohlfahrtsverbände haben in ihren Stellungnahmen zum KiföG die Perspektive des Kindes bei der Schaffung des Rechtsanspruches hervorgehoben. Der Rechtsanspruch auf ein frühkindliches Förderangebot soll das Recht von Kindern auf Bildung, Betreuung und Erziehung gewährleisten und die Bildungschancen von Kindern unterstützen und verbessern. Zugleich trägt der Rechtsanspruch dazu bei, Erwerbstätigkeit und Kindererziehung miteinander zu vereinbaren, so dass sowohl wichtige familienpolitische als auch genderpolitische Ziele erreicht werden können. Wenn neben

Quantität auch Qualität erreicht werden soll, darf die kinderpolitische Zielrichtung nicht vergessen oder auf ein Nebengleis verschoben werden. Kindertagesbetreuung in all ihren Formen ist auf der Ebene des SGB VIII nach wie vor ein elementarer Bestandteil der Kinder- und Jugendhilfe; seine familienpolitische Bedeutung ergibt sich aus der grundlegenden Bedeutung als Infrastrukturangebot.

1.2 Erziehung, Bildung und Betreuung von Kindern – Positionen der BAG FW

Erziehung, Bildung und Betreuung von Kindern in der Kindertagesbetreuung ist ein in der Öffentlichkeit vielseitig diskutiertes Thema. Der geplante Ausbau der Plätze für Kinder unter drei Jahren, aber auch die gleichzeitig intensiv geführte Debatte um die Verbesserung der frühkindlichen Bildung werfen zahlreiche Fragen zu Quantität und Qualität verlässlicher Angebote auf. Gleichzeitig steigen die Herausforderungen an die konzeptionelle Gestaltung der pädagogischen Arbeit. Erzieherinnen und Erzieher sind gefordert, individuelle Bildungsprozesse zu unterstützen, diese zu dokumentieren und gleichzeitig in den partnerschaftlichen Diskurs mit Eltern einzutreten. Neben den konzeptionellen bedürfen strukturelle Fragen dringend einer Klärung, wenn die Ziele Chancengerechtigkeit und Teilhabe für alle Kinder erreicht werden sollen.

Die BAG FW begrüßt ausdrücklich den Rechtsanspruch auf einen Betreuungsplatz für Kinder unter drei Jahren, denn er sichert über den bisherigen begrenzten Zugang hinaus den Anspruch von Kindern auf Erziehung, Bildung und Betreuung und spiegelt somit konsequent die Bedeutung und die Chancen frühkindlicher Bildung wider. Die BAG FW legt Wert darauf, dass allen Kindern, unabhängig von der Familiensituation und dem Bildungsstatus der Eltern ein qualitativ hochwertiges Angebot zur Verfügung steht. Die Perspektive der Kinder darf dabei nicht zu kurz kommen. Das bedeutet, dass sich das Angebot in der zeitlichen Ausgestaltung an den individuellen Bedürfnissen von Kindern orientieren und deren Lebenslagen angemessen berücksichtigen muss. Die Vereinbarkeit von Familie und Beruf kann nicht alleiniges Bedarfskriterium sein, sondern der zeitliche Bedarf muss auch an den individuellen Bedürfnissen des Kindes gemessen werden. Konkret bedeutet dies, dass nicht ausschließlich die Berufstätigkeit Prüfstein für die Vergabe eines Ganztagsplatzes sein darf. Auch Kinder, deren Eltern keiner Erwerbstätigkeit nachgehen, sollten einen Ganztagsplatz in Anspruch nehmen können.

Die Erfahrungen mit dem Rechtsanspruch auf einen Kindergartenplatz, der vielfach als Anspruch auf einen Halbtagsplatz ausgelegt wird, zeigt, dass es hier großer Aufmerksamkeit der entscheidenden Akteure bei der Umsetzung bedarf. Es wäre hilfreich gewesen, wenn der Gesetzgeber das von den Wohlfahrtsverbänden unterstützte Recht auf einen Ganztagsplatz auch umgesetzt hätte. Nur so unterstützt der Rechtsanspruch aus Sicht der BAG FW realiter das Recht auf Erziehung, Bildung und Betreuung für alle Kinder und trägt dazu bei, dass Kinder aus unterschiedlichen Milieus gleiche Start- und Teilhabechancen bekommen. Der Rechtsanspruch ist ein wichtiger Schritt, Familien größere Spielräume bei der Vereinbarkeit von familiären und beruflichen Interessen zu eröffnen und ist somit ein wichtiger Beitrag für die Entwicklung familienfreundlicher Kommunen.

Die Kindertagespflege wurde im KICK erstmalig als gleichrangiges Angebot neben der institutionellen Kindertagesbetreuung festgelegt. Diese neue gesetzliche Setzung wurde von den Wohlfahrtsverbänden durchaus kritisch bewertet, insbesondere weil die notwendige fachliche Qualifizierung für Tagespflegepersonen als unzureichend bewertet wurde. Etliche Verbände befürchteten, dass Kindertagespflege beim Ausbau der Plätze für Kinder unter drei Jahren als „Billigangebot" favorisiert wird. Die BAG FW formulierte deshalb Anforderungskriterien für die zukünftige Gestaltung der Kindertagespflege. Diese muss mittelfristig zu einem Berufsfeld mit anerkannten Qualifikationsstrukturen und einem entsprechenden Vergütungssystem ausgebaut und weiterentwickelt werden. Nur unter diesen Bedingungen sind die hochgesteckten Ziele beim Ausbau der Betreuung durch Kindertagespflege zu erreichen.

Bis 2013 soll in Deutschland für jedes dritte Kind unter drei Jahren ein Betreuungsplatz zur Verfügung stehen, von denen gut ein Drittel in der Kindertagespflege entstehen soll. Mit der Umsetzung des TAG wurde die Kindertagespflege gleichrangig mit den Kindertageseinrichtungen als Teil eines qualifizierten, vielfältigen und integrierten Systems der Erziehung, Bildung und Betreuung von Kindern verankert. Kindertagespflege ist ihrem Anspruch nach ein Angebot frühkindlicher Bildung, in dem die sprachlich-kognitive, körperliche und die sozial-emotionale Entwicklung von Kindern gefördert wird. Um die Qualität der Kindertagespflege zu gewährleisten, ist die Qualifizierung von Tagespflegepersonen notwendig. Aufbauend auf einer Grundqualifikation, z.B. nach dem Curriculum des Deutschen Jugendinstituts (DJI), sollten den Tagespflegepersonen regelmäßige Fort- und Weiterbildungen angeboten und ermöglicht werden. Diese Grundqualifikation sollte unabhängig von der tatsächlichen Betreuungsdauer des Kindes gegeben sein.

Die Rahmenbedingungen für Kindertagespflege sind aus Sicht der BAG FW noch unzureichend gesichert. Hierzu ist eindeutig eine Begrenzung der Anzahl der in Kindertagespflege von einer Tagespflegeperson betreuten Kinder notwendig, die leider vom Gesetzgeber nicht eindeutig vorgenommen wurde. Eine Begrenzung von fünf Kindern je Tagespflegeperson hält die BAG FW aus fachlicher Sicht für geboten. Bei einer höheren Anzahl von Kindern besteht die Gefahr, dass die Tagespflegeperson dem Anspruch, qualifizierte Erziehungs- und Bildungsarbeit zu leisten, nicht mehr gerecht werden kann.

Mit der Festschreibung der Gleichrangigkeit von Kindertageseinrichtung und Kindertagespflege ist zudem ein erster Schritt auf dem Weg zur Etablierung eines neuen Berufsfeldes getan worden. Damit wird auch die Frage nach einer leistungsgerechten Vergütung zu klären sein. Die Vergütung von Kindertagespflegepersonen muss sich an vergleichbaren Berufsgruppen und Qualifikationen orientieren, sonst wird die avisierte Verberuflichung der Kindertagespflege in weiter Ferne bleiben. Die Regelungen zur Besteuerung der Einkünfte von Tagespflegepersonen führen vielfach zu großen Verunsicherungen. Diese Verunsicherungen und der mögliche dadurch bedingte Wegfall von Tagespflegepersonen lässt sich nur durch eine angemessene Vergütung regulieren. Sonst dürfte das angestrebte Ausbauziel im vorgegebenen Zeitraum nur schwer zu erreichen sein.

In der politischen Debatte um den Ausbau der Kindertagesbetreuung meldeten sich auch die Gegner eines Ausbaus mit Plätzen für Kinder unter drei Jahren vehement zu Wort. Eine von vielen Akteuren der Kinder- und Jugendhilfe bisher nicht für möglich gehaltene ideologisierende Debatte zu den angeblich schädlichen Auswirkungen frühkindlicher Krippenerziehung wurde bis auf die Titelseiten der Printmedien getragen. Der Rechtsanspruch wurde als Verpflichtung zur Inanspruchnahme eines Betreuungsangebotes interpretiert. Im Gesetzentwurf fanden sich die Vorbehalte als Forderung nach Einführung eines Betreuungsgeldes formuliert. Das Betreuungsgeld sollte als finanzieller Ausgleich an diejenigen Eltern ausgezahlt werden, die keinen Platz in Anspruch nehmen. Träger und Wohlfahrtsverbände haben dieses Ansinnen von Anfang an heftig kritisiert und auf die fatalen Folgen mit Blick auf gleiche Bildungschancen für alle Kinder und das Recht von Eltern auf eigenverantwortliche Entscheidungen hingewiesen.

Die BAG FW hat in ihren Stellungnahmen zum Kinderförderungsgesetz die Einführung eines Betreuungsgeldes in der Konstruktion als Ersatzleistung für die Nicht-Inanspruchnahme von öffentlicher Kindertagesbetreuung oder Kindertagespflege abgelehnt. Sie wendet sich gegen ein Betreuungsgeld, das Eltern nur dann gewährt werden soll, wenn sie auf die Inanspruchnahme einer Bildungs- und Betreuungseinrichtung für ihr Kind verzichten. Grundsätzlich haben Eltern einen Anspruch auf Rahmenbedingungen, die ihnen eine eigenverantwortliche Entscheidung für oder gegen eine Erwerbsarbeit ermöglichen. Ein bedarfsgerechtes Betreuungsangebot gehört zu diesen Bedingungen und ist eine wichtige Voraussetzung für die Vereinbarkeit von Familie und Beruf. Es besteht die Gefahr, dass das Betreuungsgeld als Anreiz für arme Eltern wirkt, ihre Kinder nicht in Kindertageseinrichtungen oder in Kindertagespflege fördern und betreuen lassen. Die BAG FW lehnt das Betreuungsgeld als Ersatzleistung für die Nichtinanspruchnahme einer Kindertageseinrichtung oder Tagespflege ab, damit alle Kinder uneingeschränkt die Möglichkeit zur Teilnahme an Angeboten der Kinderbetreuung erhalten können. Die BAG FW bezweifelt, dass das Betreuungsgeld in der diskutierten Form und Höhe dazu geeignet ist, das Existenzminimum der betreuenden Eltern zu decken. Sie hält eine Ausweitung der Anspruchsdauer des Elterngeldes als Sockelleistung für alle Eltern während der gesetzlichen Elternzeit für eine zielführendere Perspektive.

2. Umsetzung der Ausbauziele im TAG und KiföG durch die Träger

Die Verbände der freien Wohlfahrtspflege und ihre Träger sind bei der Umsetzung ihrer Ziele in erheblichem Ausmaß an die Ausführungsrichtlinien der Länder, an die Planungen der örtlichen öffentlichen Jugendhilfeträger sowie an die sachgerechte Weiterleitung des Sondervermögens zum Ausbau, das der Bund bereitgestellt hat, gebunden. Der Ausbau der Kindertagesbetreuung wird nur in enger Kooperation zwischen öffentlichen und freien Trägern gemeinsam mit den Ländern gelingen. Freie Träger können aufgrund der anteiligen Finanzierungsstrukturen in der Kindertagesbetreuung ihre Ziele nur dann erreichen, wenn die öffentlichen Träger ihren Anteil dazu leisten und die Angebote freier Träger auch nutzen wollen. Dort, wo ein örtlicher, öffentlicher Träger den Ausbau ohne Beteiligung der Wohlfahrtsverbände und der freien Träger favorisiert, können die selbst gesteckten Ziele der Träger und Wohlfahrtsverbände nicht erreicht werden. Noch ist nicht abzusehen, welche Entwicklungen in der Trägerstruktur sich beim Ausbau mit Plätzen für Kinder unter drei Jahren abzeichnen. Grundsätzlich sind die freien Träger bereit, sich am Ausbau zu beteiligen und neue, zusätzliche Plätze zu schaffen. Der Umfang hängt von den regionalen Bedarfslagen ab, daher werden sich die Träger in den westlichen Bundesländern in einem quantitativ höheren Umfang beteiligen als in den östlichen Bundesländern. In letzteren stehen eher Fragen der Sanierung und Sicherung bestehender Einrichtungen im Vordergrund.

Für den Bereich der Kindertagespflege werden Träger von Kindertageseinrichtungen vor allem die enge Kooperation zwischen Kindertagespflege und Kindertageseinrichtung ausbauen. Daneben werden sich Träger aus den Bereichen Weiterbildung und Familienbildung engagieren. Sie werden sich insbesondere dem Bereich der Qualifizierung von Tagespflegepersonen widmen. Auch hier gilt, dass die Finanzierung solcher Angebote durch den öffentlichen Träger gewollt und gesichert sein muss. An dieser Stelle werden sich in der Umsetzung Konfliktlinien in denjenigen Ländern und Kommunen ergeben, die sich bisher unter dem von der BAG FW geforderten Mindeststandard von 160 Stunden auf der Basis des DJI-Curriculums bewegen. Hier werden die freien Träger in das Dilemma kommen, ob sie unterhalb der von der BAG FW geforderten qualitativen Standards qualifizieren werden oder nicht. Diese Entscheidungen können nur individuell vor Ort gefasst werden.

Festzuhalten bleibt, dass freie Träger ihre eigenen, von jahrzehntelangem Engagement getragenen strukturellen und konzeptionellen Ideen und Planungen aktiv in den Prozess der Ausbaugestaltung einbringen und so ihre Verantwortung zur Verbesserung der frühkindlichen Erziehung, Bildung und Betreuung wahrnehmen.

3. Rahmenbedingungen für die quantitative und qualitative Ausgestaltung des geplanten Ausbaus

3.1 Fachkraft-Kind-Schlüssel und Gruppengrößen

Auf die Grenzen der eigenen trägerspezifischen Ausgestaltung im System der Finanzierung wurde bereits an anderer Stelle hingewiesen. Dies gilt auch für die Gestaltung der Rahmenbedingungen bei der personellen Besetzung und der Festlegung der Gruppengröße. Hier sind die Vorgaben der Ausführungsrichtlinien der Länder gleichzeitig die Grenze für eigene Ausgestaltungen, da nur in diesem Rahmen auch anteilig mitfinanziert wird. Freie Träger können langfristig zusätzliche finanzielle Investitionen nur mit Unterstützung der öffentlichen Träger bewältigen. Die Debatten über Gesetzesnovellierungen in den Ländern, beispielhaft in Nordrhein-Westfalen und Bayern, haben dies immer wieder gezeigt.

Es gibt in einzelnen Verbänden die Bereitschaft, durch zusätzliche finanzielle Mittel so etwas wie eine verbandsinterne Anschubfinanzierung zu leisten, um die Träger zu unterstützen. Beispielhaft seien hier Initiativen evangelischer Landeskirchen benannt, die für den Ausbau mit Plätzen für Kinder unter drei Jahren gezielt die Kirchengemeinden mit höheren Zuschüssen für diese Plätze ausstatten. Teilweise werden die zusätzlichen Mittel auch für die Verbesserung der gesetzlich vorgegebenen Personalschlüssel eingesetzt, um den Aufbau der Krippengruppen qualitativ abzusichern. Dies sind aber zeitlich begrenzte, in der Regel einmalige trägerspezifische Investitionsprogramme, die auch nicht von allen Trägergruppen in gleicher Art und Weise aufgebracht werden können.

Zu den erforderlichen qualitativen Standards hat sich die BAG FW eindeutig positioniert. Sie fordert eine deutliche Verbesserung der Rahmenbedingungen für die pädagogische Arbeit in Kindertageseinrichtungen. Dabei ist es dringend erforderlich, die Kinderzahlen in den Gruppen zu senken, den pädagogischen Fachkräften mindestens 20% ihrer Arbeitszeit für die Vor- und Nachbereitung ihrer Arbeit zur Verfügung zu stellen und das Qualifikationsprofil von Erzieherinnen und Erziehern zu verbessern.

Die stärkere Gewichtung des Bildungsauftrags von Kindertageseinrichtungen und eine damit verbundene optimale Förderung von Kindern setzen voraus, dass die pädagogischen Fachkräfte über ausreichende Zeitbudgets für eine erfolgreiche Umsetzung ihrer Bildungsarbeit verfügen. Bei der Berechnung dieser Zeitbudgets ist zu berücksichtigen, dass die pädagogischen Fachkräfte zur Umsetzung ihrer Bildungsarbeit ausreichend Zeit zur Entwicklung, Evaluation und Fortschreibung ihrer Konzeptionen, für die Vor- und Nachbereitung der pädagogischen Arbeit sowie für die Beobachtung und Dokumentation der Lern- und Entwicklungsprozesse der Kinder benötigen. Ebenso erforderlich sind ausreichende Zeitbudgets für den Aufbau familienunterstützender Netzwerke sowie für die Stärkung der erzieherischen Kompetenz von Eltern. Um die daraus resultierenden Zeitbudgets sicherzustellen, ist es dringend erforderlich, den Fachkraft-Kinder-Schlüssel zu senken. Die vor über 13 Jahren vorgelegte Empfehlung des Europäischen Netzwerkes für Kinderbetreuung, der zufolge dieser Schlüssel bei 1:8 liegen sollte, wird heute vielfach noch überschritten. Angesichts der Anforderungen, die an die pädagogischen Fachkräfte gestellt werden, ist in diesem Zusammenhang eine Verfügungszeit zur Vor- und Nachbereitung der vielfältigen Angebote von mindestens 20% der Arbeitszeit notwendig. Darüber hinaus sind die Rahmenbedingungen für die Integration von Kindern mit Behinderungen deutlich zu verbessern.

3.2 Qualifizierung von Fachkräften

Die Wohlfahrtsverbände unterstützen die Qualifizierung der Fachkräfte seit Langem durch umfangreiche Fort- und Weiterbildungsmaßnahmen. Damit die pädagogischen Fachkräfte in Kindertageseinrichtungen den erhöhten Anforderungen und den komplexen Aufgaben auch in Zukunft gerecht werden können, brauchen sie aber bereits in der Ausbildung zusätzliche und zum Teil neue Qualifikationen. Neben theoretischen Kenntnissen in wissenschaftlichen Bezugsdisziplinen als Grundlage ihrer Handlungs- und Reflexionskompetenz sowie einem breiten methodisch-didaktischen Wissen sind künftig verstärkt Kompetenzen im Bereich der Beobachtung, Diagnostik, der wissenschaftlichen Reflexion und der Dokumentation von Bildungsverläufen erforderlich. Um den Erwerb dieser zusätzlichen Qualifikationen gewährleisten zu können, ist eine grundlegende Reform der

Ausbildung notwendig, die sowohl die Fachschulen als auch die im Aufbau befindendlichen Studiengänge der Frühpädagogik umfassen muss.

Die Wohlfahrtsverbände verfügen über ein differenziertes Angebot der fachlichen Begleitung und Beratung. Fachberatung und Fachdienste in Kindertageseinrichtungen und Kindertagespflege sind ein wichtiges Instrument zur Gestaltung von Bildungsprozessen, von Struktur- und Organisationsveränderungen und zur Qualitätssicherung und -entwicklung. Sie sind ein wesentlicher Baustein zur Implementierung von Bildungsplänen, -vereinbarungen und -empfehlungen der Länder. Die Wohlfahrtsverbände tragen mit ihren umfangreichen Fortbildungsangeboten wesentlich zur Qualifizierung der Fachkräfte bei. Fachberatung und Fachdienste bilden in diesem Prozess eine Schnittstelle zwischen den unterschiedlichen Interessen von Kindern und Eltern, den Einrichtungen, den Trägern, der Politik und der Verwaltung. Sie stehen damit als Mittler für die qualitative Weiterentwicklung der Erziehung, Bildung und Betreuung von Kindern in Kindertageseinrichtungen und Kindertagespflege.

Nach Ansicht der BAG FW ist ein Ausbau von Fachberatung und Fachdiensten dringend geboten. Er ist notwendig, damit die anstehenden Aufgaben, die auch durch den forcierten Ausbau bei der Betreuung bestimmt werden, fachkompetent umgesetzt und begleitet werden können. Fachberatung und Fachdienste sind als fester Bestandteil des Systems der Kinderbetreuung zu verstehen. Damit sollte aus Sicht der BAG FW auch ihre Finanzierung systemgerecht verortet werden. Die Wohlfahrtsverbände haben bereits frühzeitig den Ausbau für Kinder unter drei Jahren im System der Fachberatung und der fachlichen Qualifizierung umgesetzt. Es wurden Fachberatungsstellen mit dem Schwerpunkt Kinder unter drei Jahren eingesetzt, die beim strukturellen und konzeptionellen Ausbau gezielt unterstützen.

Die Qualifizierungsangebote der Träger enthalten Langzeitfortbildungen zum Erwerb der Kompetenzen für die pädagogische Arbeit mit Kindern unter drei Jahren. Die in diesem Kontext entwickelten Module sollten auch bei der nun anstehenden Weiterbildungsinitiative Frühpädagogische Fachkräfte (WIFF), getragen vom Bundesministerium für Bildung und Forschung (BMBF), dem DJI und der Robert-Bosch-Stiftung, berücksichtigt werden. Hier liegen bereits Erfahrungen mit der Durchführung und den Umsetzungsmöglichkeiten in die Praxis vor.

Die Wohlfahrtsverbände beobachten mit großer Sorge die quantitative und qualitative Fachkräfteentwicklung und weisen auf den drohenden Fachkräftemangel hin. Bereits jetzt ist es in einzelnen Regionen schwierig, qualifizierte Fachkräfte zu finden. Es wird notwendig sein, Initiativen zur gezielten Werbung für die Ausbildung zur Erzieherin/zum Erzieher zu starten und gleichzeitig die Studienangebote der Hochschulen für frühpädagogische Fachkräfte weiter zu entwickeln. Solche Kampagnen werden langfristig nur dann Erfolg zeigen, wenn gleichzeitig das gesellschaftliche Image der Erziehungsberufe sowie die Vergütung dieser Berufsgruppen entsprechend verbessert wird und Anreize für Weiterentwicklung und Veränderungen geschaffen werden. Dies ist eine Herausforderung, von der ganz wesentlich der Erfolg des quantitativen wie qualitativen Ausbaus abhängen wird.

4. Frei-gemeinnützige Träger im Verhältnis zu kommunalen und privat-gewerblichen Trägern in der Kindertagesbetreuung

Das Jugendhilferecht sieht in § 3 Abs.1 SGB VIII die Tätigkeit von verschiedenen Trägern mit unterschiedlichen Wertorientierungen, Inhalten, Methoden und Arbeitsformen vor. Die Vielfalt der Kinder- und Jugendhilfe ist also gesetzlich gewollt. Ziel dieser Regelung ist insbesondere, den Adressaten der Hilfen, im Fall der Kindertagesbetreuung den Eltern, eine Wahl zwischen verschiedenen Trägern zu ermöglichen. Eltern sollen sich frei entscheiden können, welches Trägerprofil und welche Konzeption ihren Vorstellungen entspricht und welches konkrete Angebot sie für ihr Kind in Anspruch nehmen wollen.

Vor diesem gesetzlichen Hintergrund hat sich eine Vielfalt von Trägern und Einrichtungen mit je spezifischen Konzeptionen, Leitbildern und Profilen entwickelt. Frei-gemeinnützige Träger und kommunale Träger haben Bedarfe im Rahmen der Jugendhilfeplanung weiter entwickelt und in den Arbeitsgemeinschaften nach § 78 SGB VIII neue oder zu verändernde Angebote abgestimmt. Privat-gewerbliche Träger haben bisher in der Angebotsstruktur nur eine marginale Rolle gespielt. Ihre Förderung war in § 74 a SGB VIII bis dato nicht vorgesehen. Der Gesetzesentwurf zum KiföG sah in § 74 a SGB VIII eine umfassende Gleichstellung der frei-gemeinnützigen und der privat-gewerblichen Kindertageseinrichtungen vor. Begründet wurde dieser Vorschlag damit, dass der Ausbau mit Plätzen für Kinder unter drei Jahren mit den freien Trägern alleine nicht zu bewältigen sei. Für diese These gab und gibt es keine nachweisbaren Fakten.

Die Wohlfahrtsverbände haben sich in ihren Stellungnahmen mehrheitlich gegen diese Gleichstellung ausgesprochen. Nach Auffassung der Wohlfahrtsverbände werden durch eine Gleichstellung der Träger Wirkungen erzielt, die kontraproduktiv zu bedeutenden Zielen und Aufgaben der Kindertagesbetreuung stehen. Eine der herausragenden gesellschaftlichen Herausforderungen ist es, allen Kindern den Zugang zu frühkindlichen Bildungsangeboten zu ermöglichen und somit zu gerechten Bildungschancen für alle Kinder beizutragen. Ein herausragendes Profil der Wohlfahrtsverbände ist der Einsatz für benachteiligte Familien und ihre Kinder. Mit der Gleichstellung der frei-gemeinnützigen und der privat-gewerblichen Träger werden sich die Zugangschancen für benachteiligte Familien, die keinen oder nur einen geringen Elternbeitrag zahlen können, verändern.

Die Finanzierungsrichtlinien im System der Kindertagesbetreuung sehen einen Eigenanteil (Trägeranteil) bei der Finanzierung der Investitions- und Betriebskosten vor. Die in der Wohlfahrtspflege organisierten Träger bringen diese Eigenanteile in unterschiedlicher Höhe aus den ihnen zur Verfügung stehenden Eigenmitteln auf. Die im KiföG-Entwurf geplante Gleichstellung hätte das Prinzip der Gewinnerzielung in die Förderungsstrukturen der Kindertagesbetreuung eingeführt. Es stellt sich grundsätzlich die Frage, wie privat-gewerbliche Träger in den geltenden Finanzierungssystemen der Länder, die von der Systematik betrachtet keine Gewinnerzielung ermöglichen, die zur Gewinnerzielung notwendigen Mittel aufbringen. Dies geht nur durch Erwirtschaftung zusätzlicher Einnahmen durch höhere Elternbeiträge, durch den Einsatz geringer qualifizierten Personals oder durch flexible Besetzung der vorhandenen Plätze. Familien, die keine hohen Elternbeiträge zahlen können, haben damit keine Chancen, in den Einrichtungen privat-gewerblicher Träger einen Platz zu erhalten. Sie werden von einem Teil der vorhandenen Angebote ausgeschlossen, die gesellschaftliche Segregation in Kindertageseinrichtungen für reiche und arme Familien ist vorprogrammiert. Kindertageseinrichtungen werden Teil eines von ökonomischen Prinzipien dominierten Marktes, ihre Grundaufgabe ist aber die Sicherung einer verlässlichen Infrastruktur. Anders als in den Hilfen zur Erziehung, in der privat-gewerbliche Träger bereits tätig sind, sind Kindertageseinrichtungen keine zeitlich begrenzte, an der Hilfeplanung orientierte Hilfe, sondern eine nicht mehr wegzudenkende Sozialisationsinstanz der frühen Kindheit.

Nach den Debatten wurde der § 74 a SGB VIII ohne die im Entwurf vorgesehene Gleichstellung von frei-gemeinnützigen und privat-gewerblichen Trägern in die fachliche Verantwortung der Bundesländer überlassen. Welche Entwicklungen sich daraus für die Vielfalt der Träger und die Bedarfswünsche der Eltern langfristig ergeben, wird erst in einigen Jahren zu festzustellen sein.
Die Wohlfahrtsverbände und die ihnen angeschlossenen Träger werden sich mit ihren Qualitätsansprüchen und bewährten Konzepten jedenfalls aktiv am Ausbau beteiligen und damit Kindern bestmögliche Chancen für ihre Zukunft sichern.

5. Fazit

Mit dem Ausbau der Kindertagesbetreuung und deren gesetzlicher Verankerung im SGB VIII sind wichtige rechtliche Schritte eingeleitet worden. Ob sie ausreichend sind, damit 2013 tatsächlich das quantitative Ziel des Ausbaus erreicht wird, ist aus Sicht der BAG FW noch offen. Der aktuelle Ausbaubericht zeigt, dass sich das Tempo, in dem neue Plätze geschaffen werden, noch steigern muss.[1] Der erforderliche qualitative Ausbau erfordert weitere Maßnahmen, um langfristig ausreichend qualifizierte und motivierte Fachkräfte inklusive der adäquaten Rahmenbedingungen zur Verfügung zu haben. Die BAG FW wird dazu eigene Vorschläge entwickeln und in die fachliche und politische Diskussion einbringen, um diese Entwicklung voranzutreiben.

---

1 Vgl. Bundesministerium für Familie, Senioren, Frauen und Jugend: Kindertagesbetreuung: Stand des Ausbaus für das Berichtsjahr 2008, März 2009.

2. Teil: Formen der Kindertagesbetreuung für unter Dreijährige

Martin R. Textor

Formen von Kindertageseinrichtungen: Chancen und Risiken der Altersmischung

In diesem Beitrag werden die verschiedenen Formen der institutionellen Betreuung von unter Dreijährigen vorgestellt, die es gegenwärtig gibt. In den einzelnen Bundesländern werden sie oft unterschiedlich bezeichnet; deshalb beginnen die folgenden Abschnitte jeweils mit einer Begriffsdefinition.

1. Jahrgangsgruppen

In Jahrgangsgruppen werden Säuglinge, Einjährige und Zweijährige getrennt voneinander in separaten Gruppen betreut. Eine solche Aufteilung der Kinder war in der DDR die Regel. Sie wird gegenwärtig noch häufig in den neuen und gelegentlich in den alten Bundesländern praktiziert. Weltweit gesehen werden die meisten unter Dreijährigen in altershomogenen Gruppen betreut.[1] Die meisten Forschungsergebnisse aus dem angloamerikanischen Raum, die in deutschsprachigen Veröffentlichungen erwähnt werden, beziehen sich auf Jahrgangsgruppen. Auch die immer wieder zitierten Qualitätskriterien des Netzwerks Kinderbetreuung der Europäischen Kommission[2] betreffen in erster Linie altershomogene Gruppen.[3]

Babys werden in der Regel in kleineren Gruppen betreut als Einjährige und diese wiederum in kleineren Gruppen als Zweijährige. Entsprechend ändert sich der Fachkraft-Kind-Schlüssel. Auf diese Weise wird der Tatsache Rechnung getragen, dass Babys und Einjährige einen höheren Bedarf an Pflege und Betreuung, aber auch an Ruhe und Überschaubarkeit der Situation haben. Sie reagieren oft gestresst, wenn sie mit vielen Menschen bzw. anderen Kindern konfrontiert sind, wenn der Raum aufgrund seiner Größe beängstigend wirkt oder wenn er aufgrund zu vieler Gegenstände und Spielsachen überstimulierend wirkt. Babys benötigen somit einen kleinen, begrenzten Raum, Einjährige brauchen etwas mehr Platz, und Zweijährige wollen schon viele Herausforderungen für grobmotorische Aktivitäten und Sinneserfahrungen sowie eine gewisse Auswahl an Spielzeug und Materialien haben.[4]

---

1 Z.B. in Frankreich, Italien, Griechenland, Irland, in Osteuropa und in Ostasien (Liegle 2007).
2 Http://www.kindergartenpaedagogik.de/46.html (29.01.2009).
3 Deshalb ist es eigentlich nicht zulässig, die Forschungsergebnisse und Qualitätskriterien auf deutsche Verhältnisse zu übertragen, da hier die meisten Kleinkinder in altersgemischten Gruppen aufwachsen.
4 Gonzales-Mena/Widmeyer-Eyer 2008, 424 ff.

Vor allem aber gewährleisten kleine Gruppen mit einem hohen Fachkraft-Kind-Schlüssel das, was für Babys und Einjährige außerordentlich wichtig und auch für Zweijährige noch bedeutsam ist: die konstante Anwesenheit einer Bindungsperson. Nur wenn der/die Bezugserzieher/in kontinuierlich in der Nähe des Kindes ist, sich liebevoll und empathisch um es kümmert, seine (nonverbal) geäußerten Bedürfnisse erkennt und befriedigt, es bei der Erkundung seiner Umwelt begleitet (aber nicht stört), kann das Kind sichere Bindungen ausbilden, sich im emotionalen Bereich positiv entwickeln – z.B. lernen, mit Angst und Ärger umzugehen, sich selbst zu beruhigen, Frustrationen zu tolerieren – und zunehmend das eigene Verhalten selbst steuern. „Kleine Kinder lernen ganzheitlich und am besten im Rahmen von vertrauensvollen Beziehungen, in denen einfühlsam und unmittelbar auf das Kind eingegangen wird."[5]

In der frühesten Kindheit gibt es zwischen Gleichaltrigen viel größere Entwicklungsunterschiede als in späteren Lebensjahren. Oft ist ein Kind den anderen Kindern in einem Entwicklungsbereich voraus, wobei sich diese Situation innerhalb kürzester Zeit umkehren kann. So können unter Dreijährige auch in altershomogenen Gruppen von kompetenteren Kindern lernen. Dabei profitieren sie am meisten von Einflüssen, die in die „Zone der nächsten Entwicklung" (Wygotski) einwirken.[6] Mit diesem Begriff werden die sich im Reifungsstadium befindlichen Fähigkeiten bezeichnet. Wenn eine kompetentere Person hier als Verhaltensmodell wirkt oder einen positiven Einfluss ausübt, treten sie vorzeitig zutage bzw. werden schneller ausgebildet. So wird ein Baby, das erst vor Kurzem gelernt hat, sich umzudrehen, eher von dem Vorbild eines Krabbelkindes als dem eines bereits laufenden Kindes profitieren. Da annähernd gleichaltrige Kinder trotz aller Unterschiede ähnliche „Zonen der nächsten Entwicklung" aufweisen, können sie auch leichter durch von den Fachkräften angeleitete Aktivitäten gefördert werden. Dann können sie die sich im Reifungsprozess befindlichen Fähigkeiten ausbilden und ihre bisherigen Grenzen überschreiten.

Symmetrische (altersgleiche) Beziehungen dürften auch das ko-konstruktive Lernen stärker fördern als asymmetrische: Da die Kinder in etwa den gleichen Einfluss haben, müssen sie in einem Wechselprozess von gleichwertiger Initiative und Reaktion „aushandeln", was sie gemeinsam machen und wie sie Aktivitäten gestalten wollen, wobei sie oft Kompromisse eingehen müssen. Die Kinder lernen, die eigenen Wünsche und Interessen (nonverbal) einzubringen und die Bestrebungen der anderen zu verstehen. Aufgrund ihrer Gleichrangigkeit sind ihre Ideen

5 Gonzales-Mena/Widmeyer-Eyer 2008, 290.
6 Textor 2000.

und Vorstellungen gleich viel wert und aufgrund des ähnlichen Entwicklungs-
standes für den Spielpartner auch gut verständlich.[7]

Problematisiert wird, dass in altersgleichen Gruppen der normative Druck größer
sei und die Fachkräfte erwarten würden, dass Kinder in etwa die gleichen Kenntnisse und Fähigkeiten besitzen. So würden Kinder, die von der Norm abweichen,
schnell auffallen und „bestraft" werden.[8] Zudem könnte es zu Beziehungsabbrü-
chen kommen, wenn beim Wechsel in die nächsthöhere Jahrgangsgruppe andere
Fachkräfte die Leitung übernähmen. Dieses Problem kann aber leicht verhindert
werden, wenn dasselbe Personal bis zur Einschulung bei der Gruppe bleibt – also
bis zu sechs Jahren. Die Gruppe würde nur jedes Jahr größer werden, wenn neue
Eltern ihre ein-, zwei- oder dreijährigen Kinder anmelden. Sie entspricht somit
immer den staatlichen Förderbedingungen, die bei älteren Kindern größere Gruppen vorsehen.

2. Zwei-Jahrgangs-Gruppen

In Kinderkrippen gibt es zumeist nur zwei Jahrgänge, da (in Westdeutschland) der
Platzbedarf noch nicht annähernd gedeckt ist. Auch wollen die meisten Eltern ihr
Kind während des ersten Lebensjahres zu Hause betreuen – und können dies auch
tun dank Elterngeld und gesetzlich geregelter Elternzeit. In den meisten Krippen
werden Ein- und Zweijährige gemeinsam betreut – mit einer ähnlichen Begründung, wie zuvor hinsichtlich der Entwicklungsunterschiede von Gleichaltrigen an-
geführt: „Bisherige Untersuchungen sprechen dafür, dass ältere Kinder anregend
auf jüngere wirken, besonders wenn die Altersdifferenz und somit ihr Entwick-
lungsvorsprung bei etwa einem Jahr liegt."[9] So suchen Einjährige etwas häufiger
den Kontakt zu Zweijährigen als zu Gleichaltrigen – allerdings sind in diesem Alter
die Fachkräfte noch die am häufigsten nachgefragten Interaktionspartner.[10]

Bei Kindertagesstätten[11] mit Kindern im Alter von zwei bis sechs Jahren sind manche Einrichtungen dazu übergegangen, eine kleinere Gruppe mit den Zwei- und
Dreijährigen sowie eine größere Gruppe mit den Vier- bis Sechsjährigen zu bilden.
So könne den unterschiedlichen Bedürfnissen der verschiedenen Altersgruppen
besser entsprochen werden und es ließen sich altersbezogene Raumkonzeptionen

---

7 Vgl. Wüstenberg/Schneider 2008, 149; Bensel/Haug-Schnabel 2008, 118.
8 Katz 1995, 2.
9 Haug-Schnabel/Bensel 2008, 48.
10 Ostermayer 2007, 119.
11 Der Begriff „Kindertagesstätte" wird hier für Einrichtungen mit mehr als drei Altersgruppen
   verwendet – im Unterschied zur Kinderkrippe (für Null-, Ein- und Zweijährige) und Kindergarten (für Drei-, Vier- und Fünfjährige).

realisieren.[12] Bei Krippengruppen in Kindertagesstätten gibt es gelegentlich auch Untergruppen für Ein- bis Zwei- sowie für Zwei- bis Dreijährige, da sich die Fachkräfte dann am intensivsten auf die entsprechenden Entwicklungsalter einlassen könnten.[13] Die Dreijährigen werden später behutsam in die Kindergartengruppen der jeweiligen Einrichtung integriert.

3. Kleine Altersmischung

Hier werden drei Jahrgänge in einer Gruppe betreut, zumeist Null- bis Dreijährige. Derartige Gruppen befinden sich entweder in Kinderkrippen oder als sogenannte Krippengruppen in Kindertagesstätten. Da sie aufgrund von Bundesland zu Bundesland unterschiedlichen gesetzlichen Bestimmungen relativ klein sind, also im Durchschnitt nur elf Kinder umfassen,[14] bieten sie unter Dreijährigen Schutz, Sicherheit, Geborgenheit und Beziehungskontinuität. Auch können die Kinder hier viele Lernerfahrungen im abwechslungs- und anregungsreichen Krippenalltag machen. Die gleichen Bedürfnisse treten nicht so geballt wie in altershomogenen Gruppen auf, wo z.B. oft alle Babys gleichzeitig weinen, sodass die Arbeit der Fachkräfte weniger stressig sei – und generell vielfältiger.

In altersgemischten Gruppen gibt es relativ häufig asymmetrische (altersferne) Beziehungen. Hier werden jüngere Kinder von Älteren bei Spielhandlungen und anderen Aktivitäten angeleitet und lernen wegen des großen Kompetenzgefälles von ihnen. Aufgrund der geringeren Körperkraft und ihrer niedrigeren Position in der Gruppe können sie zumeist den Verlauf des Spiels bzw. der Interaktion weniger mitbestimmen bzw. prägen als bei symmetrischen Beziehungen. Es wird also davon ausgegangen, dass Kinder von der großen Unterschiedlichkeit der Erfahrungen, Kenntnisse und Kompetenzen in ihrer Gruppe profitieren:

> „Kindern fällt es erheblich leichter, von anderen Kindern zu lernen als von Erwachsenen, da der Entwicklungsunterschied noch nicht so unüberwindbar groß scheint. Das Sauberwerden, das Zähneputzen, das selbständige Essen, sich An- und Ausziehen wird so beiläufig erlernt".[15]

Im Folgenden werden die Chancen und Risiken der Altersmischung im Detail aufgelistet. Sie beziehen sich nicht nur auf die kleine, sondern auch auf die erweiterte und große Altersmischung (siehe dazu unter 4. und 5.).

---

12 Wüstenberg/Schneider 2008.
13 Ostermayer 2007, 128.
14 Lange 2008 b, 88. In einigen Bundesländern sind im Durchschnitt 13 Kinder in der Gruppe.
15 Landeshauptstadt München Sozialreferat Stadtjugendamt 2002, 11.

3.1 Vorteile der kleinen, erweiterten und großen Altersmischung:

- Jüngere Kinder entwickeln Wortschatz und Sprachfertigkeiten in der Interaktion und im Spiel mit älteren, aber auch grob- und feinmotorische, kognitive und soziale Kompetenzen, Emotionskontrolle und Konfliktlösung;
- jüngere Kinder beteiligen sich an komplexeren Aktivitäten, die von den älteren eingeleitet wurden (und auf die sie von selbst nicht gekommen wären);
- Modelllernen: die jüngeren Kinder ahmen die älteren nach, da diese mehr wissen und können, eine höhere Position in der Gruppe haben und mehr soziale Anerkennung erfahren;
- altersferne (mindestens zwei Jahre ältere) Kinder dienen als „Zukunftsmodelle";
- Tutoren-Effekt: wenn ältere Kinder jüngeren etwas beibringen, verfestigen sich Wissen und Kompetenzen;
- ältere Kinder entwickeln Verantwortung, Geduld und fürsorgliches Verhalten im Umgang mit jüngeren Kindern, helfen ihnen, trösten und ermutigen sie;
- Jungen entwickeln im Umgang mit kleineren Kindern auch eher „weiche" Verhaltensweisen;
- ältere Kinder sind seltener aggressiv, regeln das eigene Verhalten stärker gegenüber jüngeren Kindern;
- da weniger ältere Kinder in der Gruppe sind, ist die Wahrscheinlichkeit größer, dass jedes gelegentlich die Leitung einer Kleingruppe übernimmt und somit Führungsfähigkeiten ausbilden kann;
- entwicklungsverzögerte ältere Kinder, die von Gleichaltrigen zurückgewiesen werden, können mit den jüngeren spielen;
- es gibt weniger Konkurrenz bzw. Rivalität und damit auch weniger Konflikte;
- mangels gleichgeschlechtlicher Gleichaltriger wird mehr mit andersgeschlechtlichen Kindern interagiert;
- Kinder ohne Geschwister lernen den Umgang mit jüngeren und älteren Kindern;
- Beziehungskontinuität aufgrund der langen Zugehörigkeit zur Gruppe;
- je größer die Altersmischung ist, umso weniger Kinder müssen jedes Jahr aufgenommen werden und umso leichter ist deren Eingewöhnung;
- pflegerische Tätigkeiten treten seltener auf als in Jahrgangsgruppen mit Babys oder Einjährigen;
- aufgrund der weiten Altersspanne vielfältigere, interessantere, abwechslungsreichere Arbeit;
- sich über viele Jahre erstreckende Zusammenarbeit mit den Eltern;
- mehr Kontakt der Eltern untereinander, mehr Bereitschaft zum Engagement für die Einrichtung.

3.2 Nachteile der kleinen, erweiterten und großen Altersmischung:

- Babys finden wenig Ruhe, sind häufig gestresst;
- Ein- und Zweijährige leiden oft unter Reizüberflutung und Überstimulierung durch eine für sie zu große Gruppe, können sich aufgrund der Ablenkung nicht in ihr Spiel vertiefen;
- jüngere Kinder fühlen sich überfordert und erleben sich kontinuierlich als weniger kompetent (negative Selbstwertgefühle);
- jüngere Kinder werden von älteren bevormundet, dominiert und eingeschüchtert;
- ältere Kinder bringen jüngeren Schimpfwörter bei oder beeinflussen sie sonstwie negativ;
- ältere Kinder werden bei ihren Aktivitäten oft von den jüngeren gestört und reagieren dann abweisend bzw. aggressiv;
- ältere Kinder erfahren zu wenig Anregung und Förderung, insbesondere wenn die Fachkräfte stark von Babys und Einjährigen beansprucht werden;
- aufgrund der kleinen Zahl von „Schulanfängern" wird die Schulvorbereitung vernachlässigt;
- „Schulanfänger" werden weniger auf die Konkurrenzsituation mit vielen Gleichaltrigen in der Schule vorbereitet;
- fehlender Gruppenzusammenhalt aufgrund zu unterschiedlicher Interessen;
- für alle Altersstufen sind geeignete Spielsachen und -materialien vorzuhalten; es gibt jedoch weniger Auswahlmöglichkeiten für das einzelne Kind als in altersähnlichen Gruppen;
- die pädagogische Arbeit ist aufgrund der sehr unterschiedlichen Bedürfnisse und Interessen der Kinder komplizierter;
- Fachkräfte müssen sehr flexibel sein und situationsbezogen arbeiten, da jede Altersstufe eine andere Förderung u.a. im lebenspraktischen, sprachlichen, motorischen, kreativen und musischen Bereich benötigt;
- mehr Planung ist notwendig: z.B. wann kann mit der ganzen Gruppe, wann mit einer Kleingruppe gearbeitet werden?;
- mit zunehmender Altersmischung steigt der Vorbereitungs- und Organisationsaufwand;
- viele Aktivitäten können nur mit einigen wenigen Kindern durchgeführt werden, weil die anderen über- bzw. unterfordert würden;
- Individualisierung und Arbeit in Kleingruppen kosten viel Zeit, sind daher ineffizient und bedeuten in der Summe weniger Interaktion der Fachkraft mit dem einzelnen Kind, weniger Anleitung und weniger strukturierte Aktivitäten sowie weniger Zeit für Zuwendung;
- Konflikte können für bis zu sechs Jahre die Beziehung zu Eltern belasten.

Die pädagogische Arbeit in Gruppen mit kleiner Altersmischung ist anspruchs-voller als in altershomogenen Gruppen. So muss beachtet werden, dass zwischen wenige Monate alten Babys und knapp Dreijährigen entwicklungsmäßig gesehen „Welten" liegen:

> „Der individuelle Tagesablauf, geprägt durch den selbst gesteuerten Wechsel zwischen Ruhe- und Aktivitätsphasen, Ausdauer und Belastbarkeit, aber auch durch das nötige Ausmaß an regelmäßig präsenter und sofort abrufbarer Zu-gewandtheit und Antwortbereitschaft sind so unterschiedlich, dass ein ein-heitliches Angebot für alle Kinder zwischen 12 und 36 Monaten Gefahr läuft, für keines wirklich passend zu sein".[16]

4. Erweiterte Altersmischung

Die im Folgenden vorgestellten Formen der Altersmischung werden nahezu aus-schließlich in Deutschland praktiziert. Es liegen keine Erfahrungen bzw. For-schungsergebnisse aus anderen Ländern vor. Die große und die weite Altersmischung – hier werden fünf bzw. sieben bis zwölf Jahrgänge gemeinsam betreut – werden von ihren Anhänger/innen sehr positiv gesehen. „Diese Eupho-rie [...] steht in einem schroffen Gegensatz zu dem außerordentlich geringen empirischen Wissensstand über die Wirksamkeit verschiedener Formen der Alters-mischung".[17]

Bei der erst vor wenigen Jahren eingeführten erweiterten Altersmischung – der Aufnahme von Zweijährigen in Kindergartengruppen – hält sich die Begeisterung hingegen in Grenzen. Der eine Grund hierfür ist, dass diese Form der Kinderta-gesbetreuung nicht aufgrund irgendwelcher frühpädagogischer Erwägungen bzw. aus Überzeugung entwickelt wurde, sondern aus der Notlage heraus, dass auf-grund der negativen Geburtenentwicklung und des Trends hin zur Einschulung von Fünfjährigen in vielen Einrichtungen die Kinderzahl zurückging und deshalb Gruppen geschlossen werden sollten – außer für die ungenutzten Plätze würden genügend Zweijährige als „Füllkinder" gefunden. Während in Bundesländern mit Gruppenförderung diese Problematik nicht ganz so brisant war bzw. ist, da die Gruppenstärke bis zu einer Mindestkinderzahl abgesenkt werden kann, ohne dass dies förderschädlich ist, bedeutet in den Bundesländern mit Pro-Kopf-Förderung jeder ungenutzte Platz weniger Einnahmen, sodass die Träger der Kindertages-einrichtungen auf volle Belegung drängen (müssen).

---

16 Bensel/Haug-Schnabel 2008, 118.
17 Liegle 2007, 586.

Und dies ist der zweite Grund für die geringe Begeisterung über die erweiterte Altersmischung: Insbesondere in den letztgenannten Bundesländern befänden sich die Zweijährigen in so großen Gruppen, dass ihren besonderen Bedürfnissen nicht entsprochen werden könne: „In manchen Einrichtungen, die bisher 25 Kinder zwischen drei und sechs Jahren betreut haben, werden nun bis zu fünf Zweijährige aufgenommen, ohne dass eine Reduzierung der Gruppengröße stattfindet. Dies ergibt einen äußerst schlechten Personalschlüssel von 1:12,5. Kein Bundesland realisiert den wünschenswerten Schlüssel von 1:6 für alterserweiterte Gruppen [...]".[18] Im Jahr 2006 betrug die durchschnittliche Kinderzahl in nur für Zweijährige geöffneten Kindergartengruppen bei Ganztagsbetreuung z.B. 24 Kinder in Bayern und 23 in Niedersachsen, bei Nichtganztagsbetreuung 24 Kinder in Bayern, Hamburg und Nordrhein-Westfalen sowie 23 Kinder in Niedersachsen und im Saarland.[19] Deshalb wird die erweiterte Altersmischung oft als „Billiglösung" gegeißelt, da die Kosten pro unter dreijährigem Kind bei Weitem niedriger lägen als bei den anderen Formen der institutionellen Kindertagesbetreuung.

Die zunehmende Aufnahme von Zweijährigen in Kindergartengruppen und die stagnierende Zahl von Kinderkrippen verweist auf folgenden Trend:

> „Generell lässt sich eine neue Altersgrenze bei der Aufnahme von unter Dreijährigen festmachen. Auch wenn diese Altersgruppe in Fachöffentlichkeit und Statistik noch als einheitliche Gruppe behandelt wird, etabliert sich in der Praxis eine neue Grenzziehung zwischen den Zweijährigen und den unter Zweijährigen. Während die erste Gruppe bereits als ‚kindergartentauglich' wahrgenommen [...] wird [...], gelten die institutionellen Anforderungen an eine Betreuung der unter Zweijährigen als inkompatibel".[20]

Problematisiert wird, dass die Aufnahme von Zweijährigen als „Füllkinder" oft unreflektiert, ohne zusätzliche Qualifizierung des Teams und ohne größere Veränderung der pädagogischen Arbeit erfolge: „So laufen diese Kleinen dann oftmals einfach mit, ohne dass ihre speziellen Bedürfnisse, Interessen und Kompetenzen berücksichtigt werden".[21] Und wenn nur einige wenige Zweijährige aufgenommen und dann auf alle Kindergartengruppen verteilt werden, erhalte das jeweilige Kind einen Sonderstatus: „Es wird von allen verwöhnt, als Prinz oder Prinzessin behandelt, und es wird so nicht Gruppenmitglied, sondern zum kleinen Exoten, der am dritten Geburtstag unverschuldet plötzlich vom Thron in die

---

18 Bensel/Haug-Schnabel 2008, 121.
19 Lange 2008 b, 99.
20 Jampert et al. 2003, 99.
21 Dieken 2008, 24.

Normalität gestoßen wird. Solche ‚Einzelkinder' bleiben auch lange in unmittelbarer Nähe der Erzieherin".[22] Im Jahr 2006 wurde in 55% der Kindergartengruppen nur ein Zweijähriges untergebracht; in weiteren 24% der Gruppen waren es zwei Kinder.[23]

5. Große Altersmischung

In Kindertageseinrichtungen, die Kinder ab einem Alter von einigen Monaten (oder einem Jahr) aufnehmen, besteht Beziehungskontinuität über fünf Jahre hinweg, außer bei einem Personalwechsel. Auch entfällt der Übergang von der Kinderkrippe bzw. Tagespflegestelle in den Kindergarten. Die Gruppen sind mit durchschnittlich 15 (Ganztagsbetreuung) bzw. 16 Kindern (Nichtganztagsbetreuung) kleiner als Kindergarten-, aber größer als Krippengruppen; sie können aber auch im Durchschnitt 21 Kinder umfassen (so in Bayern bei Nichtganztagsgruppen).[24]

Bei zwei Fachkräften pro Gruppe ist es relativ schwierig, die altersspezifischen Bedürfnisse und Interessen der Kinder hinsichtlich Pflege, Zuwendung, Erziehung, Anleitung und bildender Angebote zu berücksichtigen – aber auch hinsichtlich Raumgestaltung und -ausstattung. Deshalb sollte mehr Platz als in Kindergartengruppen vorhanden sein, da Spielbereiche für unterschiedlich alte Kinder mit verschiedenen Spielsachen und -materialien benötigt werden, inkl. Nebenräumen für die Kleingruppenarbeit, für das Wickeln und Füttern sowie für die Bettruhe von unter Dreijährigen. Die großen Alters- bzw. Entwicklungsunterschiede machen es auch notwendig, manchmal die kleinen Kinder von den größeren zu separieren (wenn Letztere z.B. sehr laut sind oder herumtoben), sie vor den Großen zu schützen (z.B. wenn diese Jüngere wie „Spielzeug"[25] benutzen) oder sie getrennt zu fördern: „Wichtig ist: So viel Kommunikation und Interaktion zwischen den Altersgruppen wie als anregend empfunden wird, aber auch so viel bewusst durchgeführte Trennung und separate Angebote für altersgleiche und altersähnliche Kinder wie nötig".[26]

Untersuchungen belegen, dass es auch während der Freispielzeit oft zu einer Separierung der Altersgruppen kommt. So zeigte sich, dass Kleinkinder lieber mit (gleichgeschlechtlichen) Gleichaltrigen spielen, insbesondere wenn mindestens fünf altersähnliche Kinder zur Verfügung stehen, und mit diesen begonnene

---

22 Haug-Schnabel/Bensel 2008, 60.
23 Lange 2008 b, 98.
24 Lange 2008 b, 90.
25 Dieken 2008, 32.
26 Haug-Schnabel/Bensel 2008, 49.

Aktivitäten häufig an den nächsten Tagen fortsetzen. Die ebenfalls entstehenden Spielgruppen mit jüngeren bzw. älteren Kindern sind hingegen nicht konstant; die Beziehungen und Spielideen werden also nicht kontinuierlich weiterentwickelt. Außerdem ist bei altersfernen Spielgruppen der Altersabstand zumeist begrenzt; nur selten sind ein- bis sechsjährige Kinder gemeinsam aktiv. Jüngere Kinder spielten auch sehr häufig für sich alleine.[27]

Die Anforderungen an die Fachkräfte gelten als höher als bei einer Tätigkeit in Kindergartengruppen. Ihnen kann aber oft nur teilweise entsprochen werden: „Viele Erzieherinnen fühlen sich darin überfordert, angesichts der Bandbreite der Alters- bzw. Entwicklungsunterschiede allen Kindern gerecht zu werden, und stellen fest, dass immer wieder entweder die jüngeren oder die älteren Kinder zu kurz kommen".[28] Diese Situation tritt häufiger bei einer schlechten Strukturqualität (z.B. große Gruppen, schlechter Fachkraft-Kind-Schlüssel) und bei einer unzureichenden Qualifizierung des Personals für die Tätigkeit in Gruppen mit großer Altersmischung auf.

6. Nestgruppen in Kindertageseinrichtungen mit erweiterter oder großer Altersmischung

Nestgruppen für Zweijährige (und Dreijährige) sind an manchen Kindertageseinrichtungen mit erweiterter Altersmischung und Nestgruppen für (neu aufgenommene) Säuglinge und Einjährige (und Zweijährige) sind an einigen Kindertagesstätten mit großer Altersmischung eingerichtet worden. Wie der Begriff „Nest" schon ausdrückt, soll diesen Kindern Überschaubarkeit, Wärme und Geborgenheit in einer kleinen Gruppe mit einer niedrigen Fachkraft-Kind-Relation geboten werden, „wo alles auf ihre Bedürfnisse abgestimmt ist, d.h., inhaltliche Konzeption, räumliche und materielle Angebote werden wie in einer Krippengruppe entwickelt".[29] So gibt es auch einen eigenen „Nestraum". In vielen Nestgruppen wird eine gewisse Altersmischung angestrebt, denn:

> „Jüngere Kinder brauchen einerseits Altersabstände in der Gruppe – auch wenn diese nur wenige Monate betragen –, damit sie über Verhaltensmodelle zur Imitation und zur Übertragung auf neue Situationen verfügen. Andererseits ist die Erfahrung altersgleicher symmetrischer Interaktion für die jüngeren Kinder von großer Bedeutung, damit ‚Konzepte von Gleichheit und Gerechtigkeit' entwickelt werden können".[30]

---

27 Wüstenberg/Riemann 2008; Wüstenberg/Schneider 2008; vgl. Liegle 2007.
28 Liegle 2007, 589.
29 Wüstenberg/Schneider 2008, 160.
30 Knauf 2007, 33 f.

Manche Nestgruppen bestehen nur für eine begrenzte Zeit: So kommen ältere Kinder zu Besuch, und Nestgruppenkinder erkunden zunehmend die altersgemischte Gruppe(n) bzw. den offenen Bereich (s. u.) der Tageseinrichtung. Fühlen sie sich dort „heimisch", verlassen sie das Nest. Andere Nestgruppen bestehen für ein Jahr, wobei während dieser Zeit schon der Kontakt zu den größeren Kindern angebahnt wird. Dann wechseln die Nestgruppenkinder in die altersgemischten Gruppen.[31]

7. Weite Altersmischung

In relativ wenigen Tageseinrichtungen mit unter Dreijährigen und Kleinkindern befinden sich auch Schulkinder in der Gruppe, sodass eine weite Altersmischung von 1–10 oder gar von 0–12 Jahren entsteht.[32] Hier können also Kinder – und Geschwister – ab den ersten Lebensmonaten bis über das Ende der Grundschulzeit hinaus kontinuierlich betreut werden, häufig sogar von denselben Fachkräften. Je nach Zahl der unter Dreijährigen haben diese Gruppen zwischen 15 und 20 Kindern. Das bedeutet, dass schon rein theoretisch bei 13 Jahrgängen nur jede Altersstufe mit einem Kind bzw. mit maximal zwei Kindern vertreten sein kann. Es ist bei der weiten Altersmischung also schwierig, sowohl eine ausgeglichene Altersstruktur als auch eine Ausgewogenheit hinsichtlich der Geschlechter zu erreichen. Zudem hat jede Altersgruppe andere Bedürfnisse und Interessen, stellt andere Ansprüche an die Fachkräfte, verlangt andere Rechte und Regeln, benötigt andere Sitzgelegenheiten, Tischhöhen, Spielsachen und Materialien.

Die pädagogische Arbeit in weit altersgemischten Gruppen ist also mit besonders hohen Anforderungen an die Fachkräfte verbunden. Aufgrund der höchst unterschiedlichen Entwicklungsstufen und Bedürfnisse müssen sie viel Zeit mit einzelnen Kindern oder altersähnlichen Kleingruppen verbringen. Das ist nur mit einem guten Personalschlüssel möglich: 2,5–3 Stellen pro Gruppe, je nach Zahl der unter Dreijährigen und der Länge der Öffnungszeiten.

---

31 Knauf 2007; Wüstenberg/Schneider 2008.
32 Nahezu alle diese Einrichtungen dürften in Westdeutschland liegen: „Hier sind Schulkinder weitaus häufiger in Gruppen zu finden, die sie gemeinsam mit Kindern, die noch nicht die Schule besuchen, in Anspruch nehmen. Etwa 27.600 Schulkinder (15,0%) besuchen in Westdeutschland Einrichtungen mit ausschließlich altersgemischten Gruppen, hinzu kommen noch weitere Schulkinder in den altersgemischten Gruppen von Tageseinrichtungen, in denen sowohl alterseinheitliche als auch altersgemischte Gruppen zu finden sind" (Lange 2008 a, 58). Die meisten dieser weit altersgemischten Gruppen nehmen wahrscheinlich aber erst Kinder ab drei Jahren auf.

8. Exkurs: halboffene und offene Kindertageseinrichtungen

Je größer die Altersmischung wird, umso weniger altersgleiche Kinder befinden sich in der Gruppe. Somit können seltener symmetrische Beziehungen entstehen, die für die kognitive, soziale und emotionale Entwicklung von Kindern mindestens genauso wichtig wie asymmetrische Beziehungen sind (s.o.). Deshalb plädieren nahezu alle Befürworter/innen einer großen oder weiten Altersmischung für eine Öffnung der Gruppen: So könnten Kontakte zu gleichaltrigen Kindern aus anderen Gruppen entstehen.[33] Bei der großen Altersmischung müssten sich zwei Gruppen und bei der weiten Altersmischung sogar vier Gruppen zueinander öffnen, damit alle Kinder zwischen genügend Gleichaltrigen wählen können.[34]

Bei halboffenen Gruppen verbringen die Kinder einen Teil der Zeit in ihrer Stammgruppe, die auch über einen eigenen Raum verfügt. Für den anderen Teil des Tages können alle Räume der Kindertageseinrichtung benutzt werden. Bei offenen Tagesstätten sind die Gruppen aufgelöst worden. Die Kinder können mehr oder minder frei wählen, in welchen Bereichen sie sich aufhalten möchten.

Bei halboffenen Gruppen ist ein Teil der Räume und bei offenen Kindertagesstätten sind alle Räume zu Funktionsräumen umgestaltet worden, z.B. Bewegungsbaustelle, Atelier, Werkstätte, Lese- und Ruhezimmer, Experimentierraum. Diese werden nicht nur in der Freispielzeit genutzt, sondern hier machen die Fachkräfte auch unterschiedliche Angebote, zwischen denen die Kinder wählen können. Die Aktivitäten können entweder alle Kinder oder nur eine bestimmte Altersgruppe ansprechen. Auf diese Weise können sich einzelne Fachkräfte auf einige Förderbereiche spezialisieren, z.B. auf Naturwissenschaft und Technik, musikalische Bildung oder Theaterspiel mit Kindern, und hier besondere Kompetenzen ausbilden – was allen Kindern zugute kommt.

Unter dreijährige Kinder sind häufig während der offenen Phasen überfordert und gestresst. Sie fühlen sich nicht wohl und geborgen, insbesondere wenn ihr/e Bezugserzieher/in in einem anderen Raum ein Angebot für ältere Kinder macht. Deshalb sollten Fachkräfte „ein besonderes Augenmerk auf die unter Dreijährigen haben, ihnen gut zureden, ihnen Hilfe und gelegentlich auch Trost geben".[35] Aufgrund der skizzierten Problematik nehmen viele Einrichtungen mit weiter Altersmischung Kinder erst ab drei Jahren auf. Andere Kindertagesstätten arbeiten mit

---

33 Betreute Schulkinder sollten auch gelegentlich Klassenkameraden oder Freunde mitbringen können.
34 Ostermayer 2007; vgl. Griebel et al. 2004, 121.
35 Knauf 2007, 35.

Nestgruppen (s.o.) oder betreuen unter Dreijährige nur am Vormittag, wenn die älteren Kinder die Schule besuchen und somit die (Stamm-)Gruppen relativ klein und überschaubar sind.

9. Fazit

Weltweit gesehen, werden die weitaus meisten unter Dreijährigen entweder in altershomogenen Gruppen oder in Gruppen mit kleiner Altersmischung betreut. Generell wird bei einer Bevorzugung von altersgleichen Gruppen eher der Bildungsauftrag von Kindertageseinrichtungen betont, während bei altersgemischten Gruppen die Sozialerziehung und Partizipation der Kinder hervorgehoben werden.[36] Die erweiterte, die große und die weite Altersmischung werden – wie bereits erwähnt – außerhalb Deutschlands kaum praktiziert; hier gilt:

„Wie der Zwölfte Kinder- und Jugendbericht der Bundesregierung festgestellt hat, wird der Frage der Altersmischung von Kindergruppen in Tageseinrichtungen zwar große Bedeutung beigemessen, allerdings gäbe es bedauerlicherweise in Deutschland keine empirischen Untersuchungen zu den Auswirkungen der verschiedenen Formen der Altersgruppierung auf Kinder; die behaupteten Vorteile wie Nachteile bewegten sich vorwiegend im Bereich der Spekulation [...]".[37]

Auch werden die Chancen und Risiken der verschiedenen Formen der Altersmischung zumeist aus dem psychologischen und weniger aus dem pädagogischen Blickwinkel heraus analysiert. So wird kaum erörtert, nach welchen didaktischen und methodischen Prinzipien in verschieden altersgemischten Gruppen Basiskompetenzen gefördert und Bildungsinhalte vermittelt werden können. Es bleibt also letztlich die Frage offen, wie die Bildungspläne der Bundesländer umgesetzt werden können, wenn sich die Kinder in der jeweiligen Gruppe auf ganz unterschiedlichen Entwicklungsstufen befinden.

Literatur

Bensel, Joachim/Haug-Schnabel, Gabriele (2008): Alltag, Bildung und Förderung in der Krippe, in: Maywald, Jörg/Schön, Bernhard (Hrsg.): Krippen: Wie frühe Betreuung gelingt. Fundierter Rat zu einem umstrittenen Thema, Weinheim, 103-142.
Bostelmann, Antje (Hrsg.) (2008): Praxisbuch Krippenarbeit. Leben und Lernen mit Kindern unter 3, Mülheim/Ruhr.

---

36 Liegle 2007, 588.
37 Liegle 2007, 589.

Dieken, Christel van (2008): Was Krippenkinder brauchen. Bildung, Erziehung und Betreuung von unter Dreijährigen, Freiburg.

Gonzales-Mena, Janet/Widmeyer-Eyer, Dianne (2008): Säuglinge, Kleinkinder und ihre Betreuung, Erziehung und Pflege. Ein Curriculum für respektvolle Pflege und Erziehung, Freiamt.

Griebel, Wilfried/Niesel, Renate/Reidelhuber, Almut/Minsel, Beate (2004): Erweiterte Altersmischung in Kita und Schule. Grundlagen und Praxishilfen für Erzieherinnen, Lehrkräfte und Eltern, München.

Haug-Schnabel, Gabriele/Bensel, Joachim (2008): Kinder unter 3 – Bildung, Erziehung und Betreuung von Kleinstkindern, in: kindergarten heute spezial, Freiburg, 4. Aufl.

Jampert, Karin/Janke, Dirk/Peucker, Christian/Zehnbauer, Anne (2003): Familie, Kinder, Beruf. Familienunterstützende Kinderbetreuungsangebote in der Praxis, München.

Katz, Lilian G. (1995): The Benefits of Mixed-Age Grouping. ERIC Digest ED382411 1995-05-00, Urbana.

Knauf, Tassilo (2007): Von der Krippe zur Bildungsarbeit mit Kindern von 0 bis 6 Jahren. Wechsel der Szenarien an Beispielen, in: klein&groß, Heft 1, 32–35.

Laewen, Hans-Joachim/Andres, Beate (1993): Zur Situation der Kinderkrippen in den neuen Bundesländern. Expertise für den 9. Jugendbericht der Bundesregierung im Auftrag des Deutschen Jugendinstituts München, http://www.infans.de/pdf/Expertise-9_Jugendbericht-c.doc (28.01.2008).

Lange, Jens (2008 a): Schulkinder in Kindertagesbetreuung, in: Forschungsverbund Deutsches Jugendinstitut/Universität Dortmund (Hrsg.): Zahlenspiegel 2007 – Kindertagesbetreuung im Spiegel der Statistik, München/Dortmund, 53–72.

Lange, Jens (2008 b): Strukturmerkmale von Kindertageseinrichtungen, in: Forschungsverbund Deutsches Jugendinstitut/Universität Dortmund (Hrsg.): Zahlenspiegel 2007 – Kindertagesbetreuung im Spiegel der Statistik, München/Dortmund, 73–112.

Landeshauptstadt München Sozialreferat Stadtjugendamt (2002): Die pädagogische Rahmenkonzeption für Kinderkrippen der Landeshauptstadt München – Langfassung, München, 4. Aufl.

Liegle, Ludwig (2007): Was bringt die erweiterte Altersmischung in Tageseinrichtungen für Kinder? Wunschdenken – Chancen und Risiken – Erfolgsbedingungen, in: neue praxis, Heft 6, 585–600.

Ostermayer, Edith (2007): Unter drei – mit dabei. Wege zu einem qualifizierten Betreuungsangebot in der Kita, München.

Textor, Martin R. (2000): Lew Wygotski, in: Fthenakis, Wassilios E./Textor, Martin R. (Hrsg.): Pädagogische Ansätze im Kindergarten, Weinheim, 71–83.

Wüstenberg, Wiebke/Riemann, Ilka (2008): Spielkontakte in der altersgemischten Gruppe. Ausgewählte Ergebnisse einer empirischen Studie, in: TPS – Theorie und Praxis der Sozialpädagogik, Heft 7, 38–39.

Wüstenberg, Wiebke/Schneider, Kornelia (2008): Vielfalt und Qualität: Aufwachsen von Säuglingen und Klein(st)kindern in Gruppen, in: Maywald, Jörg/Schön, Bernhard (Hrsg.): Krippen: Wie frühe Betreuung gelingt. Fundierter Rat zu einem umstrittenen Thema, Weinheim, 144–177.

Eveline Gerszonowicz

Kindertagespflege als geeignete Tagesbetreuung für kleine Kinder

Die Kindertagespflege bietet Kindern vor allem in den ersten Lebensjahren eine familiennahe Betreuung, bei der ihre individuellen Bedürfnisse besonders berücksichtigt werden können. Die Tagespflegeperson hat die Möglichkeit und die Zeit, sich einzelnen Kindern zuzuwenden. Bei der Betreuung in einer Tagespflegestelle mit bis zu fünf Kindern können Gruppenerfahrungen im kleinen, überschaubaren Rahmen gemacht werden. Diese Situation ermöglicht soziales Lernen ebenso wie eine (begrenzte) Auswahl an Spielpartner/innen.

Bei der Kindertagespflege verbringt das Kind einen Teil des Tages in der familiären Situation einer anderen Familie, eventuell mit den eigenen Kindern und dem/der Partner/in der Tagespflegeperson. Insbesondere für Kinder alleinerziehender Eltern oder für Einzelkinder kann dies ein wichtiges Erlebnis sein. Kinder, die viele Stunden am Tag betreut werden, müssen keinen Wechsel der Bezugspersonen durch Schichtdienste erleben, sondern werden immer von derselben Person betreut. Besonders für Kinder unter drei Jahren kann dies aus entwicklungspsychologischer Sicht eine adäquate Betreuungsform sein.

Dem Förderauftrag des SGB VIII entsprechend, umfasst die Kindertagespflege die Bildung, Erziehung und Betreuung des Kindes. Die Förderung der sozialen und emotionalen, körperlichen und geistigen Entwicklung orientiert sich am einzelnen Kind: an dessen Alter und Entwicklungsstand, an den sprachlichen und sonstigen Fähigkeiten, an der Lebenssituation sowie an den Interessen und Bedürfnissen. Kinder mit nicht altersgemäßer Entwicklung, geistiger oder körperlicher Behinderung bedürfen einer speziellen Förderung und Betreuung, ebenso Kinder aus schwierigen familiären Verhältnissen sowie Kinder mit auffälligem Verhalten. Ihre Eltern haben ein Anrecht auf Hilfe bei der Erziehung, Bildung und Betreuung ihrer Kinder, die in der Kindertagespflege geleistet werden kann. Einige Tagespflegefamilien erklären sich auch bereit, ein Tagespflegekind für eine begrenzte Zeit tags und nachts zu betreuen, z.B. wenn die Familie eines Tagespflegekindes stark belastet ist oder sich in einer Krise befindet.

Kindertagespflege wird häufig von Frauen ausgeübt, die aufgrund ihrer Erfahrung in der Erziehung eigener Kinder den Wunsch hegen, sich darüber hinaus mit der Betreuung und Erziehung von Kindern zu beschäftigen, auch wenn sie dafür keine Berufsausbildung absolviert haben. Unter Umständen gestaltet sich für einige von ihnen außerdem der Wiedereinstieg in ihren früheren Beruf aufgrund der „Kin-

121

derpause" schwierig. Für Erzieher/innen ist es eine Möglichkeit, selbstständig und mit wenigen Kindern außerhalb einer Kindertageseinrichtung zu arbeiten. Laut Ermittlung des Statistischen Bundesamtes verfügten im Jahr 2008 insgesamt 13.345 Tagespflegepersonen (36,7%) in öffentlich geförderter Kindertagespflege über eine pädagogische oder pflegerische Ausbildung.[1]

1. Rechtliche Grundlagen

Die Kindertagespflege wird in § 22 SGB VIII neben der institutionellen Betreuung, Erziehung und Bildung in Tageseinrichtungen als ein Angebot zur Förderung der kindlichen Entwicklung genannt. Der Gesetzgeber geht dabei von der grundsätzlichen Gleichwertigkeit der Kindertagespflege mit der institutionellen Tagesbetreuung aus. Vom elterlichen Standpunkt aus handelt es sich bei der Kindertagespflege um eine familienergänzende oder -unterstützende Maßnahme und aus der Sicht des Kindes um eine Maßnahme zur Verwirklichung seines Rechts auf Förderung der Entwicklung (§ 8 SGB I, § 1 Abs.1 SGB VIII).

Im § 23 SGB VIII ist die Kindertagespflege besonders geregelt. Hier wird in Absatz 3 (neben § 43 SGB VIII) unter anderem beschrieben, dass Tagespflegepersonen „geeignet" sein müssen:

> „Geeignet (...) sind Personen, die sich durch ihre Persönlichkeit, Sachkompetenz und Kooperationsbereitschaft mit Erziehungsberechtigten und anderen Tagespflegepersonen auszeichnen und über kindgerechte Räumlichkeiten verfügen. Sie sollen über vertiefte Kenntnisse hinsichtlich der Anforderungen der Kindertagespflege verfügen, die sie in qualifizierten Lehrgängen erworben oder in anderer Weise nachgewiesen haben".

Die Tagespflegeperson muss über eine Pflegeerlaubnis (§ 43 SGB VIII) verfügen, die vom Jugendamt erteilt wird. Sie erhält vom öffentlichen Jugendhilfeträger eine Geldleistung für die Erstattung der Sachkosten sowie die leistungsgerechte Anerkennung ihrer Förderleistung, die sich am zeitliche Umfang der Leistung und an der Anzahl sowie dem Förderbedarf der betreuten Kinder orientieren soll. Darüber hinaus werden ihr steuerfrei die entstehenden Beiträge für eine Unfallversicherung sowie die Hälfte anfallender Beiträge für eine Altersvorsorge, Kranken- und Pflegeversicherung erstattet (§ 23 SGB VIII, Abs. 2). Die Kindertagespflege ist grundsätzlich eine einkommensteuerpflichtige selbstständige Tätigkeit, bei der nachgewiesene Betriebskosten oder eine Betriebskostenpauschale geltend gemacht werden können. Insbesondere die Änderungen der gesetzlichen Grundla-

---

[1] Statistisches Bundesamt 2008, Tabelle 35.

gen durch das Kinderförderungsgesetz (KiföG) im Jahr 2008 haben dazu beigetragen, die Kindertagespflege auf dem Weg der Professionalisierung weiter voranzubringen.

2. Spezifische Faktoren der Kindertagespflege für Kinder, Eltern und Tagespflegepersonen

Im Folgenden werden Merkmale der Kindertagespflege aus der Sicht der Kinder, ihrer Eltern und der Tagespflegepersonen dargestellt, die zeigen, welche Vorteile diese Betreuungsform für sie jeweils hat bzw. haben kann, aber auch, welche Problemfelder sich aus dieser spezifischen Betreuungsform ergeben können.

2.1 Positive Aspekte der Kindertagespflege für Kinder:

• Die kleine Gruppe von maximal fünf Kindern ermöglicht eine besonders intensive individuelle Betreuung;
• die Kinder werden immer von derselben Person betreut, was für die Entwicklung der Bindungsfähigkeit sehr junger Kinder förderlich ist;
• Kinder von alleinerziehenden Eltern können besonders von der Situation in einer anderen Familienstruktur profitieren, genauso wie Einzelkinder;
• für Einzelkinder kann eine geschwisterähnliche Situation in der Tagespflegestelle eine wichtige soziale Erfahrung sein;
• in einer für sie übersichtlichen Gruppensituation bieten sich vielfältige Möglichkeiten, Spielpartner/innen zu finden und Sozialverhalten zu erlernen;
• das Erleben eines strukturierten Tagesablaufes mit Aktions- und Ruhephasen schafft für die Kinder Orientierung. Selbst die Betreuung früh morgens, spät abends oder an Wochenenden und Feiertagen muss von den Kindern in der Tagespflege nicht als Ausnahme erlebt werden, sondern durch das gemeinsame Alltagleben werden auch solche besonderen Betreuungszeiten zur Normalität;
• Kinder mit gesundheitlichen Beeinträchtigungen oder Behinderungen können in der Tagespflege besonders intensiv betreut werden. Kindern aus problematischen Familien kann in der Tagespflege Stabilität und Geborgenheit vermittelt werden. Für diese Kinder kann die Tagespflege als Hilfe zur Erziehung gewährt werden.

2.2 Positive Aspekte der Kindertagespflege für Eltern:

• Die Eltern können mit der Tagespflegeperson individuelle Betreuungswünsche besprechen, auf die aufgrund der geringen Kinderzahl grundsätzlich eingegangen werden kann;
• die Tagespflegeperson kann Wünsche bezüglich der Ernährung der Kinder berücksichtigen, z.B. vegetarische Ernährung;

- die Tagespflegeperson ist in der Lage auf krankheitsbedingte Ernährungseinschränkungen wie Allergien oder Diabetis,einzugehen;
- bei unregelmäßigen Arbeitszeiten, Schichtarbeit oder wenn Kinder außerhalb der Kita-Öffnungszeiten betreut werden müssen, ist Kindertagespflege oft die einzige Betreuungsmöglichkeit;
- häufig entwickelt sich das Verhältnis der Tagespflegeperson, der Tageskinder und der Eltern zueinander mit besonderer Intensität, so dass es zu einer speziellen Qualität der Beziehungen kommt. Beispielsweise in Notsituationen kommt es dadurch zu einem außergewöhnlichen Engagement.

2.3 Positive Aspekte der Kindertagespflege für Tagespflegepersonen:

- Die Kinder können weisungsunabhängig, selbstbestimmt und selbstständig betreut werden. Pädagogische Fachkräfte schätzen das häufig sehr;
- die kleine Kindergruppe in der Tagespflege ermöglicht pädagogischen Fachkräften ruhiges Arbeiten mit Kindern;
- für Personen, die pflegerische oder andere Berufe haben, ist Kindertagespflege die nahezu einzige Möglichkeit, die Tätigkeit der Kinderbetreuung auszuüben. Eine pädagogische Ausbildung nachzuholen ist für sie häufig nicht mehr möglich. Insbesondere durch die Erziehung eigener Kinder entsteht häufig der Wunsch nach dieser Tätigkeit.

Neben den genannten positiven und förderlichen Merkmalen von Kindertagespflege finden sich jedoch auch problematische Aspekte, die in dieser Betreuungsform auftreten können und deshalb im Blick behalten werden müssen. Es finden z.B. nicht die passenden Familien zusammen aufgrund von fehlender Transparenz beim Entstehen des Betreuungsverhältnisses. Konflikte, z.B. in Fragen der Erziehung zwischen den beteiligten Erwachsenen, können zu einem Abbruch führen. Die Zuverlässigkeit kann geringer als in der institutionellen Betreuung sein. Sowohl Tagespflegeperson als auch die Eltern der Kinder können relativ kurzfristig das Betreuungsverhältnis lösen. Der Ausfall der Tagespflegeperson, beispielsweise durch Krankheit, stellt die Eltern und Kinder vor ein besonderes Problem, wenn die Frage der Ersatzbetreuung unzureichend geklärt ist. Die private Atmosphäre kann zudem zu einem Risiko werden, wenn die Betreuung nicht ernsthaft bzw. verantwortungsvoll wahrgenommen wird. Im Gegensatz zur institutionellen Betreuung, in der durch Kolleginnen und Kollegen ein Offenlegen stattfindet, ist die Kindertagespflege schwerer zu kontrollieren. Aus diesem Grund ist eine vorherige Eignungsprüfung besonders wichtig.

3. Qualität in der Kindertagespflege

Kindertagespflege kann eine förderliche Betreuungsform für (Klein-)Kinder sein, wenn bestimmte Qualitätskriterien eingehalten werden. Dies ist seit den Ergebnissen aus dem Bundesmodellprojekt „Tagesmütter" deutlich geworden. Eine Elternbefragung innerhalb des Bundesmodellprojekts ergab, dass 80% der hieran beteiligten Eltern sich erneut für ihre Tagesmütter (Tagespflegepersonen) entscheiden würden und die meisten Eltern ordneten Tagesmütter generell als „pädagogisch geeignet, engagiert und hilfsbereit" ein. Bei drei Untersuchungen, in denen Elternbefragungen mit Kindern in Kindertagespflege und solchen in institutionellen Einrichtungen vorgenommen wurden, zeigte sich eine gleich große Zufriedenheit oder eine höhere Zufriedenheit von Eltern mit Kindern in Kindertagespflege.

Aspekte, die Auswirkungen auf die Qualität haben, sind zweifelsohne:

- Alter, Qualifikationen, Einstellungen und Verhaltenstendenzen u.a. der Tagespflegeperson;
- Alter des zu betreuenden Kindes bei Beginn der Tagespflege, sein Entwicklungsstand etc.;
- Einstellungen, Erziehungsverhalten, sozioökonomischer Status u.a. der Eltern;
- die Beziehungen zwischen: a) der Tagespflegeperson und dem Kind, b) den Kindern untereinander, c) den Eltern und dem Kind und d) den Eltern und der Tagespflegeperson;
- das Erziehungskonzept, z. B. angebotene Beschäftigungen;
- die Strukturmerkmale: Räumlichkeiten, Ausstattung etc.;
- Interaktionen.[2]

Das Fachkolloquium der Universität Frankfurt a.M. hat bereits 1997 in einem Diskussionspapier als „(d)ie wichtigsten Aspekte, die Qualität in der Tagespflege sichern," Folgendes formuliert:

- begleitende Beratung, Hausbesuche, Hospitationen in den Tagespflegefamilien sowie Beratung für Eltern;
- Bereitstellung von Qualitätszirkeln für Tagespflegepersonen und Eltern in Form von Fortbildung, Fachaustausch sowie Möglichkeiten der formellen und informellen Begegnungen;
- vorbereitende und begleitende Qualifizierung, die mit einem Zertifikat abschließt;

---

2 Textor 1998, 75 ff.

- Bereitstellung von Rahmenbedingungen für Tagespflege, wie gesetzliche Regelungen auf Landesebene, Empfehlungen von Standards und eine sichere und ausreichende Finanzbasis;
- Wahrnehmung der planerischen Verantwortung durch den Jugendhilfeträger, Ausweisung und Deckung des Bedarfs an Tagespflegebetreuung und Bereitstellung bzw. Delegation der Begleitangebote für Tagespflegefamilien;
- Schaffung kommunaler oder regionaler Netzwerke der Kinderbetreuung (insbesondere in ländlichen Gegenden, in denen Kindertagespflege ihren Raum neben vergleichbaren Angeboten hat und damit eingebunden ist in Systeme von Qualifizierung, Finanzierung und Unterstützung (z.B. Krankheitsvertretung);
- soziale und rechtliche Absicherung der Tagespflegepersonen;
- Dokumentation als Voraussetzung, um Bedarfslagen adäquat einzuschätzen und um Verbesserungsmaßnahmen und Lösungen von Problemen anzustreben;
- öffentliche Darstellung sowie Selbst- und Fremdkontrollsysteme, um von einem willkürlichen, individualistischen Qualitätsbegriff zu einem verbindlich sichernden Qualitätssystem in der Kindertagespflege zu kommen;
- Bereitstellung von Fachpersonal und Etablierung von Fachberatung;
- Inanspruchnahme wissenschaftlicher Begleitforschung und Förderung wissenschaftlich begleiteter Projekte.[3]

Aus einer Auswertung von 22 meist ausländischen Studien zur Kindertagespflege konnte der Schluss gezogen werden, dass „eine qualitativ gute Familientagespflege die kindliche Entwicklung eher fördert als beeinträchtigt und nicht schlechter als die Betreuung in einer Tageseinrichtung ist. Die Unterschiede hinsichtlich der Qualität innerhalb der jeweiligen Betreuungsform sind größer als die Unterschiede zwischen beiden Formen."[4]

Das jüngste Instrument zur Beurteilung und Einschätzung von Qualität in der Kindertagespflege ist die 2005 erschienene Tagespflege-Skala (TAS). Sie enthält 35 Merkmale, nach denen pädagogische Qualität im Alltag eingeschätzt werden kann und die als Orientierung dienen können, um die pädagogische Qualität zu verbessern.[5] Neben diversen unveröffentlichten Untersuchungsberichten sind die Ergebnisse zweier Studien unter Anwendung der Tagespflegeskala aus Brandenburg aus den Jahren 2003 und 2006 verfügbar. Hier konnte u.a. folgendes ermittelt werden: Rund drei Viertel der untersuchten Tagespflegestellen weisen ein mittleres/mittelmäßiges Qualitätsniveau auf. Bei knapp 15% konnte eine gute bis

---

3 Fachcolloquium der Universität Frankfurt/Main 1997, 20 f.
4 Textor 1998, 82, 83.
5 Tietze/Knobeloch/Gerszonowicz 2005.

sehr gute pädagogische Prozessqualität festgestellt werden. Bei 10% der Tagespflegestellen ergibt sich eine unzureichende Qualität.

Die pädagogische Qualität in den Tagespflegestellen stellt sich in Abhängigkeit von den einzelnen Qualitätsaspekten unterschiedlich dar. Als im Durchschnitt rundherum gut erweist sich die pädagogische Atmosphäre in den Tagespflegestellen, die Organisation eines pädagogisch geordneten Tagesablaufs und die Zusammenarbeit mit Eltern. Die durchschnittliche Qualität der untersuchten Brandenburger Tagespflegestellen unterscheidet sich nicht von der (einer ebenfalls breit streuenden Stichprobe von Tagespflegestellen) im Land Mecklenburg-Vorpommern. Mittelwerte und auch Streuungen sind identisch.

Tagespflegepersonen, die ein höheres Maß an Arbeitszufriedenheit zeigen, die insbesondere mit ihren pädagogischen Gestaltungsmöglichkeiten und in höherem Grade mit dem fachlichen Austausch und der Weiterbildung zufrieden sind und die in höherem Grad die Sinnhaftigkeit ihrer Tätigkeit erleben und auch mit der Anerkennung ihrer Tätigkeit als Tagesmutter zufriedener sind, weisen in den Interaktionen mit den Kindern günstigere Werte auf. Sie zeigen ein höheres Ausmaß an Akzeptanz in den Interaktionen mit den Kindern und ein höheres Ausmaß an Involviertheit.[6]

4. Exkurs: Großtagespflegestellen

Zur weiteren Professionalisierung der Kindertagespflege wird es zukünftig grundsätzlich möglich sein, dass pädagogische Fachkräfte auch mehr als fünf Kinder betreuen und hierfür auch externe Räumlichkeiten nutzen können, sofern dies landesrechtlich ausgeführt wird. Diese Form der Kindertagespflege, „Großtagespflege" genannt, wurde bisher nur vereinzelt in manchen Bundesländern praktiziert. Darunter versteht man in der Regel die Betreuung und Förderung von mehr als fünf Kindern in einer Gruppe, die von mindestens zwei Kindertagespflegepersonen gemeinsam geleistet wird. Großtagespflege findet zumeist außerhalb des privaten Haushalts einer Kindertagespflegeperson in extra angemieteten bzw. von Kommunen oder Verbänden zur Verfügung gestellten Räumen statt.

4.1 Positive Aspekte der Großtagespflege:

- Weil die Tätigkeit nicht im eigenen Haushalt stattfindet, kann sich die Kindertagespflegeperson besser abgrenzen, Konflikte mit der eigenen Familie können vermieden werden;

---

6 Pädagogische Qualitäts-Informations-Systeme gGmbH 2006.

- die Großtagespflegestelle kann stärker als Arbeitsplatz verstanden werden, wenn sie in extra angemieteten Räumen eingerichtet ist;
- es ist eine Kollegin oder ein Kollege vorhanden, mit der/dem über die Arbeit und über Probleme gesprochen werden kann. Planungen können gemeinsam entwickelt und abgestimmt werden. Es ist möglich, sich gegenseitig zu vertreten, wenn eine der beiden einmal krank sein sollte, oder um sich gegenseitig zu entlasten;
- die Tagespflegeperson hat die Möglichkeit, mit einer relativ kleinen Kindergruppe pädagogisch zu arbeiten. Dies schätzen besonders Erzieher/innen, die eine Alternative zur Arbeit in einer Kindertagesstätte suchen;
- viele Pflegepersonen in Großtagespflegen genießen den Status als Selbstständige und nehmen dafür die mangelnde soziale Absicherung in Kauf;
- besonders für Frauen ohne pädagogische Ausbildung – aber mit umfangreicher Erfahrung in der Betreuung mehrerer Kinder und Kindergruppen – ist die Großtagespflege eine Möglichkeit, gemeinsam mit einer/m Erzieher/in professionell mit Kindern zu arbeiten;
- die extra angemieteten Räume können noch kindgerechter eingerichtet werden und es muss nicht um die Einrichtungsgegenstände der eigenen Wohnung gefürchtet werden, die unter den Aktivitäten der Kinder leiden könnten;
- die größere Zahl von Kindern und eine größere Altersmischung bieten mehr Auswahl von Spielpartnern für die Kinder. Es können Spiele und Aktivitäten geplant werden, die nur mit mehreren Kindern möglich sind oder mit wenigen Kindern nicht so interessant sind;
- die Großtagespflege bietet Kindern die Möglichkeit, in einer Gruppe sowohl individuelle Betreuung und Förderung zu genießen als auch Gruppenerfahrungen zu machen, die bei der Betreuung von nur wenigen Kindern nicht so gegeben sind.

4.2 Negative Aspekte der Großtagespflege:

- Die Kindertagespflegeperson kann die Tätigkeit nicht so gut mit den Bedürfnissen der eigenen Familie vereinbaren, weil sie zeitweise nicht zu Hause ist;
- es ist nicht mehr die familiäre Situation, die die Kindertagespflege vom Grundgedanken her sein sollte;
- es ist eine weitere Person anwesend, mit der man sich auseinandersetzen und die eigenen Vorstellungen und Vorgehensweisen abstimmen muss;
- es muss genauer geplant und organisiert werden als in der Kindertagespflege im kleineren Rahmen. Es gibt mehr Eltern, mit denen Erziehungsvorstellungen abgestimmt und Gespräche geführt werden müssen;
- es gibt keine tarifliche, arbeitsvertraglich gebundene soziale Absicherung. Die Kindertagespflegeperson muss für ihre Sozialversicherung selbst sorgen;

- bisher ist die Kindertagespflege nicht als eigenständiges Berufsbild anerkannt. Folglich kann es problematisch sein, die Zeit der Tätigkeit in einer Großtagespflegestelle als Berufserfahrung anzuführen und anerkannt zu bekommen, z.B. für die Qualifikation als Praxisanleiter/in;
- die angemieteten Räume stellen eine zusätzliche Verpflichtung dar. Es fallen zusätzliche Kosten für Miete, Strom, Telefon, Versicherungen an, ebenso für Reinigungs- und Renovierungsarbeiten sowie Reparaturen;
- je mehr Kinder in der Gruppe sind, desto größer ist der Betreuungsbedarf und desto gründlicher müssen Aktivitäten und pädagogische Angebote ausgewählt und vorbereitet werden;
- für Säuglinge, sehr kleine Kinder oder Kinder, die einen besonderen Betreuungsbedarf haben, kann die Kinderzahl in der Gruppe zu groß sein.

In der Fachöffentlichkeit ist man sich darüber einig, dass die Großtagespflege landesrechtlich geregelt und durch die Beschreibung von Qualitätsstandards definiert werden muss, damit diese neue Form zwischen Kindertagespflege und Kindertageseinrichtung auf vernünftigen Grundlagen bestehen kann.

5. Perspektiven der Kindertagespflege

Dass die Kindertagespflege längst kein freundschaftliches und nachbarschaftliches Betreuungssetting mehr darstellt, das auf Ehrenamtlichkeit und Hilfsbereitschaft fußt, ist hinlänglich bekannt. In Großstädten und Ballungsräumen sowie in den neuen Bundesländern, in denen die Kindertagespflege diese Tradition so noch nie hatte, ist sie ein etabliertes Kindertagesbetreuungsangebot. Hier sind die Grundsätze des SGB VIII umgesetzt worden, die Vermittlung und Finanzierung über die öffentliche Jugendhilfe wird längst praktiziert. In anderen Regionen nähert sich die Kindertagespflege dieser Praxis nach und nach an. Eltern, die berufstätig, in Ausbildung oder arbeitsuchend sind, haben nach § 24 SGB VIII einen Anspruch auf eine öffentlich geförderte Kindertagesbetreuung und die privat arrangierte und von den Eltern selbst finanzierte Kindertagespflege tritt langsam in den Hintergrund. Ab 2013 hat jedes Kind ab seinem ersten Geburtstag das Recht auf Förderung in einer Kindertageseinrichtung oder Kindertagespflege.

2007 belief sich die Zahl der Kinder in öffentlich geförderter Kindertagespflege auf knapp 43.000, der Anteil der Kindertagespflege an allen Angeboten für Kinder unter drei Jahren lag bundesweit damit erst bei 13,3%, in den östlichen Bundesländern im Schnitt bei 8,8%, in den westlichen Bundesländern bei 17,3%. Um das angestrebte Ziel zu erreichen, werden zusätzlich rund 145.000 Plätze in öffentlich geförderter Kindertagespflege benötigt. Diese Ausbauschritte umzusetzen, ist eine große Herausforderung. Sie geht einher mit einem erheblich erhöhten Personalbedarf, der für den Zeitraum bis 2013 bei mindestens 30.000 Personen liegt, sofern es gelingt, die 20.000 informell tätigen Tagespflegepersonen in die Verantwortung der Kinder- und Jugendhilfe zu integrieren.

Der Ausbau erfordert nicht nur erhebliche quantitative, sondern auch qualitative Entwicklungsfortschritte. Aufgrund der historischen Entwicklung der Kindertagespflege im Schatten der institutionellen Kindertagesbetreuung sind weitere Schritte hin zu einer hinreichenden und überprüfbaren Betreuungsqualität zu unternehmen. Dies gelingt nur, wenn attraktive Rahmenbedingungen für das Tätigkeitsfeld der Kindertagespflege geschaffen werden, die auch berufliche Perspektiven eröffnen und das System Kindertagespflege insgesamt anders aufstellen. Die bessere Qualifizierung von Tagespflegepersonen spielt dabei eine entscheidende Rolle. Hierbei wird es darum gehen, den fachlich akzeptierten Mindeststandard von 160 Stunden nach dem Curriculum des Deutschen Jugendinstituts (DJI) flächendeckend umzusetzen, sowie erforderliche Nach- und Weiterqualifizierungsangebote zu entwickeln und zur Verfügung zu stellen. Zudem wird es auch eine Herausforderung sein, Kindertagespflege in die berufliche Ausbildung zu integrieren. Zur erforderlichen Einbettung der Maßnahmen zur Qualifizierung sowie zur Qualitätssicherung und -feststellung braucht es schließlich auch eine Weiterentwicklung der fachlichen Infrastruktur (Fachdienste) als Beratungs-, Vermittlungs- und Vernetzungsstelle für Tagespflegepersonen wie für Eltern. Darüber hinaus sind neue Organisations- und Kooperationsformen nach fachlichen Qualitätsstandards aufzubauen.[7]

Um das ehrgeizige Ausbauziel des Bundesministeriums für Familie, Senioren, Frauen und Jugend umzusetzen, hat die Bundesregierung zusätzliche finanzielle Mittel zur Verfügung gestellt und ein den Ausbau begleitendes „Aktionsprogramm Kindertagespflege" ins Leben gerufen. Das Aktionsprogramm gliedert sich in drei Elemente: Zur Gewinnung, Qualifizierung und Vermittlung von Kindertagespflegepersonen werden zunächst bundesweit 200 Modellstandorte gefördert. Deren Aufgabe besteht in der Entwicklung eines lokalen, arbeitsmarktpolitischen Gesamtkonzepts zur Gewinnung und Vermittlung des für den quantitativen und qualitativen Ausbau der Kindertagespflege im Fördergebiet erforderlichen Personals. Aufgabe ist auch der qualitative Auf- und Ausbau einer lokalen Infrastruktur und Begleitung. Grund- und Weiterqualifizierung des akquirierten Personals unter Berücksichtigung des DJI-Curriculums sind ebenso notwendige Bestandteile des Konzepts wie eine bedarfsgerechte und niedrigschwellige Vermittlung.

---

7 Aus der Beschreibung des Aktionsprogramms Kindertagespflege http://www.intern.dji.de/ cgi-bin/projekte/output.php?projekt=839&Jump1=LINKS&Jump2=30 (30.03.2009).

In der zweiten Säule des Aktionsprogramms soll eine flächendeckende Grundqualifizierung in der Kindertagespflege gewährleistet werden. Tagesmütter und -väter sollen bundesweit nach den fachlich anerkannten Mindeststandards von 160 Stunden nach dem DJI-Curriculum beziehungsweise vergleichbarer Lehrpläne qualifiziert werden. Bund, Länder und die Bundesagentur für Arbeit haben sich dazu auf ein gemeinsames Gütesiegel für Bildungsträger verständigt, die Tagesmütter nach diesen fachlich anerkannten Mindeststandards unterrichten. Flankierend und begleitend soll drittens das Online-Portal www.vorteil-kinderbetreuung.de allen Beteiligten zur Information, Vernetzung und Qualifizierung dienen. Hier sind unter anderem das Online-Handbuch www.handbuch-kindertagespflege.de zu finden, das sich an Tagespflegepersonen und Eltern richtet, aber auch als Informationsquelle für Kommunen, Verbände, Betriebe und Arbeitsagenturen/Jobcenter dient sowie praktische Orientierungen und Anregungen für den pädagogischen Alltag bietet.

Zusammenfassend ist festzustellen, dass sich die Kindertagespflege nach der ersten Etablierung und wissenschaftlichen Betrachtung durch das Modellprojekt „Tagesmütter" im Jahr 1974 kontinuierlich weiterentwickelt hat. Durch die Ausbau-Initiative(n) der Bundesregierung erfährt diese Entwicklung jedoch einen bisher unvergleichlichen Innovationsschub, der sicherlich allen Beteiligten zum Nutzen sein wird.

Literatur

Bertelsmann Stiftung: Qualität für Kinder unter Drei in Kitas – Empfehlungen an Politik, Träger und Einrichtungen, http://www.bertelsmann-stiftung.de/cps/rde/xbcr/SID-145AF7B6-94E5BB60/bst/EmpfehlungenanPolitikTraeger Einrichtungen.pdf (03.03.2009)
Bien, Walter/Rauschenbach, Thomas/Riedel, Birgit (Hrsg.) (2006): Wer betreut Deutschlands Kinder? – DJI-Kinderbetreuungsstudie, Weinheim/Basel.
Bundesministerium für Familie, Senioren, Frauen und Jugend (2008): Bericht der Bundesregierung über den Stand des Ausbaus für ein bedarfsgerechtes Angebot an Kindertagesbetreuung für Kinder unter 3 Jahren.
Der PARITÄTISCHE Gesamtverband (2008): Standards für Rahmenbedingungen in Kindertageseinrichtungen – Paritätischer Anforderungskatalog.
Deutsches Jugendinstitut (Hrsg.) (2002): Familienunterstützende Kinderbetreuungsangebote, München.
Deutsches Jugendinstitut (Hrsg.) (2007): Bulletin 80 – Kindertagesbetreuung in Deutschland, München.
Deutsches Jugendinstitut DJI: Zahlenspiegel 2007, http://www.bmfsfj.de/bmfsfj/generator/Publikationen/zahlenspiegel2007/4-strukturmerkmale-der-kindertagespflege.html.

Diez-König, Ursula/Schmüser, Ulrike (2003): Familientagespflege, Frankfurt a.M.

Diller, Angelika/Jurczyk, Karin/ Rauschenbach, Thomas (Hrsg.) (2005): Tagespflege zwischen Markt und Familie, München.

Fachcolloquium der Universität Frankfurt/Main (Ingrid Balser, Petra Helbig, Karin Hahn, Marion Limbach-Perl, Heide Kallert) (1997): Qualitätsentwicklung in der Kindertagespflege, Diskussionspapier.

Fthenakis, Wassilos Emmanuel, in: Bundesministerium für Familie, Senioren, Frauen und Jugend (Hrsg.) (2003): Auf den Anfang kommt es an! Perspektiven zur Weiterentwicklung des Spektrums der Tageseinrichtungen für Kinder in Deutschland, Weinheim/Basel.

Gerszonowicz, Eveline (2005): Neue Organisationsmodelle privater und öffentlicher Angebote familiennaher Kleinkindbetreuung, in: Diller, Angelika/Jurczyk, Karin/Rauschenbach, Thomas: Tagespflege zwischen Markt und Familie. München.

Gerszonowicz, Eveline (2006): Wo Kinder sich wohl fühlen – zum gesetzlichen Auftrag und Kooperationsmöglichkeiten im Bereich der Kindertagesbetreuung, in: Verband Katholischer Tageseinrichtungen für Kinder (KTK) – Bundesverband e.V.: Kinder fördern, Eltern entlasten, Freiburg.

Helbig, Petra/Kallert, Heide/Wieners, Tanja (2004): Elternwünsche zur Kinderbetreuung – ein Qualitätskriterium?, Frankfurt a.M.

Jurczyk, Karin/Rauschenbach, Thomas/Tietze, Wolfgang (2004): Von der Tagespflege zur Familientagesbetreuung, Weinheim/Basel.

Michels, Inge (2008): Mein Beruf Tagesmutter/Tagesvater, Seelze-Velber.

Pädagogische Qualitäts-Informations-Systeme gGmbH – PädQuis (2006): Pädagogische Qualität der Tagespflege in Brandenburg, http://www.mbjs.brandenburg.de/sixcms/media.php/4113/Bericht_Tagespflege.pdf (03.03.2009).

Statistisches Bundesamt (2008): Statistiken der Kinder- und Jugendhilfe – Kinder und tätige Personen in öffentlich geförderter Kindertagespflege am 15.03.2008, https://www-ec.destatis.de/csp/shop/sfg/bpm.html.cms.cBroker.cls?CSPCHD=0050000100004g93i8L60000004J9oPIscQY9CuKXSMTsaig—&cmspath=struktur,sfgsuchergebnis.csp&action=newsearch&op_EVASNr=startswith&search_EVASNr=22543 (03.03.09).

Textor, Martin R. (1998): Familientagespflege, in: Wassilios E. Fthenakis/Textor, Martin R. (Hrsg.): Qualität von Kinderbetreuung: Konzepte, Forschungsergebnisse, internationaler Vergleich, Weinheim/Basel, 75-85.

Tietze, Wolfgang/Knobeloch, Janina/Gerszonowicz, Eveline (2005): Tagespflege-Skala, Weinheim/Basel.

Weiss, Karin (2007): Kinder in der Tagespflege – Grundlagen und Praxiswissen, Freiburg i.Br.

Weiss, Karin (2007): Kindertagespflege nach §§ 22,23,24 SGB VIII, Stuttgart/München u.a.

Angelika Diller und Kornelia Schneider

Es müssen nicht immer Kitas sein: Angebote für Kinder unter drei Jahren in unterschiedlichen Einrichtungsformen

Die Förderung der Jüngsten ist seit Jahrzehnten ein Aufgabenschwerpunkt vieler Institutionen „rund um Familie". Es geht hier um Angebote, die neben der regulären Kindertagesbetreuung in Tageseinrichtungen und Tagespflege existieren. Eine systematische Analyse dieser Angebotsformen hat eine doppelte Schwierigkeit zu bewältigen: Zum einen gibt es ein breit ausdifferenziertes und unübersichtliches Angebotsspektrum, dessen Einzelangebote sich nicht eindeutig einer einzelnen Institution zuordnen lassen, zum anderen lassen sich die Institutionstypen nicht mehr ohne weiteres durch ihre Bezeichnungen unterscheiden. Verschiedene Einrichtungstypen können dieselben Bezeichnungen haben, und unter eine Bezeichnung können unterschiedliche Angebotsformen fallen.[1] Ein „Familienzentrum" z.B. kann sowohl eine weiterentwickelte Kindertageseinrichtung, eine Einrichtung im Kontext von Nachbarschaftshilfe oder eine Einrichtung der Familienbildung meinen. Die Bezeichnung „Mehrgenerationenhaus" kann den Vorgaben des Aktionsprogramms „Mehrgenerationenhäuser" der Bundesregierung entsprechen, aber auch ein anderes Angebotsspektrum bereitstellen. Eine Elterninitiative kann ein selbst organisiertes Angebot in einem Mütterzentrum oder auch der Träger einer Regel-Kita sein.

Was diese unterschiedlichen Formen eint, ist, dass sie im Rahmen des freiwilligen Leistungsangebots der Kinder- und Jugendhilfe für Kinder und ihre Eltern bereitgestellt und als Präventionsmaßnahmen angesehen werden, die Konfliktlagen und Fehlentwicklungen frühzeitig entgegenwirken sollen.

1. Vielfalt von Angebotsformen im Rahmen von Elternbildung, Familienselbsthilfe und Vernetzung mit Kindertageseinrichtungen

Wir greifen hier vier weit verbreitete, unterschiedliche Institutionstypen heraus, die sich nach Traditionslinien, Finanzierungsgrundlagen und fachlichen Merkmalen unterscheiden. Skizziert werden die fachlichen Leitorientierungen und das Kernangebot. Eine umfassende Darstellung aller Angebotsprofile sprengt den Rahmen dieses kurzen Beitrages; einen weiterführenden Einblick in die gesamte Angebotspalette vermitteln die Arbeiten von Tschöpe-Scheffler (2003, 2005).

---

1 Vgl. Diller 2008.

133

1.1 Familienbildungseinrichtungen

Dieser Einrichtungstyp hat eine lange Tradition. Sie begann mit der Gründung der „Mütterschulen", die um 1900 eine weite Verbreitung fanden. In der Nachkriegzeit haben sich die Einrichtungen weiterentwickelt. Ihr Angebot richtet sich mittlerweile an alle Generationen und Familienmitglieder. Die Mehrzahl der Einrichtungen nennt sich „Familienbildungsstätte" (FBS). Gesetzlich verankert sind die FBS in § 16 SGB VIII als Angebote der präventiven Jugendhilfe sowie in den Weiterbildungsgesetzen einzelner Bundesländer. Einrichtungen, die nach dem Weiterbildungsgesetz finanziert werden, müssen Fachpersonal vorhalten, um eine öffentliche Förderung zu erhalten. Die Einrichtungen verstehen sich als Bildungseinrichtungen, die ihr Kernangebot mit ausgebildetem Fachpersonal umsetzen wollen. Dieses professionelle Selbstverständnis ist ein zentrales Gestaltungsprinzip der FBS. Der größte Teil der Mitarbeiter/innen arbeitet als Kursleiter/innen, die spezifische Fachqualifikationen vorweisen.

Leitorientierung der Familienbildungseinrichtungen ist die präventive Unterstützung der Erziehungs- und Beziehungskompetenz von Familien. Die Einrichtungen bieten ein umfangreiches Angebot: Es beginnt mit der Geburtsvorbereitung und umfasst mehrere Altersstufen der Kinder. Eltern können über einen langen Zeitraum Unterstützung und Begleitung in Anspruch nehmen.

Typische Angebote der FBS sind beispielsweise gemeinsame Angebote für Eltern mit Kindern zur Unterstützung der Erziehungskompetenz: Dazu zählen die klassischen Angebote für Säuglinge, Kleinkinder und deren Mütter, bei denen die Anregung einer positiven Entwicklung für die Kinder, der Austausch zwischen den Eltern und die Förderung der Elternkompetenzen bei der Wahrnehmung und Beziehungsgestaltung zu den Kindern im Mittelpunkt stehen. Sie werden häufig angeboten unter der Bezeichnung Eltern-Kind-Gruppen oder Mütter-Kind-Gruppen. Viele Jahre, bevor der Platzausbau für Kinder bis zu drei Jahren begann, haben FBS Eltern-Kind-Gruppen angeboten, in denen Kleinstkinder und ihre Eltern ein- bis zweimal pro Woche für ein paar Stunden zusammenkommen und von einer Fachkraft begleitet werden. Heute bieten auch manche Kindertageseinrichtungen und Mütterzentren diese Möglichkeit an. Häufig ist die Begleitung des Übergangs zum Kindergarten ein besonderer Schwerpunkt.

Auch Elternkurse und Elterntrainingsangebote haben das Ziel, die Erziehungskompetenz der Eltern zu unterstützen. Das Angebot ist jedoch auf der Grundlage eines spezifischen Programms entwickelt worden, das ausgewählte Inhalte und methodische Schwerpunkte setzt. Philosophie und Didaktik der Elternkurse können sich deutlich unterscheiden. Ein paar Beispiele:

- „Kess" – ein Erziehungstraining für Eltern mit Kindern ab zwei Jahren, das die Arbeitsgemeinschaft Katholischer Familienbildungseinrichtungen entwickelt hat,
- „STEP- Elterntraining", das die Kooperation zwischen Eltern und Fachkräften verbessern möchte,
- „Starke Eltern – starke Kinder", ein Programm des Deutschen Kinderschutzbundes,
- „Familienkonferenz", ein Eltern-Training von Gordon.

1.2 Mütterzentren

Dieser Einrichtungstyp entstand in den 1980er-Jahren als offener Treffpunkt für Mütter und ihre Kinder im Stadtteil. Engagierte und kompetente Frauen, die mit dem traditionellen Angebot der Familienbildung nicht zufrieden waren, entwickelten ihr eigenes Konzept, das ihnen eine Mitgestaltung im lokalen Raum ermöglichte. Die Arbeit ist orientiert am Prinzip „Laien für Laien". Danach verstehen sich Mütter aufgrund ihres Erfahrungswissens als „Expertinnen in eigener Sache", die sich engagieren wollen.

Die Orientierung am Prinzip nachbarschaftlicher Selbsthilfe erklärt, dass die Einrichtungen einerseits wenig gesetzliche Vorgaben und kein Fachkräftegebot einhalten müssen, andererseits aber auch nur geringfügige finanzielle Sicherheiten haben. Die finanzielle Grundlage der Einrichtungen wird in erheblichem Umfang erwirtschaftet, zum Teil durch ein beachtliches unternehmerisches Engagement einzelner Mitarbeiterinnen, beispielsweise durch den Verkauf haushaltsnaher Dienstleistungen. Die nachbarschaftliche Selbsthilfe ist weiterhin ideelle Grundlage der Zentren; dennoch haben sich die Einrichtungen veränderten Bedingungen angepasst. Das Prinzip „Laien für Laien", das jahrelang Markenzeichen der Einrichtungen war, wurde erweitert zu „Laien plus Profis".[2] Auch haben sich in den 1990er-Jahren die Einrichtungen für Männer geöffnet, und ein Teil der Einrichtungen trägt die Bezeichnung „Familienzentrum".

Die Einrichtungen richten sich nach der Bedarfslage vor Ort und haben regional sehr unterschiedliche Angebotsprofile. Spezifische Angebote sind Offene Treffpunkte und eine große Palette selbst organisierter Angebote von Eltern für Eltern und Kinder, aber darüber hinaus auch Kurse/Veranstaltungen, die – wie in den Familienbildungseinrichtungen – von Fachkräften geleitet werden. Auch in Mütterzentren sind Eltern-Kind-Gruppen ein weit verbreitetes Angebot, sie können selbst organisiert oder von Fachkräften geleitet sein.

---

2 Vgl. Diller/Liebich/Schröder 2006.

1.3 Familienzentren auf der Grundlage von Tageseinrichtungen für Kinder

Die institutionelle Weiterentwicklung von Kindertageseinrichtungen zu Familienzentren oder Eltern-Kind-Zentren wird in verschiedenen Bundesländern auch von Seiten der Landesregierungen, großer Trägerverbände und Kommunen gefördert. Grundlage sind die gesetzlichen Rahmenbedingungen der Kindertageseinrichtungen, deren Auftrag in §§ 22 ff. SGB VIII verankert und in jedem Bundesland mit eigenen Ausführungsbestimmungen präzisiert ist. Die Einrichtungen haben klare Vorgaben für die fachliche Arbeit, für die Personaleinstellung, die Qualifikation und die Anzahl der Mitarbeiter/innen. Betreuung, Bildung und Erziehung unter Dreijähriger zählt in einem großen Teil der Einrichtungen bereits zum Regelangebot, wird aber auch durch weitere Angebote wie „Schnupperkurse" und Eltern-Kind-Gruppen oder die Kooperation mit Kindertagespflege ergänzt.

Die Weiterentwicklung zum Familienzentrum umfasst insbesondere die Ausweitung der Angebote für Eltern und die ganze Familie, die durch Kooperation mit anderen Institutionen ermöglicht wird. Die erweiterte Angebotspalette lässt sich nicht eindeutig beschreiben, da es – außer in Nordrhein-Westfalen – keine verbindlichen Vorgaben gibt. Die Konzeption des Angebotes orientiert sich an den Lebenslagen im Sozialraum und am Bedarf von Familien. In der Gesamtschau zeigt sich in Familienzentren ein großes Spektrum unterschiedlicher Angebote, die Eltern unterstützen und entlasten wollen und ihnen auch Bildungsangebote machen. Im Unterschied zu anderen Formen freiwilliger Angebote für Eltern und Kinder sind in Familienzentren Pflichtleistungen mit freiwilligen Leistungen der Kinder- und Jugendhilfe verknüpft. Es kann auch eine enge Kooperation mit anderen Jugend- und Sozialhilfeinstitutionen entstehen, z.B. mit dem Allgemeinen Sozialdienst (ASD), der fallorientiert auch akute Problemlagen von Kindern bearbeitet.

1.4 Mehrgenerationenhäuser

Mit dem Aktionsprogramm „Mehrgenerationenhäuser" der Bundesregierung von 2007 wird die konzeptionelle Ausweitung verschiedener Einrichtungstypen gefördert. Mit der Leitorientierung „Starke Leistung für jedes Alter" werden auf einer bestehenden Basiseinrichtung zusätzliche Angebote angedockt und somit unterschiedliche Angebotsfelder miteinander verknüpft, z.B. Kinderbetreuung und Seniorenarbeit. Die Aktivierung freiwilligen bürgerschaftlichen Engagements hat dabei einen besonderen Stellenwert.

Mehrgenerationenhäuser machen ein Angebot für alle Generationen. Begegnung, Austausch und Kontakte stehen im Vordergrund. Vor dem Hintergrund unterschiedlicher Basisinstitutionen kann ein Mehrgenerationenhaus sowohl hoch professionalisierte als auch selbsthilfeorientierte Angebote vorhalten.

2. Qualitative Anforderungen an Angebote für Kinder in jungen Jahren

Grundsätzlich ist ein breites Spektrum an Angeboten zur Unterstützung und Entlastung von Familien und zur Erweiterung des Erfahrungsraums von Kindern dringend geboten. Unabhängig davon, wie weit Eltern zu Hause für das Kind verfügbar sind, liegt es in der Verantwortung der Gesellschaft, den Jüngsten die besten Chancen für ihre Entwicklung zu bieten (vgl. § 1 SGB VIII). Zwar ist es Sache der Eltern, für Pflege und Erziehung zu sorgen, doch obliegt dem Staat ein Wächteramt. Die Jugendhilfe hat den Auftrag, die individuelle und soziale Entwicklung jedes Kindes zu fördern, Benachteiligungen zu vermeiden und abzubauen, Kinder zu schützen, Eltern zu beraten und zu unterstützen sowie insgesamt positive Lebensbedingungen und eine kinder- und familienfreundliche Umwelt zu schaffen. Was liegt da näher, als neben Kindertageseinrichtungen auch Nachbarschaftszentren, Familienzentren und Einrichtungen für die Elternbildung zu etablieren und Kooperationen und Vernetzung in den Wohngebieten und Regionen herzustellen, um den Lebensraum für junge Kinder zu erweitern? Jede Form von Bildung, Unterstützung und Entlastung der Eltern trägt dazu bei, das Wohl der Kinder zu sichern und die Welt der Kinder zu bereichern.

2.1 Die Notwendigkeit familienunterstützender Angebote

Unter den Lebens- und Arbeitsbedingungen unserer Gesellschaft ist die Gefahr einer Isolierung von Müttern mit kleinen Kindern groß. Der Erfahrungsraum der Familie ist sehr eng geworden, da es immer weniger Familienmitglieder gibt und das öffentliche Leben kleine Kinder weitgehend ausschließt. Sowohl Eltern als auch Kinder brauchen Ansprechpartner/innen über den engen Familienrahmen hinaus. Du Bois (1990) verweist darauf, dass vertraute Beziehungen „auf mittlerer Distanz" in Ergänzung zu den engen Beziehungen in der Familie als Schutzfaktor dienen. Das Hineinwachsen von jungen Kindern in die Gesellschaft erfordert den Kontakt zur Außenwelt. Beziehungsaufbau mit anderen Menschen sowie Zugänge zu verschiedenen Orten und Bildungsmöglichkeiten sind unerlässlich, da die Grundbedürfnisse von Kindern so vielfältig sind, dass die Familie allein sie nicht befriedigen kann.[3]

---

3 Vgl. Du Bois 1995, 59.

Netzwerke leisten einen wesentlichen Beitrag zur Qualität von Bildung, Erziehung und Betreuung von Kindern in den ersten Lebensjahren. Sie eröffnen ein großes Spektrum an Möglichkeiten neben der regulären Kindertagesbetreuung: Sie können durch erste Kontakte als „Türöffner" für Familien und Kinder dienen – einfach dadurch, dass Eltern mit ihren Kindern dorthin gehen können ohne eine bestimmte Absicht. Sie können gelegentliche, stunden- oder tageweise Betreuung bei Bedarf oder auch kurzfristige Betreuung in Notfällen ermöglichen, Randzeiten- oder Mittagsbetreuung in Ergänzung zum Besuch einer Kindertageseinrichtung, Wochenendbetreuung und ein Übernacht-Angebot bieten, Bring- und Holdienste organisieren, einen offenen und einen regelmäßigen Treff für Eltern und Kinder, wie z.B. Mittagstisch, Café oder Sonntagsfrühstück für Familien bereitstellen und verschiedene Betreuungsdienste vermitteln (Tagesmütter, Babysitter, Oma- und Opadienst, Krankenhausbesuche usw.), Beratungsfunktionen übernehmen und den Aufbau einer Lobby für junge Kinder und ihre Familien stärken. Familien- und Nachbarschaftszentren bieten häufig die einzige Möglichkeit einer gezielten Förderung von jungen Kindern, die in der Familie aufwachsen.

2.2 Zur Qualität von familienbegleitenden Angeboten

Dass es neue Betreuungs- und Bildungsmöglichkeiten und neue Arten von Treffs für junge Kinder und ihre Eltern gibt, ist eine wesentliche Ressource für die Unterstützung von Familien. Doch ist im Hinblick auf die Qualität des Angebots jeweils im Einzelnen zu klären,

- ob es um Formen der Betreuung in Begleitung von Eltern oder ohne Anwesenheit von Eltern geht;
- wer Adressat sein soll – Eltern, Kinder oder beide – und ob die Interessen beider im gegebenen Rahmen befriedigt werden können;
- wie die Kinder darin unterstützt werden, die neue Umgebung und neue Menschen kennenzulernen und wie viel eigene Entscheidung und Handlungsspielraum ihnen zugestanden werden;
- wie weit die räumlichen Bedingungen zu den alterstypischen Verhaltensweisen, Verständigungsformen und Erkundungsinteressen junger Kinder passen und wie weit die Säuglinge und Kleinkinder auf unterstützende Beziehungen bauen und ihren Forscherdrang befriedigen können.

Unterschiedliche Konzepte erfordern unterschiedliche Überlegungen in Bezug auf strukturelle und konzeptionelle Qualität[4] – je nachdem, ob es um ein institu-

---

4 Vgl. Wüstenberg/Schneider 2008.

tionalisiertes Bildungsangebot im Rahmen von Kindertageseinrichtungen, den Aufbau regelmäßiger Kindertagesbetreuung (Kita) im Rahmen von Familienselbsthilfeeinrichtungen oder um Ergänzungen zu bestehenden institutionellen Angeboten geht, ob es sich in erster Linie um eine Anlauf- und Kontaktstelle für Eltern, um einen Treff für Mütter oder Väter mit Säuglingen und Klein(st)kindern, um die Gelegenheit für Treffen und Austausch unter Kindern, das Erleben gleicher Interessen mit anderen Kindern und gemeinsame Aktionen unter Kindern oder um gezielte Förderung von Kindern oder Bildungsangebote von Eltern geht.

Grundsätzlich ist in jedem Fall darauf zu achten, dass junge Kinder Kontinuität im Kontakt mit Erwachsenen und mit anderen Kindern brauchen, um sich orientieren und verlässliche Beziehungen aufbauen zu können. Niemals dürfen sie Situationen ausgesetzt werden, in denen sie ohne vertraute Bezugspersonen sind. Es ist zu bedenken, dass ein Kind mit den neuen Erfahrungen an seine bisherigen im Rahmen der Familie anknüpfen können muss, um sie zu integrieren. Auch die Erwachsenen brauchen Kontinuität im Kontakt untereinander, damit sie sich gegenseitig über die Erfahrungen jedes Kindes austauschen können.

Darüber hinaus sind abhängig von der Art des entstehenden sozialen Netzwerks und der Institution, die junge Kinder besuchen, unterschiedliche Gesichtspunkte zu berücksichtigen, um eine hohe Qualität zu garantieren: Sind Eltern (oder vertraute andere Bezugspersonen) als Begleitung zugegen, ist von Zeit zu Zeit zu überprüfen, ob Elterninteressen und Kinderinteressen auseinandergehalten werden. Wenn Übergänge in regelmäßige Formen von Kinder-Treffs oder von Tagesbetreuung ohne Elternbegleitung vorgesehen sind, sind diese sorgfältig anzubahnen, um Situationen der Fremdheit für Kinder zu vermeiden. Es ist jeweils zu klären, was für die Kinder flexibel sein kann (oder auch muss) und worin sie Regelmäßigkeit brauchen.

Sollen Kinder ohne Anwesenheit von Eltern oder anderen vertrauten Bezugspersonen in der Einrichtung bleiben, bedarf es zuvor eines gesicherten Übergangs, damit das Kind mit den neuen Bezugspersonen und Orten vertraut werden kann. Dazu gehört eine Form der systematischen „Eingewöhnung". Und auch danach ist zu sichern, dass das Kind nicht ständig wechselnde Bezugspersonen erlebt, weder bei den erwachsenen Begleiter/innen noch bei den Kindern. Je flexibler ein Angebot ist, desto mehr organisatorischen Aufwand braucht es, dies zu gewährleisten.

Sowohl bei sporadischen oder regelmäßigen Treffs als auch bei dauernder Tagesbetreuung ist jeweils dafür zu sorgen, dass ausreichend Gelegenheit für Kontakte unter (etwa) Gleichaltrigen gegeben ist, dass die Altersstruktur und die Geschlechterverteilung möglichst ausgeglichen sind und dass es eine gesonderte Planung von Angeboten für unterschiedliche Altersstufen gibt.

3. Fazit: Positive Lebensbedingungen für Säuglinge und Klein(st)kinder

Je frühzeitiger Kinder in die genannten Angebote einbezogen werden, desto sicherer wird die Kinder- und Jugendhilfe ihrem Auftrag gerecht, positive Lebensbedingungen für junge Menschen und ihre Familien zu schaffen. Sie sollte auf alle Fälle darauf hinwirken, dass auch bei einem Angebotsprinzip von freiwilliger Leistung und unbezahltem oder gering honoriertem bürgerlichen Engagement von Laien eine Fachlichkeit gewahrt oder hergestellt wird, die zur Qualität von Rahmenbedingungen, von Beziehungen und von Bildungsprozessen für junge Kinder beitragen. Das ist nicht möglich ohne Fachwissen zur Entwicklung von Kindern in den ersten Lebensjahren. Und es geht nicht ohne eine Bedarfserhebung (in Kooperation mit Eltern und verschiedenen Akteur/innen „rund ums Kind") und Umfeldanalysen zu den Lebensbedingungen von Familien und den Erfahrungsräumen von Kindern.

Ein niedrigschwelliges Angebot, das auch Eltern einladend finden, die sonst nicht zu erreichen wären, erbringt zudem ganz nebenbei Informationen über die Lebenslage und den Bedarf von Familien. Auf dieser Grundlage lässt sich die Konzeption der Einrichtung überprüfen und weiterentwickeln, sodass altersspezifische Bedürfnisse und Interessen von Säuglingen und Klein(st)kindern gewahrt werden, die Kinder Handlungsspielraum, Bewegungs- und Erkundungsraum geboten bekommen, die Räumlichkeiten altersgerecht genutzt werden können und eine enge Kooperation entsteht, die Absprachen zwischen allen ermöglicht, die mit den Kindern zu tun haben.

Nicht alles muss über den Ausbau von institutioneller Kindertagesbetreuung und Kindertagespflege laufen, doch sind qualitative Gesichtspunkte auch bei ergänzenden und überbrückenden Möglichkeiten nicht zu vernachlässigen. Alle Arten von Maßnahmen zum Aufbau eines erweiterten sozialen Netzwerks für junge Kinder und ihre Familien sind auf Qualitätsentwicklung und -sicherung angewiesen. Kooperation und Vernetzung sowie eine gesicherte Finanzierung sind eine wesentliche Grundlage für Qualität. Die Kinder- und Jugendhilfe sollte sich die Eröffnung neuer Möglichkeiten im Umfeld einiges kosten lassen, um ein gutes Zusammenspiel der unterschiedlichen Kontakt- und Erfahrungswelten für die Jüngsten zu gewährleisten.

Literatur

Deutsches Jugendinstitut (Hrsg.) (1994): Orte für Kinder. Auf der Suche nach neuen Wegen in der Kinderbetreuung, München.

Deutsches Jugendinstitut, Projekt „Orte für Kinder" (1996): Statements zu reformstrategischen Konsequenzen aus den Erfahrungen und Ergebnissen des Projekts, DJI-Arbeitspapier 6–120, München.

Diller, Angelika/Heitkötter, Martina/Rauschenbach, Thomas (Hrsg.) (2008): Familie im Zentrum. Kindfördernde und elternunterstützende Einrichtungen – aktuelle Entwicklungen und Herausforderungen, München.

Diller, Angelika/Liebich, Daniela/Schröder, Delia (2006): Mehrgenerationenhäuser – intergenerative Aktivitäten in unterschiedlichen Institutionstypen. Recherchebericht im Auftrag des BMFSFJ, München.

Diller, Angelika: (2008): Profis, Laien und andere Akteure – Anmerkungen zum Personalmix in familienbezogenen Einrichtungen, in: Diller/Heitkötter/Rauschenbach, 221–240.

Du Bois, Reinmar (1990): Wieviel Familie braucht das Kind?, in: Theorie und Praxis der Sozialpädagogik, Heft 1, 10–11.

Du Bois, Reinmar (1995): Bezugspersonen, in: Fuchs, Dieter (Hrsg.): Das Tor zur Welt. Krippenerziehung in der Diskussion, Freiburg i. Br., 54–78.

Tschöpe-Scheffler, Sigrid (2003): Elternkurse auf dem Prüfstand. Wie Erziehung wieder Freude macht, Wiesbaden.

Tschöpe-Scheffler, Sigrid (2005): Innovative Formen der Stärkung der Elternkompetenz: Elternbriefe – Elternkurse – Elternbildung, in: Deegener, G./Körner, W. (Hrsg.): Kindesmißhandlung und Vernachlässigung. Ein Handbuch, Göttingen, 59–93.

Wüstenberg, Wiebke/Schneider, Kornelia (2008): Vielfalt und Qualität: Aufwachsen von Säuglingen und Klein(st)kindern in Gruppen, in: Maywald, Jörg/Schön, Bernhard (Hrsg.): Krippen: Wie frühe Betreuung gelingt: Fundierter Rat zu einem umstrittenenen Thema, Weinheim, 144–177.

Angelika Främcke und Heike Maria Linhart

Die Entwicklung der betrieblichen Kinderbetreuung in Deutschland

Betriebliche Kinderbetreuung hat in Deutschland eine mehr als 130-jährige Tradition. Bereits in der Mitte des 19. Jahrhunderts gab es in der Bergbauindustrie Betreuungseinrichtungen für Arbeiterkinder. So wurde im Zeitraum von 1875 bis 1975 im Westen Deutschlands – namentlich im Ruhrgebiet – etwa ein Drittel aller „Kleinkindererziehungsanstalten" von Unternehmen gefördert.[1] Das betriebliche Engagement an der Kinderbetreuung im Osten Deutschlands lag zur Zeit der Wiedervereinigung bei einem Anteil von 12%.[2] Nach dieser Blütezeit war die Entwicklung der betrieblichen Kinderbetreuung bis vor einigen Jahren rückläufig. Doch die fortwährende Flexibilisierung der Arbeitswelt weckte neue Bedürfnisse und stellte damit veränderte Anforderungen an die Kinderbetreuung.

Inzwischen ist der Auf- und Ausbau von Angeboten der Kinderbetreuung – verstärkt auch im Krippenbereich – ein zentraler Themenschwerpunkt der Familienpolitik in Deutschland. Neben den Bemühungen von Bund, Ländern und Kommunen ist in den letzten Jahren ein Wachstum bei den durch Unternehmen initiierten und unterstützten Betreuungsangeboten zu beobachten. Familienfreundlichkeit ist ein wichtiger Standortvorteil, den Kommunen und Unternehmen immer stärker nutzen, um dem demografischen Wandel und dem damit einhergehenden Fachkräftemangel zu begegnen. In diesem Zusammenhang sind die Unternehmen zunehmend bereit, sich an den Kosten der Kinderbetreuung zu beteiligen. Von 2006 bis März 2008 stieg allein die Anzahl der institutionellen Einrichtungen, die betriebliche Kinderbetreuung anbieten, um 20,2% (s. Abb. 1).[3]

Neben der betriebseigenen Kita oder Krippe finden sich vielfältige Formen der betrieblichen Kinderbetreuung. Im Personalmanagement werden diese Maßnahmen zunehmend im Zuge einer „familienbewussten Personalpolitik" umgesetzt. Die Relevanz von Familienfreundlichkeit spiegelt sich auch in der Presse- und Veranstaltungslandschaft wider.

---

1 Höltershinken/Kasüschke 1996.
2 Deutscher Bundestag 1991.
3 Vgl. Statistiken der Kinder- und Jugendhilfe des Statistischen Bundesamtes Deutschland: Kinder und tätige Personen in Tageseinrichtungen 2008, 2007, 2006. Tabellen 1.

Auf kommunaler Ebene ist erkennbar, dass sich Eltern zunehmend Betreuung im Krippenbereich wünschen und im Zuge der Mobilitätsanforderungen an Arbeitskräfte immer mehr Kommunen kooperative Regelungen für Pendlerkinder finden. Erst dadurch werden den Unternehmen Chancen eröffnet, betriebliche Kinderbetreuung nachhaltig zu etablieren.

Die zahlreichen Initiativen des Bundesministeriums für Familie, Senioren, Frauen und Jugend (BMFSFJ), wie z.B. die Lokalen Bündnisse für Familie, das Netzwerkbüro „Erfolgsfaktor Familie" gemeinsam mit dem Deutschen Industrie- und Handelskammertag (DIHK) und das Förderprogramm Betrieblich unterstützte Kinderbetreuung mit 50 Millionen € aus Mitteln des Europäischen Sozialfonds sowie die Einrichtung von Beratungsstellen in verschiedenen Bundesländern und Kommunen, lassen einen weiteren Anstieg im Ausbau der betrieblichen Kinderbetreuung für Null- bis Dreijährige erwarten.

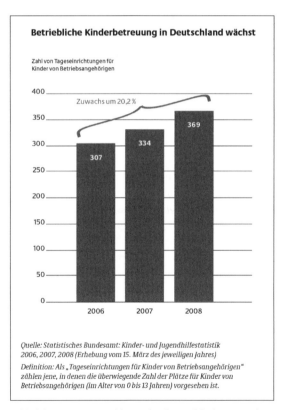

Abbildung 1: Entwicklung der betrieblichen Kinderbetreuung 2006–2008

1. Warum betriebliche Kinderbetreuung?

Das Spannungsfeld einer hochflexiblen Arbeitswelt auf der einen Seite und dem Wunsch nach Familie auf der anderen Seite hat in Deutschland über Jahre dazu geführt, dass die Entscheidung entweder für den Beruf oder die Familie getroffen wurde. Das Herzstück einer tatsächlichen Vereinbarkeit von familiären und beruflichen Aufgaben ist die Sicherung einer guten Kinderbetreuung. Es gibt verschiedene Gründe, warum sich betriebliche Kinderbetreuung besonders lohnt:

- Betriebliche Kinderbetreuung ist die naheliegende Lösung und schafft für die Eltern und ihre Kinder angesichts der Flexibilisierung und Mobilität in der Arbeitswelt einen familiären Bezugspunkt im Unternehmen.
- Unternehmen möchten eine neue Unternehmenskultur schaffen, indem sie Kinderbetreuung für die Mitarbeiterkinder anbieten.
- Unternehmen wollen mit betrieblichen Kinderbetreuungsangeboten regionale Bedingungen verbessern, um so dem demografischen Wandel und dem damit einhergehenden Fach- und Führungskräftemangel zu begegnen.
- Viele Eltern möchten schnell ins Berufsleben zurückkehren und sich nicht mehr zwischen Beruf und Familie entscheiden müssen. Ihren Bedürfnissen kommen Unternehmen mit betrieblichen Kinderbetreuungsmöglichkeiten entgegen. Da Eltern dann schneller wieder in den Beruf einsteigen, entfallen die hohen Kosten für die Einstellung einer Interimskraft und die Einarbeitung nach langer Auszeit.[4] Neu ist, dass verstärkt Väter die Elternzeit für ihre Kinder nutzen und neue Ansprüche an eine familienbewusste Personalpolitik stellen. Daher entwickeln auch Unternehmen mit überwiegend männlichen Mitarbeitern familienfreundliche Maßnahmen und Kinderbetreuungslösungen.
- Einen großen Vorteil bietet die flexible betriebliche Kinderbetreuung für alle Arbeitsbereiche, in denen Schichtdienst geleistet wird, wie z.B. im Gesundheitswesen, Verkehr, Hotel- und Gaststättengewerbe oder in der Produktion.

Unternehmen, die sich für betriebliche Kinderbetreuung und für Familienfreundlichkeit engagieren, berichten heute schon von den Erfolgen: 94% sehen positive Auswirkungen auf die Motivation der Beschäftigten; 76% schätzen den Imagegewinn und 58% berichten, dass die Gewinnung qualifizierter Mitarbeiterinnen und Mitarbeiter einfacher gelingt.[5]

---

4 Das Beispiel der Prognos Studie 2003 zur Wiederbesetzung einer Stelle zeigt den Kostenaufwand; vgl. den Beitrag von Martin Textor in diesem Band, S. 16.
5 Vgl. Allensbacher Archiv 2007.

144

Zu ähnlichen Ergebnissen kommt auch das Forschungszentrum Familienbewusste Personalpolitik in Münster, das eine Studie mit Unternehmen durchgeführt hat, die mit dem „audit berufundfamilie" zertifiziert wurden.[6] Das audit berufundfamilie der Gemeinnützigen Hertie-Stiftung unter der Schirmherrschaft des BMFSFJ und des Bundesministeriums für Wirtschaft und Technologie ist ein Managementinstrument, um Managementziele und Mitarbeiterinteressen in Balance zu bringen.

Investitionen in familienfreundliche Maßnahmen rechnen sich auch betriebswirtschaftlich. Passgenaue Betreuungslösungen, flexible Arbeitszeiten und eine familienfreundliche Arbeitsorganisation verhindern, dass gut eingearbeitete Mitarbeiterinnen und Mitarbeiter aus dem Unternehmen ausscheiden, wenn sie Eltern werden. Familien wählen ihren Arbeitgeber heutzutage auch unter Aspekten der Familienfreundlichkeit aus.

2. Formen und Bildungsaspekte der betrieblichen Kinderbetreuung

Betriebliche Kinderbetreuung hat viele Gesichter. So kann jedes Unternehmen die für sich und seine Beschäftigten die optimale Variante wählen, um tatsächlich eine Verbesserung der Vereinbarkeit von Familie und Beruf zu erreichen. Zu den Varianten aus dem Praxisleitfaden „Unternehmen Kinderbetreuung"[7] zählen:

- Betriebskindertagesstätten, die regelmäßige Betreuung sowie Notfall- und Wochenendbetreuung anbieten,
- der Erwerb von Belegplätzen,
- die Unterstützung von Elterninitiativen zum Aufbau einer Kinderbetreuung,
- die Zusammenarbeit mit Tagespflegepersonen,
- die Organisation von Ferienbetreuung,
- die Beauftragung eines Familiendienstleisters als Träger.

Verbundlösungen mehrerer Unternehmen können insbesondere für kleine und mittlere Betriebe ein Weg sein, um finanzielle und organisatorische Synergien zu nutzen. Weitere Anregungen zu Formen von betrieblicher Kinderbetreuung sind unter www.mittelstand-und-familie.de zu finden.

Für die betriebliche Kinderbetreuung in ihrer institutionellen Form, z.B. für eine eigene Betriebskindertagesstätte, ist insbesondere erforderlich, dass für den Betrieb der Kindertageseinrichtung eine Betriebserlaubnis nach § 45 SGB VIII vorliegt

---

6 Http://www.beruf-und-familie.de (5. Februar 2009); vgl. Forschungszentrum Familienbewusste Personalpolitik 2008.
7 Vgl. Bundesministerium für Familie, senioren, Frauen und Jugend 2008.

und die landesrechtlichen Voraussetzungen und Qualitätsanforderungen (Eignung des Personals, bauliche Anforderungen, Hygiene, pädagogische Konzeption etc.) erfüllt werden.

Neben der Betriebskita setzt sich auch das Modell der Kindertagespflege in Unternehmen durch. Die Erlaubnis dazu erteilt das örtliche Jugendamt.[8] Die Kindertagespflege in Verbindung mit der institutionellen Kinderbetreuung kann eine gute Ergänzung für die Randzeiten-, Wochenend- und Ferienbetreuung sein. Für kleine Unternehmen bietet die Tagespflege eine Alternative zur institutionellen Betreuung.

Ergebnisse aus einer Befragung von Kitas durch den Deutschen Industrie- und Handelskammertag zeigen, dass gerade Betriebskindergärten, privatgewerbliche Kitas und mit Betrieben kooperierende Kitas hier überdurchschnittlich gute Ergebnisse ausweisen: Sie bieten flexible Betreuungszeiten, Betreuung am Wochenende, keine Schließzeiten in Ferienzeiten, individuelle Abrechnung der Betreuungszeiten, grenzüberschreitende Betreuung sowie fördernde Maßnahmen zur Integration.[9]

Die betriebliche Kinderbetreuung orientiert sich hinsichtlich der frühkindlichen Bildung an den Bildungsplänen und dem Bildungsauftrag der jeweiligen Bundesländer für unter Dreijährige. Häufig gestalten Unternehmen bei einer eigenen Betriebskrippe das pädagogische und bildende Konzept mit. Dabei nehmen sie auf besondere Bedürfnisse der Eltern Rücksicht: Beispielsweise bieten internationale Unternehmen häufig bilinguale Kindertagesstätten an. Darüber hinaus stellen Unternehmen finanzielle Mittel zur Verfügung, um spezielle Bildungsthemen durch Projektarbeit zu vertiefen, z.B. in naturwissenschaftlichen, technischen, sprachlichen und sozialen Bereichen.

Betriebliche Kinderbetreuung hat weitere spezielle Aspekte, die die Bildung und Erziehung fördern: In den meisten Fällen sind die Betreuungsplätze für unter Dreijährige arbeitsplatznah, so dass für Mütter die Möglichkeit besteht, das Kind zu stillen, und Eltern mit ihrem Kind gemeinsame Mahlzeiten einnehmen können. Das Kind lernt den Arbeitsplatz seines Vaters oder seiner Mutter kennen und erfährt so ein Rollenverständnis von Menschen, die arbeiten und ein Familienleben haben. Weiterhin erhält es Eindrücke, wo seine Eltern sich während der

---

8 Http://bmfsfj.de/bmfsfj/generator/BMFSFJ/kinder-und-jugend,did=112358.html (16. Februar 2009).
9 Deutscher Industrie- und Handelskammertag 2008.

Arbeitszeit aufhalten. Die Aussage: „Paula, ich gehe zur Arbeit" kann so vom Kind mit Inhalt gefüllt werden. Dies unterstützen viele Unternehmen, die mit dem „audit berufundfamilie" ausgezeichnet worden sind: Sie erlauben ihren Beschäftigten, dem Kind den Arbeitsplatz zu zeigen und in Ausnahmesituationen ihre Kinder an den Arbeitsplatz mitzunehmen.

3. Das Förderprogramm Betrieblich unterstützte Kinderbetreuung des Bundes

Mit dem Förderprogramm Betrieblich unterstützte Kinderbetreuung setzt das BMFSFJ Impulse für eine Verbesserung der Vereinbarkeit von Familie und Beruf. Das Programm ergänzt den Ausbau der Betreuungsangebote für unter Dreijährige durch Bund, Länder und Kommunen. Dem Programm stehen bis Ende 2011 insgesamt 50 Millionen € aus dem Europäischen Sozialfonds zur Verfügung.

Umfragen zeigen, dass viele Unternehmen Interesse daran haben, ihre Beschäftigten bei der Kinderbetreuung zu unterstützen.[10] Das Förderprogramm setzt finanzielle Anreize und trägt so dazu bei, dass Unternehmen diese Wünsche in die Tat umsetzen, um neue Betreuungsplätze zu schaffen. Mit dem Programm soll zudem die berufliche Chancengleichheit von Müttern und Vätern erhöht werden.

Das Programm überlässt die konkrete Gestaltung der Betreuungsangebote im Rahmen der rechtlichen Bestimmungen den Unternehmen, Hochschulen, Eltern und Trägern der Einrichtungen. So ist es möglich, individuelle und passgenaue Lösungen zu finden, die dem tatsächlichen Betreuungsbedarf berufstätiger Eltern gerecht werden. Das Programm fördert zwei Jahre lang 50% der zuwendungsfähigen Betriebskosten bis zu 6.000,– € pro Platz und Jahr. Voraussetzung ist, dass es sich um neue Betreuungsgruppen von mindestens sechs Plätzen für Mitarbeiterkinder unter drei Jahren in bestehenden oder neuen Einrichtungen handelt. Die Kofinanzierung der förderfähigen Betriebskosten erfolgt während der Förderung durch dieses Programm durch die beteiligten Unternehmen, ggf. durch Elternbeiträge, Eigenmittel des privaten oder öffentlichen Trägers oder sonstige Drittmittel. Sofern sich die Eltern an der Kofinanzierung beteiligen, geben die in der jeweiligen Kommune geltenden Beitragssätze eine Orientierung für die Höhe der Elternbeiträge. Grundsätzlich müssen die Unternehmensbeiträge über den Elternbeiträgen liegen. Die für den Betrieb der Betreuungseinrichtung notwendigen Voraussetzungen und Genehmigungen – insbesondere die Betriebserlaubnis nach § 45 SGB VIII – müssen vorliegen.[11]

---

10 Vgl. Allensbacher Archiv 2007.
11 Weitere Fördervoraussetzungen und Richtlinien siehe unter http://www.erfolgsfaktor-familie.de/default.asp?id=321 (16. Februar 2009).

Auf der Internetseite www.erfolgsfaktor-familie.de unter Förderportraits finden sich zahlreiche Beispiele, die das Förderprogramm Betrieblich unterstützte Kinderbetreuung anschaulich machen.

4. Bedeutung der betrieblichen Kinderbetreuung für Unternehmen

Betriebliche Kinderbetreuung ist eine gute Antwort auf die Flexibilisierung der Arbeitswelt. Sie entlastet die Beschäftigten angesichts der hohen Anforderungen am Arbeitsplatz, lohnt sich betriebswirtschaftlich für das Unternehmen und schafft eine neue Unternehmenskultur:

* Führungskräfte kennen die Bedarfe ihrer Mitarbeiterinnen und Mitarbeiter und nehmen sie als Menschen mit beruflichen und privaten Belangen wahr.
* Die Kommunikation im Unternehmen nach innen und außen wird gestärkt und gefördert.
* Kooperationen entstehen: Unternehmen schließen sich zusammen, um ein gemeinsames Projekt zu gestalten.
* Die lokale Bindung an den Standort wird intensiver, indem Unternehmer/innen und Kommunen über die betriebliche Kinderbetreuung thematisch zusammenfinden.

In der Gesamtschau zeigt sich: Betriebliche Kinderbetreuung ermöglicht ein generationsübergreifendes Arbeiten und Leben im Unternehmen und öffnet den Blick für die Kinder, die ein zukünftiges Wachstum in Deutschland erst ermöglichen.

Literatur

Allensbacher Archiv (2007): IfD-Umfrage 5227 unter Leitern und Personalverantwortlichen in 510 Wirtschaftsunternehmen, Allensbach.
Bundesministerium für Familie, Senioren, Frauen und Jugend (Hrsg.) (2003): Betriebswirtschaftliche Effekte familienfreundlicher Maßnahmen. Kosten-Nutzen-Analyse, Zusammenfassung, Berlin.
Bundesministerium für Familie, Senioren, Frauen und Jugend (Hrsg.) (2006): Unternehmensmonitor Familienfreundlichkeit 2006. Wie familienfreundlich ist die deutsche Wirtschaft? – Stand, Fortschritte, Bilanz, Berlin.
Bundesministerium für Familie, Senioren, Frauen und Jugend (Hrsg.) (2008): Unternehmen Kinderbetreuung – Praxisleitfaden für die betriebliche Kinderbetreuung, KiDie, Berlin.
Deutscher Bundestag (1991): Situation der Kindergärten, Krippen und Horte in den neuen Bundesländern. Bundestagsdrucksache 12/661, Berlin.
Deutscher Industrie- und Handelskammertag (Hrsg.) (2008): Der Kita Check. Kinderbetreuung in Deutschland 2008. Ergebnisse der DIHK Kita Befragung, Berlin.

Forschungszentrum Familienbewusste Personalpolitik (2008): Erfolge familienbewusster Personalpolitik im Zeitablauf. Thesenpapier Nr. 2, Münster.

Höltershinken, Dieter/Kasüschke, Dagmar (1996): Betriebliche Kinderbetreuung von 1875 bis heute. Kindergärten und Tageseinrichtungen in Deutschland, Opladen.

Franziska Larrá

Gewerbliche Kinderbetreuung – Gefahr oder Chance?

Als im Frühjahr 2008 die Pläne der Bundesregierung bekannt wurden, im Zuge einer Veränderung des SGB VIII durch das Kinderförderungsgesetz (KiföG) die Förderungsfähigkeit eines Trägers von der Gemeinnützigkeit abzukoppeln, gab es empörte Aufschreie. Manche befürchteten die Kommerzialisierung der Kinderbetreuung und eine Verstärkung der sozialen Selektion und Segregation.

Mit dem KiföG, das am 16. Dezember 2008 in Kraft getreten ist, wird stufenweise der Rechtsanspruch auf eine öffentlich zu schaffende Betreuung in einer Kindertageseinrichtung (Kita) oder in Kindertagespflege bereits für Einjährige kodifiziert – eine Festlegung auf Bundesebene, wie man sie sich noch zwei bis drei Jahre zuvor nicht hätte vorstellen können. Ihre Realisierung ist ein ehrgeiziges Ziel, für dessen Erreichung alle Kräfte gebraucht werden, auch die private oder gewerbliche Initiative. Dies war der Hauptgrund für die Veränderung des § 74 und 74 a SGB VIII, durch die unmittelbar durch Bundesrecht die Förderung privatgewerblicher Einrichtungen und Dienste ermöglicht wird. Damit wurde allerdings lediglich eine in den meisten Bundesländern bereits gängige und durch Landesrecht freigegebene Praxis auch auf Bundesebene nachvollzogen.[1] Sind die Befürchtungen also obsolet? Was bewirkt der Zugang privatgewerblicher Träger zur öffentlichen Förderung? Diesen Fragen soll im Folgenden auf der Grundlage bisheriger Erfahrungen und unter Betrachtung der Rahmenbedingungen nachgegangen werden.

Eine Klarstellung vorweg: In der Bundesstatistik für 2007 werden auch Wirtschaftsunternehmen neben den etablierten Wohlfahrtsverbänden und „anderen juristischen Personen" als freie Träger von Kitas gefasst. Zu dieser Kategorie gehören dann die von den Jugendämtern vor Ort erfassten Betriebskitas und die im engeren Sinne privatgewerblichen Kitas, insgesamt nur 1,2% aller Kitas.[2] Die Ausführungen im Folgenden beziehen sich nur auf Träger, deren Unternehmenszweck der Betrieb von Kitas ist und die damit eine Gewinnabsicht verfolgen. Nicht gemeint sind Betriebe, die für die Betreuung ihrer Mitarbeiterkinder eine Betriebskita errichten und finanzieren.

---

1 Vgl. Leyen, von der 2008.
2 Vgl. Bock-Famulla 2008, 208.

1. Zur Entstehung privater Kindertagesbetreuung

Auch wenn in Deutschland der gewerbliche gegenüber dem öffentlichen (oder öffentlich geförderten gemeinnützigen) Sektor vom Krankenhaus über die Kita bis zur Schule bisher von geringerer Bedeutung ist, gibt es immer wieder Unternehmensgründungen in diesen Bereichen – meist deshalb, weil das öffentlich geförderte Angebot nicht den eigenen Bedarfen oder Wünschen entspricht. Im Kitabereich kann man folgende Entwicklungslinie beobachten:

Bis Mitte/Ende der 1980er-Jahre wird das traditionelle Familienmodell noch überwiegend gelebt. Kitas werden als Schutzraum für Kindheit gesehen, ohne Selektion, ohne Leistungsdruck, mit viel Raum für Individualität. Das gefällt auch vermögenden Eltern, die kaum Betreuungsprobleme haben, weil sie entweder das traditionelle Familienmodell leben oder Geld für private Betreuungs- und Bildungsarrangements haben. Für das pädagogische Konzept steht der Situationsansatz. Dass es sich bei ihm um ein leistungsfähiges Bildungskonzept handelt, wird Eltern nicht deutlich, weil er entweder nicht gut umgesetzt oder nicht gut nach außen vermittelt wird.[3]

In den 1990er-Jahren verändern sich mit der vermehrten mütterlichen Erwerbstätigkeit die Familienstrukturen. Der Bedarf an längeren Betreuungszeiten auch für die unter Dreijährigen steigt. Weil Politik und Träger zu langsam reagieren, schließen sich Eltern zu kleinen Vereinen zusammen, um Kitas nach dem eigenen Bedarf zu betreiben. Dabei sind die Eigenressourcen, die eingebracht werden können, meist die eigene Arbeitskraft. Wohlhabende Eltern setzten für die Abdeckung der notwendigen Betreuungszeiten weiterhin eher auf private Betreuungsarrangements, die zwar teurer, aber auch flexibler und passgenauer sind als institutionelle Lösungen.[4]

2001 wird der dritte Schritt durch die erste Veröffentlichung der PISA-Studie[5] eingeleitet, die einen wahren Bildungsboom in Deutschland auslöst. Wünsche nach Bildung bereits für die Kleinsten entstehen. Diese Wünsche werden insbesondere von gebildeten, meist berufstätigen Eltern gehegt, die systematische und transparente Bildungsprogramme von Anfang an erwarten. Diese finden sie weder in ihren privaten Einzelarrangements noch – ihrer Einschätzung nach – in der öffentlichen Kinderbetreuung. Sie setzen jetzt auf professionell geführte Kitas mit

---

3 Vgl. Larrá 1995.
4 Eine Sonderrolle spielt die Kinderladenbewegung, deren Motor oft Eltern waren, die eine radikal andere Pädagogik wollten.
5 Deutsches PISA Konsortium 2001.

einem ausgeprägten Bildungskonzept, flexiblen Betreuungszeiten und hoch qualifizierten pädagogischen Fachkräften. Da sie über die finanziellen Ressourcen
verfügen, sind sie bereit, für ein entsprechendes Angebot zu bezahlen. Dadurch
entsteht ein neuer Markt für frei finanzierte Angebote, der von findigen Anbietern
erkannt und besetzt wird.

Eine systematische Erfassung der privat-gewerblich betriebenen Kitas liegt noch
nicht vor. Für bundesweit agierende Kitabetreiber ist eine Neugründung in den
Ländern oder Kommunen interessanter, in denen eine gewerbliche Kita nicht
allein durch Eltern finanziert werden muss.[6]

2. Charakteristika gewerblich betriebener Kitas

Betrachtet man die im Internet verfügbaren konzeptionellen Profile von gewerblichen Kita-Unternehmen, kann man folgende Grundlinien erkennen, die die oben
genannten zwei Hauptmotive für private Gründungen widerspiegeln:

- Betonung des Bildungsangebots, häufig mit besonderer Erwähnung der Möglichkeiten eines Fremdsprachenerwerbs,
- familienorientierte Öffnungszeiten,
- professionelle Fachlichkeit durch qualifiziertes Personal und methodische und
  konzeptionelle Ausrichtung an neuesten Erkenntnissen der Hirnforschung und
  Pädagogik,
- lern- und bewegungsanregende, insbesondere unfall- und verletzungssichere
  räumliche Gestaltung,
- unbürokratische Aufnahme und Anpassungen an neue Betreuungsbedürfnisse.

Damit unterscheidet sich die Programmatik gewerblicher Kitas nur in wenigen
Nuancen von denen traditioneller Kitas. Der Unterschied liegt darin, dass gerade
die Punkte hervorgehoben werden, die in der Vergangenheit häufig zu Unzufrie-
denheiten mit den etablierten Kitas geführt haben. Diese haben es oft schwer,
nach außen glaubhaft zu machen, dass sich ihre Konzepte und Dienstleistungen
gewandelt haben.

Gewerbliche Kita-Betreiber haben meist die Rechtsform der GmbH und werden
von vorwiegend betriebswirtschaftlich ausgebildeten Geschäftsführungen geleitet.
Im Gegensatz zu den Kitas in der Trägerschaft von Kommunen oder Kirchengemeinden, die weiterhin den weit überwiegenden Anteil der Kita-Träger bilden,

---

6 Vgl. Littlegiants 2008; Echo 2008; Südkurier 2008.

agieren sie nicht nur lokal, sondern national, einige wenige sogar international. Bekannt geworden ist die ABC Learning Centers Ltd., die von Australien aus nach den USA und Großbritannien expandierte. Ihr anfänglicher wirtschaftlicher Erfolg und ihr rasantes Wachstum riefen zunächst große Befürchtungen bei den etablierten Kita-Trägern hervor. Inzwischen musste ABC Insolvenz anmelden, weil im Zusammenhang mit dem Börsengang wohl zu viele Schulden angehäuft worden waren.

Damit zeigt sich ein weiteres Merkmal gewerblich betriebener Kitas: Sie sind, wie jedes andere Wirtschaftsunternehmen, vom wirtschaftlichen Erfolg abhängig und damit potenziell unzuverlässig. In Australien, wo ABC den weit überwiegenden Teil der vorhandenen Kita-Infrastruktur besetzte, kam es nach der Insolvenz zu einem Kita-Chaos, und viele Kinder standen unvermittelt vor den verschlossenen Türen ihrer Kitas.[7] Der wirtschaftliche Erfolg hängt wiederum stark von der Finanzierungsform ab. Hier gibt es aber kein einheitliches Muster. Von allen gewerblichen Betreibern wird dann der Einbezug in die öffentliche Finanzierung angestrebt, wenn damit nicht zu hohe Auflagen verbunden sind und sie die Möglichkeit behalten, die Eltern über die üblichen Elternbeiträge hinaus an den Kosten zu beteiligen. Eltern werden z.T. gezielt über die steuerliche Absetzungsmöglichkeit dieser Beträge informiert.

3. Zu erwartende Entwicklungen

3.1 Verdrängungswettbewerb

Gewerbliche Kitas stellen zahlenmäßig immer noch eine Marginalie der deutschen Kita-Landschaft dar – auch dort, wo sie bereits in die öffentliche Finanzierung einbezogen sind. Es ist derzeit noch nicht möglich, die Auswirkungen des Einbezugs gewerblicher Träger in die öffentliche Finanzierung systematisch zu erfassen. Aus den Erfahrungen im Stadtstaat Hamburg, der im Jahr 2004 das Gutscheinsystem zur Finanzierung der Kitas einführte, können exemplarisch einige Tendenzen aufgezeigt werden. Das Gutscheinsystem zeichnet sich dadurch aus, dass grundsätzlich für alle Kita-Anbieter – auch gewerbliche – die gleichen Rahmenbedingungen und dadurch ein freier Wettbewerb entsteht. Eltern erhalten Gutscheine vom öffentlichen Träger der Jugendhilfe, die sie in der Kita ihrer Wahl einlösen können. Die Kita finanziert sich nur über die Einlösung der im Prinzip kostendeckend ausgestatteten Gutscheine. In dieser marktähnlichen Situation werden Eltern zu echten Kunden, um die die Anbieter werben müssen, indem sie ihre Konzepte, Betreuungsangebote und Arbeitsweisen an den Wünschen der El-

---

7 Vgl. Financial Times Deutschland 2008.

tern orientieren. Sie sind gezwungen, dies alles nach außen transparent zu machen und für eine konsequente Umsetzung der in den Konzepten verkündeten Ziele zu sorgen. Qualitätsmanagement bekommt dadurch einen hohen Stellenwert.

Es wurde allgemein vermutet, dass diese Situation besonders attraktiv für gewerbliche Anbieter sei. Sie haben keine durch weltanschauliche Bindung oder Tradition festgelegten Leitbilder, sondern können ihre Philosophie an den Bedürfnissen des Markts orientieren. Sie haben keine tariflichen Zwänge und keine langjährigen Personalbindungen. Die finanziellen Spielräume, die sich dadurch ergeben, können zur Erwirtschaftung von Gewinnen und zur Konturierung des Angebots entlang konkreter Elternwünsche genutzt werden.

Die Erfahrungen in Hamburg zeigen aber, dass zwar seit Einführung dieser Finanzierungsstruktur eine ganze Reihe zusätzlicher Träger entstanden ist; es handelt sich aber fast nur um Kleinstbetriebe, die eine Kita für wenige Kinder führen. Die „Unternehmer" sind überwiegend ehemalige Erzieher/innen, die sich auf diese Weise ihren Lebensunterhalt verdienen.[8] Die etablierten Träger haben sich dem freien Wettbewerb gewachsen gezeigt. Durch eine hohe Dienstleistungsorientierung, transparente Qualitätssicherung und Weiterentwicklung auf der Grundlage langjähriger Erfahrung konnten sie sich auf dem Kita-Markt behaupten. Die Befürchtung, dass die etablierten Träger wegen ihrer schwierigeren Rahmenbedingungen vom Markt verdrängt werden, hat sich also nicht bestätigt.

3.2 Gefahr für Qualitätsstandards

Gegner des Einbezugs gewerblicher Träger in die öffentliche Finanzierung vermuten, dass diese ihre Gewinne durch Abstriche bei Qualitätsstandards (Qualifikation des Personals, quantitative Personalausstattung, räumliche Bedingungen, Hygiene- und Sicherheitsstandards) machen werden. Dieser Gefahr sind in Zeiten einer ausreichenden Bedarfsdeckung enge Grenzen gesetzt, weil Eltern Wert auf Qualität legen und der Wettbewerb dann die „schwarzen Schafe" abstraft. Bei nicht ausreichendem Angebot und hoher Nachfrage, wie sie zurzeit herrschen, ist allerdings die qualitätssteuernde Wirkung des Wettbewerbs eher schwach und die Gefahr steigt, dass Eltern in ihrer Not Standardverschlechterungen hinnehmen. Auf diese Situation reagieren die öffentlichen Kostenträger mit vermehrter Kontrolle und neuen Nachweispflichten, deren Folge ein hoher bürokratischer Aufwand ist, unter dem alle Träger leiden. Außerdem entsteht ein Druck auf die übrigen Anbieter, ihre Qualitätsstandards nach unten anzugleichen.

---

8 Vgl. das Diagramm in Schaedel 2008, 30.

3.3 Soziale Segregation

Ein weiteres Argument gegen den Einbezug privat-gewerblicher Träger in die öffentliche Förderung ist die soziale Segregation, die dadurch entstehen könnte, dass gewerbliche Kitas gute Qualität durch hohe Elternbeiträge finanzieren, die sich nur Wohlhabende leisten können. Diese Befürchtung ist nicht ganz unbegründet. Die ersten gewerblichen Kitas entstanden ohne öffentliche Finanzierung durch Elternbeiträge um die 1.000,– € pro Monat, die sich nur wenige Eltern leisten können. Hier gibt es zwar eine soziale Selektion; sie bleibt aber ein marginales Problem, weil auch wohlhabende Eltern solche Preise nur bezahlen, wenn sie mit den öffentlich geförderten Kitas extrem unzufrieden sind. Problematischer wird es, wenn öffentliche Finanzierung in Anspruch genommen werden kann und die Eltern durch zusätzliche Beiträge andere Rahmenstandards bei Räumen, Personal und Angebot finanzieren. Diese Möglichkeit, durch relativ geringfügige Eigenleistungen das „Surplus" zu bekommen, auf das man Wert legt, könnte für mehr Wohlhabende reizvoll sein als die sehr teure Komplettfinanzierung eines Alternativangebots. Dem könnte dadurch entgegen gewirkt werden, dass der Elternbeitrag als Teil der Gesamtfinanzierung festgelegt ist und vom Träger nicht verändert werden kann.

4. Fazit

Die exemplarische Auswertung der Hamburger Erfahrungen zeigt, dass freie und öffentliche Träger im Wettbewerb mit gewerblichen bestehen können. Der sozialen Segregation kann wirksam dadurch begegnet werden, dass die finanzielle Elternbeteiligung reglementiert und begrenzt wird. Eltern, denen das auf der Basis der öffentlichen Förderung mögliche Angebot allerdings nicht gut genug ist, sollten sich das von ihnen gewünschte Profil außerhalb dieses Rahmens schaffen und ganz selbst finanzieren müssen. Ein für das ganze Feld ruinöser Preiswettbewerb ist dann nicht zu befürchten, wenn der Staat seiner Aufgabe, das Wohl des Kindes zu schützen (§ 45 SGB VIII), gerecht wird. In einem solchen Rahmen ist der Einbezug gewerblicher Träger in die öffentliche Finanzierung nicht zu fürchten.

Literatur

Bock-Famulla, Kathrin (2008): Länderreport Frühkindliche Bildungssysteme 2008, Gütersloh.
Deutsches PISA-Konsortium (Hrsg.) (2001): PISA 2000 – Basiskompetenzen von Schülerinnen und Schülern im internationalen Vergleich, Opladen.
Echo vom 11. Januar 2008: Vergoldete Starthilfe, http://www.echo-online.de (9. Dezember 2008).

Financial Times Deutschland vom 13. November 2008: Australien hilft Konkurs-Kita, http://www.ftd.de/forschung_bildung/Bildung/:ABC-Learning (12. Januar 2009).

Larrá, Franziska (1995): Komplexität und Kontingenz. Vermutungen über die Ursachen der Erfolglosigkeit des Situationsansatzes in der Praxis, in: Neue Sammlung, Heft 4, 99 ff.

Leyen, Ursula von der (2008): Rede im Deutschen Bundestag anlässlich der 2. und 3. Lesung des Kinderförderungsgesetzes (KiföG) am 26. September 2008, http://www.bmfsfj.de/bmfsfj/generator/BMFSFJ/Presse/reden (12. Dezember 2008).

Littlegiants: Pädagogisches Konzept, http://www.littlegiants.de/paedagogik (9. Dezember 2008).

Schaedel, Martin (2008): Veränderungen in der Trägerlandschaft: Unternehmerisches Handeln, Bildung von Allianzen, in: KiTa event, Heft 1, 26–31.

Südkurier vom 29. März 2008, http://www.littlegiants.de/Presse (9. Dezember 2008).

3. Teil: Die Frage nach der Qualität: Frühkindliche Bildung und die Qualifikation der Erzieher/innen

Fabienne Becker-Stoll

Der Blick aufs Kind – empirische Grundlagen frühkindlicher Bildung

Aus den einschlägigen Forschungsbereichen (Entwicklungspsychologie, Neurobiologie, Frühpädagogik) ist heute bekannt, dass in den ersten Lebensjahren die Weichen für die emotionale, kognitive, soziale und kulturelle Entwicklung eines Kindes für sein weiteres Leben gelegt werden. Ein hoher Qualitätsstandard kann dazu beitragen, soziale Benachteiligungen zu überwinden, Begabungen zu fördern sowie soziale und demokratische Verhaltensweisen einzuüben. Vor allem Investitionen in die frühe Förderung von Mädchen und Jungen, deren Familien dies nicht allein leisten können, fließen langfristig mit Gewinn in die öffentlichen Kassen zurück.[1]

1. Grundbedürfnisse in den ersten Lebensjahren: Bindung und Exploration

Seit den Untersuchungen von René Spitz (1945) zum Hospitalismus wissen wir, dass die Befriedigung der physischen Grundbedürfnisse (Hunger, Durst, körperliche Hygiene, Schutz vor Kälte oder Hitze) nicht ausreicht, um eine gesunde Entwicklung von Kindern zu gewährleisten. Vielmehr ist eine angemessene Befriedigung der psychischen Grundbedürfnisse die Voraussetzung für eine gesunde Entwicklung. Neugeborene, Säuglinge und Kleinkinder sind ganz auf die Befriedigung der Grundbedürfnisse durch ihre soziale Umwelt angewiesen. Nach den beiden amerikanischen Motivationsforschern Deci und Ryan (1995) unterscheiden wir die drei psychischen Grundbedürfnisse Bindung, Kompetenz und Autonomie.

Das Grundbedürfnis nach Bindung steht für das Bedürfnis, enge zwischenmenschliche Beziehungen einzugehen, sich sicher gebunden zu fühlen und sich als liebesfähig und liebenswert zu erleben. Dem Grundbedürfnis nach Kompetenz liegt der Wunsch nach einer effektiven Interaktion mit der Umwelt zugrunde, durch die positive Ergebnisse erzielt und negative verhindert werden können. Autonomie steht für das Grundbedürfnis nach freier Bestimmung des eigenen Handelns und selbstbestimmter Interaktion mit der Umwelt.[2] Der Mensch hat die angeborene motivationale Tendenz, sich mit anderen Personen in einer sozialen Umwelt verbunden zu fühlen, in dieser Umwelt effektiv zu wirken (zu funktionieren) und sich dabei persönlich autonom und initiativ zu erfahren.

---

1 Fröhlich-Gildhoff 2007, Bock-Famulla 2002.
2 Deci/Ryan 1992.

In den ersten Lebensjahren sind Kinder darauf angewiesen, dass auch ihre psychischen Grundbedürfnisse von ihrer unmittelbaren sozialen Umwelt befriedigt werden. Das Grundbedürfnis nach Bindung wird zunächst von den Eltern beantwortet. Elterliches Engagement steht für eine Beziehung zum Kind, die von Freude und Interesse am Kind geprägt ist, in welcher Gefühle offen ausgedrückt werden können und die Bezugsperson emotional und zeitlich verfügbar ist. Fehlendes elterliches Engagement reicht von mangelnder Feinfühligkeit bis zu Vernachlässigung und Misshandlung. Struktur ist notwendig, um die Kompetenz eines Kindes zu fördern; sie umfasst an den Entwicklungsstand angepasste Herausforderungen, aber auch Hilfestellung beim Erwerb von neuen Strategien. Das Gegenteil von Struktur – Chaos – ist charakterisiert von Unvorhersagbarkeit, Über- oder Unterstimulation sowie einem Mangel an Kontrolle und an Unterstützung beim Erreichen von Zielen.[3] Die Autonomie unterstützendes Verhalten beinhaltet die Gewährung von Freiheit und Wahlmöglichkeiten bei einem Minimum an Regeln, sodass eigene Ziele erkannt und verfolgt werden können. Autonomie wird auch als Entwicklungsschritt verstanden, als Übergang zu selbstreguliertem Verhalten,[4] welcher jedoch nicht unabhängig von der Umwelt geschehen kann und somit sehr beeinflussbar ist.[5] Die Unterstützung von Autonomie ist demnach ein wichtiger Punkt im Verhalten von Bezugspersonen.[6] Die Hemmung von Autonomiebestrebungen kann durch übermäßige Kontrolle, Manipulation oder Strafen geschehen.

Werden die Grundbedürfnisse nach Bindung, Kompetenz und Autonomie ausreichend befriedigt, kann das Kind sich aktiv mit seiner Umwelt auseinandersetzen und die alterstypischen Entwicklungsaufgaben gut bewältigen.

1.1 Am Anfang steht das Grundbedürfnis nach Bindung

Zu Lebensbeginn entsteht zwischen Kind und Mutter eine enge Beziehung, deren Ziel es ist, die Nähe zwischen beiden aufrechtzuerhalten, um damit dem Kind einen möglichst hohen Schutz zu geben. Kinder verfügen von Geburt an über ein Verhaltenssystem, das es ihnen ermöglicht, Bindungsverhalten gegenüber einer oder einigen wenigen Personen zu zeigen. Dabei ist das Kind aktiv und hat die Initiative bei der Bildung von Bindung. Es bindet sich nicht nur an die Mutterperson, die es füttert und seine leiblichen Bedürfnisse befriedigt, sondern auch an andere Personen, die einfach mit ihm spielen und interagieren,[7] also z.B. auch an die Tagesmutter oder die Erzieherin in der Krippe.

---

3 Skinner/Wellborn 1991.
4 Deci/Ryan 1995.
5 Ryan/Kuhl/Deci 1997.
6 Deci/Ryan 1995.
7 Ainsworth 2003 b.

In den ersten Lebensmonaten zeigen Säuglinge einfach strukturierte Verhaltensmuster wie Weinen, Nähesuchen und Anklammern. Im Laufe des ersten Lebensjahres wird das Bindungsverhalten zunehmend komplexer. Das dem Bindungsverhalten zugrundeliegende Bindungssystem wird durch Fremdheit, Unwohlsein oder Angst ausgelöst, und die Erregung wird durch Wahrnehmung der Bindungsperson – besonders durch Nähe und liebevollen Körperkontakt zu ihr und Interaktion mit ihr – beendet.[8]

Die meisten Kinder entwickeln in den ersten neun Lebensmonaten Bindungen gegenüber Personen, die sich dauerhaft um sie kümmern. Auch wenn es zu mehreren Personen Bindungsbeziehungen entwickelt, so sind diese eindeutig hierarchisch geordnet, d.h., das Kind bevorzugt eine Bindungsperson vor den anderen. Hat ein Kind eine Bindung zu einer bestimmten Person aufgebaut, so kann diese nicht ausgetauscht werden. Längere Trennungen oder gar der Verlust dieser Bindungsfigur führen zu schweren Trauerreaktionen und großem seelischen Leid.

Neben dem Bindungsverhaltenssystem gibt es nach Bowlby (2003) ein komplementäres Explorationsverhaltenssystem, das die Grundlage für die Erkundung der Umwelt bietet. Mit beiden Verhaltenssystemen ist das Kind von Geburt an ausgestattet; beide Verhaltenssysteme werden durch Mangel aktiviert und durch Sättigung beruhigt. Hat das Baby zu einer Person eine Bindung aufgebaut, so kann es von dieser aus seine Umwelt erkunden und Explorationsverhalten zeigen. Kommt das Kind dann bei seinen Erkundungsversuchen in eine Überforderungssituation (Erschrecken, Angst, Müdigkeit, Schmerz, Hunger, Unwohlsein), wird sein Bindungsverhalten aktiviert und es wird zur „sicheren Basis" der Bindungsperson zurückkehren.[9]

1.2 Elterliche Feinfühligkeit

Wie Mütter auf die Bindungs- und Explorationsbedürfnisse ihres Kindes reagieren, ist sehr unterschiedlich und hängt weitgehend mit ihren eigenen Kindheitserfahrungen zusammen. Mary Ainsworth (2003 a) hat dieses mütterliche Antwortverhalten als Feinfühligkeit beschrieben. Feinfühligkeit von Bindungspersonen gegenüber den Signalen des Kindes bedeutet, sich in die Lage des Kindes versetzen zu können und es als eigenständige Person mit eigenen Bedürfnissen und Absichten anzuerkennen. Feinfühliges Verhalten gegenüber einem Kleinkind ist

---

8 Grossmann/Grossmann 2003.
9 Grossmann/Grossmann 2004.

die Voraussetzung für den Aufbau einer emotional vertrauensvollen und tragfähigen Beziehung und beinhaltet, die Signale des Kindes wahrzunehmen, richtig zu interpretieren sowie prompt und angemessen darauf zu reagieren.

Neuere Untersuchungen zur Rolle des Vaters und zur väterlichen Feinfühligkeit legen nahe, dass diese für eine sichere Exploration für das Kind eine ebenso bedeutende Rolle spielt wie die mütterliche Feinfühligkeit für eine sichere Bindungsorganisation.[10] Das Konzept der „feinfühligen Herausforderung im Spiel" geht davon aus, dass der erwachsene Spielpartner in seiner Interaktion mit dem Kind nicht nur feinfühlig auf die Bindungsbedürfnisse des Kindes eingeht, sondern ebenso die Neugier, die Exploration und die Tüchtigkeit des Kindes unterstützt und fördert. Bei feinfühliger Herausforderung lässt das Kind den Beobachter deutlich erkennen, dass es das Werk selbst gemacht und so gewollt hat. Untersuchungen zeigen, dass feinfühlige Unterstützung kindlicher Exploration der Bereich ist, von dem aus sich väterliche Einflüsse auf zentrale Aspekte der sozial-emotionalen und Bindungsentwicklung über Zeiträume bis zum 22. Lebensjahr entfalten.[11]

1.3 Auswirkung elterlicher Feinfühligkeit und sicherer Bindungserfahrungen auf die weitere Entwicklung des Kindes

Wie sich die Erfahrungen feinfühliger Zuwendung durch die Eltern und sicherer Bindungsbeziehungen auf die weitere Entwicklung des Kindes bis ins junge Erwachsenenalter hinein auswirken, zeigte sich in mehreren internationalen Längsschnittstudien,[12] aus denen im Folgenden einige Ergebnisse dargestellt werden.

Schon in der frühen Kindheit zeigen sich bei Kindern mit sicherer Mutterbindung höhere soziale Kompetenzen als bei Kindern mit unsicherer Mutterbindung. Bereits am Ende des ersten Lebensjahres zeichnen sich sicher gebundene Kinder durch subtilere und vielfältige Kommunikationsfähigkeiten aus. Im Alter von zwei Jahren sind diese Kinder in Problemlösesituationen eher in der Lage, auf soziale Ressourcen, z.B. die Unterstützung durch die Mutter, zurückzugreifen.

Im Kindergarten wurde bei sicher gebundenen Kindern weniger aggressives bzw. feindseliges Verhalten gegenüber anderen Kindern und weniger emotionale Isolation und Abhängigkeit von den Erzieher/innen beobachtet. Sicher gebundene Kinder zeigten mehr Kompetenz im Umgang mit anderen Kindern, eine positivere

---

10 Kindler/Grossmann 2008.
11 Vgl. Kindler/Grossmann 2008.
12 Grossmann/Grossmann/Kindler 2005, Sroufe et al. 2005.

Wahrnehmung von sozialen Konfliktsituationen und sie waren konzentrierter beim Spiel. Sicher gebundene Kinder verfügen über eine höhere Ich-Flexibilität, d.h. die Fähigkeit, Gefühle und Impulse situationsangemessen zu regulieren. Sie sind eher in der Lage, die Kontrolle und Modulation von Impulsen, Bedürfnissen und Gefühlen dynamisch an situative Erfordernisse anzupassen. Kinder mit einer hohen Ich-Flexibilität können sich in einer Gruppensituation zurücknehmen und warten, bis sie an der Reihe sind; sie können mit Niederlagen umgehen und sind bei Konflikten mit anderen Kindern in der Lage, einen Kompromiss zu finden. Auch im Schul- bzw. Jugendalter zeichnen sich sicher gebundene Kinder durch positive soziale Wahrnehmung, hohe soziale Kompetenz, beziehungsorientiertes Verhalten, bessere Freundschaftsbeziehungen mit Gleichaltrigen und Vertrauens- oder Liebesbeziehungen aus.[13]

Eine gesunde Entwicklung über den Lebenslauf braucht sowohl die Sicherheit der Exploration als auch die Sicherheit der Bindung. Feinfühliges Verhalten gegen- über einem Kind fördert somit die Befriedigung der drei psychischen Grundbe- dürfnisse nach Bindung, Kompetenz und Autonomie.

2. Bindung und außerfamiliäre Betreuung in den ersten drei Lebensjahren

Kindern, die eine sichere Bindung zu ihren Müttern entwickelt haben, fällt es leichter, auch zu anderen Bezugspersonen vertrauensvolle Beziehungen aufzu- bauen. Beim Übergang von der Familie zur außerfamiliären Betreuung in einer Kindertageseinrichtung und bei einer Tagesmutter kommt es wesentlich auf eine sanfte Eingewöhnung an, die elternbegleitet, bezugspersonenorientiert und ab- schiedsbewusst über einen Zeitraum von vier bis sechs Wochen gestaltet wird. Die beste Voraussetzung für eine gelungene Eingewöhnung und für das Wohlbe- finden des Kindes ist die kontinuierliche feinfühlige Zuwendung durch seine Be- zugserzieherin oder Tagesmutter.

Die Beziehungen zwischen dem Kind und der Erzieherin werden durch fünf Ei- genschaften beschrieben, die neben zuwendenden, sicherheitsgebenden und stressreduzierenden Aspekten auch Unterstützung und Hilfen beim kindlichen Erkunden und Erwerb von Wissen einschließen.[14] Eigenschaften von Zuwendung, Sicherheit, Stressreduktion, Explorationsunterstützung und Assistenz sind in jeder einzelnen Erzieherin-Kind-Bindung in unterschiedlichem Maße ausgeprägt. Sie bestimmen die individuellen Besonderheiten in einer jeden Beziehung.

---

13 Grossmann et al. 2008.
14 Vgl. Ahnert 2007.

Die Untersuchungen von Ahnert (2004) in Berlin machen deutlich, dass Kleinkinder erhebliche Anpassungsbelastungen zeigen, wenn sie die Tagesbetreuung ohne Eingewöhnung beginnen. Die Anwesenheit der Eltern während der Adaptation des Kindes in der Krippe stellt eine nachweisliche Entlastung für das Kind dar, selbst wenn die Kinder dann bei den Trennungen ausgeprägter protestieren. Ziel einer behutsamen Eingewöhnung ist es, dass das Kind ausgehend von der sicheren Basis seiner primären Bindungsfigur die zunächst fremde Umgebung der Krippe kennenlernen und zu seiner Bezugserzieherin Vertrauen fassen kann. Ein deutliches Anzeichen von gelungener Eingewöhnung ist, wenn das Kind aktiv bei seiner Erzieherin Trost sucht und findet.[15] Selbst im Gruppengeschehen kann beobachtet werden, wie sich Kleinkinder in misslichen und belastenden Situationen ihren Betreuungspersonen zuwenden, um sich trösten zu lassen und Sicherheit zu gewinnen. Diese Beziehungen können als Erzieher-Kind-Bindungen gelten, wobei das Kind Bindungssicherheit seltener mit der Erzieherin als mit seiner Mutter ausbildet.

Erzieherin-Kind-Bindungen sind weder durch die Qualität der Mutter-Kind-Bindung festgelegt, noch können sie die Beziehung zur Mutter ersetzen. Sie scheinen funktionell zunächst auf die Betreuungssituationen in der Krippe beschränkt zu bleiben. In einer Meta-Analyse über 40 wissenschaftliche Studien mit über 2.800 Kindern konnten Ahnert, Pinquart und Lamb (2006) zeigen, dass Kinder auch zu Tagesmüttern oder Erzieherinnen sichere Bindungsbeziehungen entwickeln, dass jedoch in größeren Gruppen eine andere, gruppenspezifische Aufmerksamkeit und Feinfühligkeit von Seiten der Erzieherinnen nötig ist, um emotional sichere Beziehungen zu Kindern aufzubauen, und das dies zu Mädchen häufiger gelingt als zu Jungen. Sichere Erzieher-Kind-Bindungen entstehen in Kindergruppen, in denen die Gruppenatmosphäre durch ein empathisches Erzieherverhalten bestimmt wird, das gruppenbezogen ausgerichtet ist und die Dynamik in der Gruppensituation reguliert. Dieses Erzieherverhalten bildet sich insbesondere in kleinen und stabilen Gruppen aus.[16]

Für die Entwicklung eines Kindes kommt es letztlich auf die Qualität der Beziehung zu seinen Bezugspersonen an, und nicht darauf, ob es nur zu Hause bei seiner Mutter oder auch außerfamiliär betreut wird. Wenn ein Kind in unterschiedlichen Kontexten kontinuierliche, feinfühlige und verlässliche Beziehungserfahrungen machen kann, dürfte sich dies positiv auf seine Entwicklung auswirken.[17]

---

15 Ahnert 2006.
16 Ahnert 2006.
17 Vgl. Becker-Stoll/Textor 2007.

2.1 Auswirkungen außerfamiliärer Betreuung auf die Entwicklung des Kindes

Zur Frage, welchen Einfluss außerfamiliäre Betreuung auf die Entwicklung von Kindern hat, gibt die große NICHD Studie aus den USA Antwort. Das NICHD Early Child Care Research Network (1997) hat anhand einer Stichprobe von über 1.000 Kleinkindern gezeigt, dass die frühe Inanspruchnahme von Tagesbetreuung nicht grundsätzlich die Eltern-Kind-Beziehung verschlechtert: Danach war die mütterliche Feinfühligkeit die dominierende Einflussgröße auf Sicherheit der Mutter-Kind-Bindung, unabhängig davon, ob das Kind ausschließlich zu Hause oder in nicht-mütterlicher Betreuung war. Die Entstehung einer sicheren Bindung war weniger wahrscheinlich, wenn eine dürftige Qualität der Fremdbetreuung mit a) geringer mütterlicher Feinfühligkeit, b) einem mehr als minimalen Umfang der Fremdbetreuung oder c) mehr als nur einem Betreuungsarrangement verbunden war. Die Kombination von unfeinfühliger Betreuung sowohl zu Hause als auch in außerfamiliärer Betreuung war sehr häufig mit unsicheren Mutter-Kind-Bindungen verbunden.[18] Dies zeigt, dass qualitativ schlechte Tagesbetreuung eher von unfeinfühligen Müttern akzeptiert wird und sich diese Kombination dann besonders problematisch auf die Mutter-Kind-Beziehungen auswirkt.

Die NICHD Studie[19] ging den Zusammenhängen zwischen Mutter-Kind-Bindung bei 15 Monate alten Kindern mit Hilfe des „Fremde-Situation"-Tests und der Einschätzung der Sozialkompetenz oder Verhaltensprobleme der Kinder im Vorschulalter von viereinhalb bis fünf und im ersten Schuljahr mit sechs Jahren nach.[20] Dabei sagte die Bindungsqualität der Kinder sowohl die späteren Berichte der Mütter über die Sozialkompetenz ihrer Kinder als auch die Einschätzungen der Verhaltensprobleme durch die Betreuungspersonen oder Lehrer vorher:

- Kinder, die im Alter von 15 Monaten als sicher gebunden klassifiziert worden waren, wurden mit 4,5 Jahren und auch im ersten Schuljahr als sozial kompetenter beschrieben als Kinder, die eine unsicher Bindungsklassifikation erhalten hatten.
- Kindern, die zu ihrer Mutter eine unsicher-vermeidende Bindung zeigten, wurden von ihren Lehrern mehr externalisierende Verhaltensprobleme zugeschrieben als Kindern mit sicherer oder unsicher-ambivalenter Bindung.
- Kindern, die in der „Fremden Situation" als vermeidend oder desorganisiert klassifiziert worden waren, wurden von ihren Lehrern mehr internalisierende Verhaltensweisen zugeschrieben als anderen Kindern.

---

18 Friedmann/Boyle 2009.
19 NICHD Early Child Care Research Network 2006, 2007.
20 Vgl. Friedman/Boyle 2009.

Einschränkend muss noch bemerkt werden, dass in der Zeit zwischen Vorschule und erstem Schuljahr nicht die frühe Bindungsklassifikation, sondern das Erziehungsverhalten der Eltern die Sozialkompetenz und die Verhaltensprobleme vorhersagte.[21]

2.2 Eingewöhnung und sichere Erzieherin-Kind-Bindung

Wurden die Kinder früher am ersten Tag in der Einrichtung einfach abgegeben, so weiß man heute, dass die Gestaltung der Eingewöhnung entscheidend für die weitere Karriere des Kindes in außerfamiliärer Betreuung ist. Heute ist die Eingewöhnung ein Qualitätsstandard. Sie wird über einen Zeitraum von mindestens vier Wochen elternbegleitet, bezugspersonenorientiert und abschiedsbewusst durchgeführt.[22] Elternbegleitet heißt, dass das Kind in Anwesenheit und Begleitung seiner wichtigsten Bezugsperson die fremde Umgebung der Kindertageseinrichtung und seine Bezugserzieherin kennen lernen kann. Der begleitende Elternteil dient dem Kind als sichere emotionale Basis, von der aus es dieses neue Umfeld erkunden kann. Die Bezugserzieherin widmet sich in dieser Eingewöhnungsphase dem neuen Kind ganz und versucht, eine vertrauensvolle Beziehung zu ihm aufzubauen, um so selber zu einer sicheren Basis für das Kind in der Kindertageseinrichtung zu werden. Abschiedsbewusst heißt, dass es einen klaren Abschied gibt, zu dem bald das verinnerlichte Vertrauen auf die Rückkehr der Mutter gehört.

2.3 Außerfamiliäre Betreuung, elterliche Zuwendung und Emotionsregulierung

Ahnert, Rickert und Lamb (2000) erstellten sowohl von außerfamiliär betreuten Kleinkindern als auch von Kleinkindern, die nur von ihren Müttern betreut wurden, das gesamte Tagesprofil ihrer Erfahrungen in der Familie und in der Kindertageseinrichtung. Sie stellten fest, dass das tägliche Ausmaß der allgemeinen Aufmerksamkeit, Zuwendung und Stimulation sowie der Gespräche mit der Mutter oder anderen Betreuungspersonen sich für außerfamiliär betreute Kinder nicht von dem Ausmaß unterscheidet, das ein Kind erfährt, das ausschließlich zu Hause betreut wird.

Die Betreuungserfahrungen der Kinder unterschieden sich jedoch erheblich in Abhängigkeit davon, zu welcher Zeit und wo das Kind betreut wurde: In den Kindertageseinrichtungen erhielten die Kinder deutlich weniger Aufmerksamkeit und Zuwendung, wenn man den gleichen zeitlichen Ausschnitt des Tagesprofils der hausbetreuten Kinder betrachtete. Dies verwundert nicht, da ja eine Erzieherin

---

21 Vgl. Friedman/Boyle 2009.
22 Haug-Schnabel/Bensel 2006.

eine ganze Gruppe von Kindern gleichzeitig betreuen muss. Überraschender-
weise zeigten die Mütter der Krippenkinder jedoch eine Art kompensatorische
Betreuung, indem sie ihre Betreuungsleistungen vor und nach dem Krippenbesuch
des Kindes im Vergleich zu den Müttern von hausbetreuten Kindern deutlich in-
tensivierten.

Leider zeigten die Betreuungsreaktionen, dass die Mütter nur in geringem Maße
auf Stress-Signale reagierten bzw. reagieren konnten. Dies zeigt, wie wichtig eine
gute Balance zwischen familiärer und außerfamiliärer Betreuung ist. Schließlich
brauchen die Eltern für die Interaktionen mit ihrem Kind nach der Tagesbetreuung
noch ausreichend zeitliche und psychische Ressourcen und auch das Kind sollte
dann noch aufnahmebereit sein.[23]

3. Die Qualität der Krippen in München: eine empirische Untersuchung

Ausgehend von der Annahme, dass die Qualität von Kindertagesbetreuung sich
aus den Aspekten Orientierungs-, Struktur-, Kontext- und Prozessqualität zusam-
mensetzt, ist das Staatsinstitut für Frühpädagogik (IFP) im Rahmen einer Quer-
schnittstudie in 36 Kinderkrippen in München der Frage nachgegangen, inwiefern
sich zusätzliche Investitionen in strukturelle Rahmenbedingungen auf die Qualität der pädagogischen Arbeit auswirken.[24] Weiterhin wurde untersucht, inwiefern
und unter welchen Voraussetzungen es den pädagogischen Fachkräften gelingt,
den Bayerischen Bildungs- und Erziehungsplan in Kindertageseinrichtungen für
Kinder unter drei Jahren umzusetzen. Bei der Planung und Durchführung der Studie war es wichtig, ein möglichst umfassendes Meinungsbild sowohl von den
pädagogischen Teams als auch aus Sicht der Eltern zu erfassen.

Die Fragebogenbefragung wurde von Mai bis September 2007 in München durchgeführt. Teilgenommen haben 20 Einrichtungen u.a. privater und gewerblicher
Träger, die zum Zeitpunkt der Studie nach dem Bayerischen Kinderbildungs- und
-betreuungsgesetz gefördert wurden, jedoch keine zusätzlichen Zuschüsse von
der Stadt München erhielten (kurz: „andere Träger"). Zudem beteiligten sich 13
Kinderkrippen in städtischer Trägerschaft sowie drei Einrichtungen verschiedener
freigemeinnütziger Träger in Betriebsträgerschaft der Stadt München (kurz:„städ-
tische/freie Träger"). Insgesamt schickten 36 Leitungen, 111 pädagogischen
Fachkräften bzw. Erzieherinnen (davon zwei Erzieher), 98 pädagogische Ergänzungskräfte (davon 79 Kinderpflegerinnen und drei Kinderpfleger) sowie 647 Eltern den ausgefüllten Fragebögen zurück.

---

23 Ahnert 2005.
24 Wertfein/Spies-Kofler 2008, Wertfein/Spies-Kofler/Becker-Stoll 2009.

3.1 Bringen zusätzliche Investitionen mehr pädagogische Qualität?

Um diese Frage zu beantworten, wurden zum einen die beiden Einrichtungsgruppen, d.h. die der städtischen/freien und der anderen Träger, verglichen, zum anderen wurde nach Zusammenhängen zwischen den verschiedenen Aspekten der pädagogischen Qualität gesucht. Es wurde deutlich, dass sich die Einrichtungen zwar unwesentlich im Anstellungsschlüssel unterschieden, die städtischen/freien Einrichtungen jedoch eine deutlich höhere Entlastung und Unterstützung durch zusätzliches Personal, d.h. sowohl durch feste Ersatzkräfte in der Einrichtung, externe Fachdienste sowie Fachberatung durch die Kooperation mit einer Kinderpsychologin und Kinderärztin als auch durch hauswirtschaftliche Fachkräfte für die Bereiche Hygiene und Ernährung erhielten.

Aus Sicht der Erzieherinnen zeigte sich ein deutlicher Zusammenhang zwischen der Personalausstattung und der individuellen pädagogischen Zuwendung zum Kind sowie der Kooperation mit den Eltern. Außerdem ging aus den Antworten der Erzieherinnen hervor, dass die Qualität der Eingewöhnung darunter leidet, wenn nicht ausreichend Personal zur Verfügung steht. Bei der subjektiven Einschätzung der Rahmenbedingungen zeigten sich die Erzieherinnen im Vergleich zu den Leiterinnen sowie den Kinderpflegerinnen in drei Rubriken deutlich unzufriedener: Sie kritisierten das Fehlen einer festen Ansprechpartnerin für die Eltern im pädagogischen Team, den unzureichenden Dialog mit den Eltern sowie die Öffnungszeiten.

Durchweg schlechte Noten erhielt die als zu kurz eingeschätzte Vorbereitungszeit. Dabei betrug die durchschnittliche Verfügungszeit der befragten Erzieherinnen – auf eine wöchentliche Arbeitszeit von 38,5 Stunden umgerechnet – lediglich zwei Stunden pro Woche und lag damit deutlich unter der aus Sicht der Erzieherinnen erforderlichen Verfügungszeit von sieben Stunden pro Woche. Dieser geringe Umfang lässt sich auch dadurch erklären, dass sich viele Erzieherinnen ihre Verfügungszeit mit den Kinderpflegerinnen im Team teilen (müssen), da diese in der Regel keine eigenen Verfügungszeiten haben.

Diese Situation wirkt sich auf die Arbeitszufriedenheit der pädagogischen Fachkräfte aus: Je negativer sie die Personalausstattung in ihrer Einrichtung einschätzten, desto weniger pädagogische Zuwendung konnten sie aus ihrer Sicht dem einzelnen Kind geben, was zu Lasten der pädagogischen Qualität ihrer Arbeit ging. Ähnlich waren auch die pädagogischen Ergänzungskräfte umso zufriedener mit ihrer Arbeit, je mehr sie sich dem einzelnen Kind und den Eltern zuwenden konnten.

3.2 Wie gelingt die Umsetzung des Bayerischen Bildungs- und Erziehungsplans?

Die Erzieherinnen wurden gebeten, zu 25 verschiedenen Kompetenz- bzw. Bildungsbereichen aus dem Bayerischen Bildungs- und Erziehungsplan anzugeben, für wie bedeutsam sie diese für ihre pädagogische Arbeit beurteilen und wie sie die jeweilige Umsetzung in ihrer Einrichtung einschätzen. Darüber hinaus wurden offene Fragen zu Form und Umfang der jeweiligen pädagogischen Umsetzung gestellt und in Verbindung mit den berichteten Rahmenbedingungen gesetzt.

Die Bereiche Soziale Beziehungen, Sprache und Personale Kompetenzen waren den Erzieherinnen am wichtigsten in ihrer pädagogischen Arbeit. Auch die Bereiche Musik, Umgang mit Emotionen sowie die Unterstützung bei Übergängen erhielten hohe Gewichtungen. Die Umsetzung dieser Bereiche wurde zum Großteil positiv eingeschätzt. Als Schlusslichter in der Bedeutung für die pädagogische Arbeit sowie bei der Umsetzung in Kinderkrippen erwiesen sich aus Sicht der Erzieherinnen die Bereiche Medienkompetenz, Mathematik und Naturwissenschaft.

Die offenen und ausführlichen Antworten der pädagogischen Fachkräfte gaben Aufschluss über die Vielzahl und Vielfalt der Angebote im Rahmen der Kompetenz- und Bildungsbereiche im Bayerischen Bildungs- und Erziehungsplan. Durch die Einteilung der Antworten in die Kategorien „Implizite Förderung im Alltag" (z.B. sprachliche Begleitung bei Alltagshandlungen), „Gezielte Maßnahmen" (z.B. täglicher Gesprächskreis am Morgen) und „Projekte" (z.B. Märchenprojekt) wurde versucht, einen Überblick über die Bildungsangebote zu schaffen.

Zusammenfassend lässt sich festhalten, dass einerseits die berichteten Bildungsangebote und pädagogischen Vorgehensweisen in einigen Bereichen individuell sehr unterschiedlich gestaltet werden. Andererseits ergeben sich Häufungen bei bewährten Methoden, insbesondere handlungsorientierten Ansätzen. Darüber hinaus betonen die pädagogischen Fachkräfte durchweg den hohen Stellenwert der Beobachtung kindlicher Bildungsprozesse und des Einbezugs der Familie als wesentliche Voraussetzungen pädagogischen Handelns. Im Trägervergleich zeigt sich, dass in den von der Stadt München zusätzlich bezuschussten Einrichtungen insgesamt mehr gezielte Bildungsangebote in Form von Projekten durchgeführt werden (konnten) als in den Einrichtungen anderer Träger. Dieser Unterschied zeigt sich vor allem in den Bereichen Physische Kompetenzen, Selbstwahrnehmung, Sprachkompetenz, Bewegung/Sport und Mathematik/Naturwissenschaften. Ob und wie viele Projekte in den befragten Einrichtungen durchgeführt werden (konnten), hing dabei deutlich von der jeweiligen Verfügungszeit ab.

Hieraus wird deutlich, was vom pädagogischen Personal als häufige Schwierigkeit bei der Umsetzung des Bayerischen Bildungs- und Erziehungsplans genannt wurde: Bildung braucht Zeit und eine zu geringe Verfügungszeit, zu knappes Personal und die damit verbundene Überforderung und Demotivierung der pädagogischen Mitarbeiterinnen stellen wesentliche Hindernisse dar für eine adäquate Um- und Übersetzung der Bildungsziele des Bayerischen Bildungs- und Erziehungsplans in der pädagogischen Arbeit mit Kindern unter drei Jahren dar.

3.3 Fazit der Studie und Ausblick

Die Studie zeigt, dass zusätzliche Investitionen des Trägers tatsächlich zur Qualität frühkindlicher Bildung, Erziehung und Betreuung beitragen und die konkrete Umsetzung des Bayerischen Bildungs- und Erziehungsplan unterstützen. Dabei bilden die strukturellen Bedingungen in der Einrichtung den Möglichkeitsrahmen, in welchem pädagogische Arbeit stattfindet. Als entscheidend für das Gelingen der pädagogischen Arbeit erwiesen sich aus Sicht der pädagogischen Fachkräfte die konkreten Rahmen- und Arbeitsbedingungen, das Arbeitsklima und die Zusammenarbeit im Team. Besonders eingefordert wurden eine angemessene Vor- und Nachbereitungszeit für Bildungsangebote, für Beobachtung und Dokumentation sowie für Elterngespräche und eine angemessene und flexible Personalausstattung insbesondere zur Entlastung während der Eingewöhnungsphase sowie im Falle von kurzfristigen Personalausfällen. Darüber hinaus wünschten sich die befragten Erzieherinnen und Kinderpflegerinnen mehr Angebote zur Fort- und Weiterbildung und erhoffen sich künftig mehr (auch finanzielle) Anerkennung für ihre anspruchsvolle pädagogische Tätigkeit. Die Eltern legten besonderen Wert auf eine gute pädagogische Arbeit in der Einrichtung.

Die Studienergebnisse legen nahe, dass personelle und zeitliche Ressourcen entscheidende Faktoren im Hinblick auf die Qualität frühkindlicher Tagesbetreuung im Sinne der Trias „Bildung, Erziehung und Betreuung" darstellen: Die Rahmenbedingungen frühkindlicher Betreuungsangebote müssen den besonderen Bedürfnisse der Kinder in den ersten drei Lebensjahren und ihrer Eltern angepasst werden. Die pädagogische Arbeit in Kinderkrippen zeichnet sich durch hohe fachliche Anforderungen sowie einen erhöhten Personal- und Zeitbedarf aus. Wesentliche Voraussetzungen sind sichere Arbeitsbedingungen (statt Fluktuation) und die Entlastung (statt Überforderung) des pädagogischen Personals für verlässliche Beziehungen zwischen pädagogischen Fachkräften, Kindern und Eltern.

Literatur

Ahnert, Lieselotte (2004): Bindungsbeziehungen außerhalb der Familie: Tagesbetreuung und Erzieherinnen-Kind-Bindung, in: Ahnert, Lieselotte (Hrsg.): Frühe Bindung. Entstehung und Entwicklung, München, 256–77.

Ahnert, Lieselotte (2005): Entwicklungspsychologische Erfordernisse bei der Gestaltung von Betreuungs- und Bildungsangeboten im Kleinkind- und Vorschulalter, in: Ahnert, Lieselotte/Roßbach, Hans-Günther/Neumann, Ursula/ Heinrich, Joachim/Koletzko, Berthold (Hrsg.): Bildung, Betreuung und Erziehung von Kindern unter sechs Jahren. Materialien zum Zwölften Kinder- und Jugendbericht. Band 1, München, 9–53.

Ahnert, Lieselotte (2006): Anfänge der frühen Bildungskarriere, in: Frühe Kindheit 6, 18–23.

Ahnert, Lieselotte (2007): Von der Mutter-Kind- zur Erzieherinnen-Kind-Bindung, in: Becker-Stoll, Fabienne/Textor, Martin R (Hrsg.): Die Erzieherin-Kind-Beziehung. Zentrum von Bildung und Erziehung, Berlin, 31–41.

Ahnert, Lieselotte/Pinquart, Martin/Lamb, Michael E. (2006): Security of Children's Relationships with Nonparental Care Providers: A Meta-analysis, in: Child Development 74 (3), 664–679.

Ahnert, Lieselotte/Rickert, Heike/Lamb, Michael E. (2000): Shared Caregiving: Comparison Between Home and Child Care, in: Developmental Psychology, 36 (3), 339–351.

Ainsworth, Mary (2003 a): Skalen zur Erfassung mütterlichen Verhaltens: Feinfühligkeit vs. Unempfindlichkeit gegenüber den Signalen des Babys, in: Grossmann, Karin/Grossmann, Klaus E. (Hrsg.): Entwicklung der Lernfähigkeit in der sozialen Entwicklung, München, 96–107.

Ainsworth, Mary (2003 b): Muster von Bindungsverhalten, die vom Kind in der Interaktion mit seiner Mutter gezeigt werden, in: Grossmann, Klaus E./Grossmann, Karin (2003): Bindung und menschliche Entwicklung. John Bowlby, Mary Ainsworth und die Grundlagen der Bindungstheorie, Stuttgart, 102–111.

Becker-Stoll, Fabienne/Textor, Martin R. (Hrsg.) (2007): Die Erzieherin-Kind-Beziehung: Zentrum von Bildung und Erziehung, Berlin.

Bock-Famulla, Kathrin (2002): Volkswirtschaftlicher Ertrag von Kindertagesstätten. Gutachten der Universität Bielefeld im Auftrag der Max-Traeger-Stiftung der Gewerkschaft Erziehung und Wissenschaft, Bielefeld.

Bowlby, John (2003): Bindung, in: Grossmann, Klaus E./Grossmann, Karin (2003): Bindung und menschliche Entwicklung. John Bowlby, Mary Ainsworth und die Grundlagen der Bindungstheorie, Stuttgart, 22–28.

Deci, Edward L./Ryan, Richard M. (1992): The Initiation and Regulation of Intrinsically Motivated Learning and Achievement, in: Boggiano, Ann K./Pittman, Thane S. (Hrsg.): Achievement and Motivation: A Social-developmental Perspective, Cambridge, 9–36.

Deci, Edward L./Ryan, Richard M. (1995): Human Autonomy: The Basis for True Self-esteem, in: Kernis, Michael H. (Hrsg.): Efficacy, Agency, and Self-esteem, New York, 31–49.

Friedman, Sarah L./Boyle, Ellen (2009): Kind-Mutter-Bindung in der NICHD-Studie „Early Child Care and Young Development": Methoden, Erkenntnisse und zukünftige Ausrichtungen, in: Brisch, Karl H./Hellbrügge, Theodor (Hrsg.):

Wege zu sicheren Bindungen in Familie und Gesellschaft. Prävention, Begleitung, Beratung und Psychotherapie, Stuttgart, 94–151.

Fröhlich-Gildhoff, Klaus (2007): Wer Qualität will, muss in Qualität investieren, in: Kindergarten heute 5, 6–13.

Grossmann, Karin/Grossmann, Klaus E. (2003): Bindung und menschliche Entwicklung, Stuttgart.

Grossmann, Karin/Grossmann, Klaus E. (2004): Bindungen – das Gefüge psychischer Sicherheit, Stuttgart.

Grossmann, Karin/Grossmann, Klaus E./Kindler, Heinz (2005): Early Care and the Roots of Attachment and Partnership Representation in the Bielefeld and Regensburg Longitudinal Studies, in: Grossmann, Klaus E./Grossmann, Karin/Waters, Everett (Hrsg.): Attachment from Infancy to Adulthood: The Major Longitudinal Studies, New York, 98–136.

Grossmann, Karin/Grossmann, Klaus E./Zimmermann, Peter/Kindler, Heinz (2008): A Wider View of Attachment and Exploration: The Influence of Mothers and Fathers on the Development of Psychological Security from Infancy to Young Adulthood, in: Cassidy, Jude/Shaver, Phillip R. (Hrsg.): Handbook of Attachment, New York, 857–879.

Haug-Schnabel, Gabriele/Bensel, Joachim (2006): Kinder unter 3 – Bildung, Erziehung und Betreuung von Kleinstkindern, Kindergarten heute spezial, Freiburg.

Kindler, Heinz/Grossmann, Karin (2008): Vater-Kind-Bindung und die Rollen von Vätern in den ersten Lebensjahren ihrer Kinder, in: Ahnert, Lieselotte (Hrsg.): Frühe Bindung. Entstehung und Entwicklung, München, 240–255.

NICHD Early Child Care Research Network (1997): Effects of Infant Child Care on Infant-mother Attachment Security: Results of the NICHD Study of Early Child Care, Child Development 68, 860–879.

NICHD Early Child Care Research Network (2006): Child-Care Effect Size for the NICHD Study of Early Child Care and Youth Development, in: American Psychologist 61 (2), 99–116.

NICHD Early Child Care Research Network (2007): Are There Long-Term Effects of Early Child Care? The NICHD-Network, Child Development 78 (2), 681–701.

Ryan, Richard M./Kuhl, Julius/Deci, Edward L. (1997): Nature and Autonomy: An Organizational View of Social and Neurobiological Aspects of Self-regulation in Behavior and Development, Development and Psychopathology 9, 701–728.

Skinner, Ellen A./Wellborn, James G. (1991): Coping During Childhood and Adolescence: A Motivational Perspective, in: Featherman, David L./Lerner, Richard M./Perlmutter, Marion (Hrsg.): Life-Span Development and Behavior, Hilldale, 92–135.

Spitz, René A. (1945): Hospitalism, Psychoanalytic Study of the Child 1, 53–74.

Sroufe, L. Alan/Egeland, Byron/Carlson, Elisabeth/Collins, Andrew (2005): Placing Early Attachment Experiences in Developmental Context: The Minnesota Longitudinal Study, in: Grossmann, Klaus E./Grossmann, Karin/Waters, Everett (Hrsg.): Attachment from Infancy to Adulthood: The Major Longitudinal Studies, New York, 48–70.

Wertfein, Monika/Spies-Kofler, Anita (2008): Kleine Kinder – großer Anspruch! Studie zur Implementation des BayBEP und zur Qualitätssicherung in Kinderkrippen. IFP-Berichtsreihe #16/2008, http://www.ifp.bayern.de/imperia/md/content/stmas/ifp/qualitaet_in_krippen.pdf (28. Februar 2009).

Wertfein, Monika/Spies-Kofler, Anita/Becker-Stoll, Fabienne (2009, im Druck): Quality Curriculum for Under-threes: The Impact of Structural Standards, Early Years – An International Journal of Research and Development 29, 1.

Antje Bostelmann

Auf der Suche nach einer Pädagogik für unter Dreijährige

Trotz politischer Initiativen und großzügig bereitgestellter Finanzierungsprogramme droht der Ausbau von Betreuungseinrichtungen für unter Dreijährige vor allem an fehlenden Qualitätsstandards und an fehlendem qualifiziertem Personal zu scheitern. Wohin man auch schaut, wen man auch fragt: Bürgermeister, Jugendämter, Kindergartenträger und Pädagogen sind auf der Suche nach einem Qualitätskonzept für die Betreuung der unter Dreijährigen in Krippen oder Kindergärten.

Auf eine Kleine Anfrage zur Finanzierung und Qualität des Ausbaus der Kindertagesbetreuung antwortete die Bundesregierung jüngst: „Der Ausbau der Kinderbetreuung hat für die Bundesregierung eine hohe Priorität. Zusammen mit dem Elterngeld erleichtert er jungen Eltern die schwierige Balance zwischen Familie und Beruf und trägt zur Chancengleichheit für die Kinder bei."[1] Allerdings sind noch viele Aspekte dieses Ausbauvorhabens (zuletzt geregelt durch das Kinderförderungsgesetz – KiföG) ungeklärt bzw. entfalten die finanziellen Rahmenbedingungen bislang nur eingeschränkt ihre Wirkung. Das Angebot deckt vielerorts längst nicht den vorhandenen Bedarf. Für viele Kommunen, die sich in einer schlechten Haushaltslage befinden, stellt der Ausbau eine nahezu unüberwindliche Hürde dar.

Auch der qualitative Aspekt der Infrastruktur bleibt in Deutschland bislang hinter dem europäischen Durchschnitt zurück. Die Fachwelt ist sich einig, dass die Qualität von Pädagogik und Bildungsleistung hierzulande zumeist gerade mal durchschnittlich ist. Dabei sind gute Konzepte und Handlungsrahmen für einen gelingenden Alltag in einer Krippe gar nicht schwer zu finden. In großen Teilen Deutschlands erinnert man sich noch sehr gut an die DDR-Krippen: Möglicherweise fällt es an diesen Orten auch leichter, Krippenplätze zu schaffen und in einer guten Qualität zu halten, wahrscheinlich wurden sie dort gar nicht erst abgeschafft. Andernorts hätte man es also leicht, quasi in innerdeutscher Nachbarschaftshilfe, zu umsetzbaren Krippenkonzeptionen zu kommen. Aber irgendetwas hindert daran. Ist es Unwissenheit, Ignoranz oder gar politisches Kalkül, was viele auf die große Suche gehen lässt, anstatt Bewährtes zu übernehmen und weiterzuentwickeln?

---

1 Fraktion BÜNDNIS 90/DIE GRÜNEN 2009, 1.

1. Die DDR-Krippen – ein Blick zurück

Die Krippen in der DDR werden vor allem politisch diskutiert, im Zusammenhang mit der Frauenberufstätigkeit der DDR behandelt oder als Ort der Trennung von Mutter und Kind kritisiert. Allenfalls ringt der hohe Versorgungsgrad an Krippenplätzen in der DDR dem heutigen Betrachter einige Achtung ab. Über die große pädagogische Leistung der DDR-Krippen wird wenig geschrieben. Deshalb sollen hier einige wichtige Aspekte erwähnt werden, die sich in aktuellen Krippenkonzeptionen durchaus wiederfinden.

In der DDR gab es ein eigens für die Krippen entwickeltes pädagogisches Programm.[2] Die Betreuung der Null- bis Dreijährigen wurde in altershomogenen Gruppen organisiert und von eigens dafür ausgebildeten Krippenerzieherinnen durchgeführt. Die Krippen unterstanden dem Gesundheitswesen, da für die kleinen Kinder der Aspekt der Gesundheitsförderung und -sicherung, der Pflege und der Hygiene im Vordergrund stand. Die Trennung von Krippen und Kindergärten durch die Zuordnung zu verschiedenen Ministerien war kein glücklicher Umstand, der in der Realität dann auch immer wieder zu Konflikten geführt hat. Die Betonung von Pflege und Gesundheitsförderung im Kleinkindbereich ist allerdings ein Punkt, der die Besonderheiten der Arbeit mit Kleinkindern unterstreicht und in heutigen Krippenkonzeptionen oft unterschätzt wird.

Die herkömmliche DDR-Krippe verfügte über speziell eingerichtete Räume für jedes der drei Lebensjahre. Meist in Gruppenraum und Schlafraum aufgeteilt und mit einem dazugehörigen Bad versehen, kam diese Raumaufteilung den spezifischen Entwicklungsbesonderheiten der unterschiedlichen Altersgruppen entgegen. Altersspezifisch ausgesuchte Materialien rundeten das Bild ab. In den meisten Krippen wurde für die Kinder gekocht. Die Nahrung für die Babys wurde in einer separaten Milchküche selbst hergestellt. Für den Bewegungsbereich gab es einen Turnraum, meist ein großes Freigelände und für alle Kinder – wo es nur ging – Frischluftschlaf auf Terrassen, Balkonen oder im Garten.

Für die Bildungsbereiche Musik, Bewegung und Kunst gab es ausführliche Handreichungen im Bildungsprogramm. Die Musikerziehung wurde durch Bücher wie „Teddy, Teddy tanze"[3] und die Verpflichtung jeder Krippenerzieherin zum Erlernen des Flötenspiels unterstützt. Viele Elemente der pädagogisch inhaltlichen Arbeit der DDR-Krippen lassen sich in Skandinavien und Italien, z.B. in den Krippen

---

2 Ministerrat d. Dt. Demokrat. Republik, Ministerium für Gesundheitswesen 1985.
3 Bachmann 1976.

der Stadt Florenz, wiederfinden. Dies zeigt, dass wesentliche Inhalte und Umsetzungen der DDR-Krippenpädagogik bis heute von Bedeutung sind und heutige Ansätze davon lernen könnten. Wie bei allen guten Ideen der Vergangenheit ist es aber wichtig, diese auf ihre Aktualität und Anwendbarkeit unter heutigen Gesichtspunkten zu überprüfen. Die Bedürfnisse von Eltern und Kindern ändern sich, pädagogische Konzeptionen müssen sich an diesen Bedürfnissen messen, und deshalb ist jedes pädagogische Alltagshandeln stets zu überprüfen.

2. Was ein Kind braucht

„Wenn ein Kind geboren ist,
braucht es eine Wohnung,
Kleider, eine Spielzeugkist,
Bonbons als Belohnung.

Murmeln und ein eignes Bett,
einen Kindergarten,
Bücher und ein Schaukelbrett,
Tiere aller Arten.

Wälder, Wiesen, eine Stadt,
Sommer, Regen, Winter,
Flieger, Schiffe und ein Rad,
viele and´re Kinder,

einen Mann, der Arbeit hat,
eine kluge Mutter,
Länder, wo es Frieden hat,
und auch Brot und Butter.

Wenn ein Kind nichts davon hat,
kann`s nicht menschlich werden.
Dass ein Kind das alles hat,
sind wir hier auf Erden."[4]

Ein schönes Gedicht formuliert viel präziser als mancher pädagogische Sachtext, dass ein Kind neben Liebe und guten Absichten auch eine auf es eingestellte, für seine Bedürfnisse angemessene Umwelt braucht, um sich gut zu entwickeln. Oft genug wird ja in unserer Gesellschaft die Frage, was einem Kind in den ersten drei Lebensjahren gut tut, auf einen einzigen Aspekt verknappt: Mutter oder auch mal Zeit ohne Mutter.

---

4 Maiwald 1977.

Um im Text des Liedes zu bleiben: Was für eine Wohnung braucht denn das Kleinkind? Ein warmes Zuhause mit Laufställchen, in dem es herumkraucht, damit die Betreuungspersonen auch mal zu etwas anderem kommen? Oder eher Räume, die speziell auf die Bedürfnisse von Krabbel- und frühen Laufkindern ausgerichtet sind? Immerhin sind die Bedürfnisse des Kleinstkindes eindeutig: erobern, öffnen, kramen, herausnehmen, nachmachen, nachmachen, nachmachen. Ist eigentlich jemand zum Vormachen da, um den hochsensiblen Nervenzellen Nahrung zu geben?

3. Eine gute Krippe berücksichtigt die Unterschiede der ersten drei Lebensjahre

Babys und Kleinkinder sind keine kleinen Kindergartenkinder; deshalb ist eine nach unten erweiterte Kindergartenpädagogik für sie nicht geeignet. Neugierige Neulinge erobern unsere Welt und sind dabei auf eine intensive Art und Weise auf die Fürsorge und Unterstützung der erwachsenen Bindungsperson angewiesen.

Jedes der drei Entwicklungsjahre ist ein besonderes und braucht deshalb besondere Beachtung. Es fehlt der Raum, um hier auf die Einzelheiten des quasi explodierenden Kompetenzerwerbs der kleinen Kinder einzugehen. Das Beispiel der sich rasant wandelnden Perspektive verdeutlicht jedoch sehr anschaulich die sich mit jedem Lebensjahr ändernden Anforderungen an die Betreuung der kleinen Kinder: Während das erste Lebensjahr meist liegend, sitzend oder krabbelnd verbracht wird, eröffnen sich zu Beginn des zweiten Lebensjahres durch den aufrechten Gang und die immer benutzbarere Sprache neue grandiose Perspektiven. Im dritten Lebensjahr gilt es, so viel Gelerntes anzuwenden und die sich entwickelnde soziale Wahrnehmung zu trainieren. Vom Ich zum Du heißt das Motto dieser Lebenszeit, in der die Kinder sich im Rollenspiel üben und damit beginnen, bewusst ihren Platz in einer sozialen Gemeinschaft einzunehmen.

Kleine Kinder benötigen besonders in der institutionellen Betreuung Rahmenbedingungen, die ihrem Alter und ihren besonderen Bedürfnislagen angemessen sind.[5] Dazu zählen

- liebevolle Pflege und Betreuung durch gewohnte Bezugspersonen,
- vor allem für die Kinder, die noch nicht sprechen können, Pädagog/innen, die viel mit ihnen sprechen und singen,[6]

---

5 Vgl. dazu auch Textor 2009.
6 Dazu eigenen sich beispielsweise anregende Materialien zur Sprachförderung für Kinder unter drei Jahren wie die Geschichtensäckchen (vgl. Bostelmann 2009 a). Allgemein zur Sprachförderung siehe Bostelmann 2009 b.

- ästhetisch eingerichtete und anregend ausgestaltete Räume,
- ausgewählte Spielmaterialien, die den Tätigkeiten der kleinen Kinder Rechnung tragen,
- eine konstante Raumordnung, die nach jeder Spielphase wieder hergestellt wird,
- eine Unterbringung in altershomogenen Gruppen sowie eine überschaubare Gruppengröße[7],
- einen angemessenen Betreuungsschlüssel, der dem besonderen Pflege- und Betreuungsbedarf der unterschiedlichen Altersstufen Rechnung trägt,
- ausgebildetes Fachpersonal, welches über besondere Kenntnisse in der Krippenpädagogik verfügt,
- angemessene Pflegerituale, welche sich an den Bedürfnissen der Kinder orientieren – Wickelzeiten, zu denen alle Kinder zeitgleich gewindelt werden, erfüllen diese Anforderung nicht,
- Anleitung beim Erlernen des Spiels und beim Umgang mit den einzelnen Spielmaterialien,
- ein Tagesablauf, in dem feste Rituale und sicher wiederkehrende Situationen bei der Orientierung im Alltag helfen und Sicherheit vermitteln,
- Aktivitäten zur kognitiven Stimulierung, zum Wissenserwerb und zur Förderung der Fein- und Grobmotorik, kreative Angebote wie Malen und Musizieren,
- eine respektvolle Kooperation zwischen Eltern und Erzieherinnen während der Eingewöhnung, aber auch in den folgenden Kindergartenjahren,
- eine umfassende, individuell gestaltete und sensibel durchgeführte Eingewöhnungsphase,
- gute und intensive Absprachen zwischen Eltern und der Betreuungsperson; Beratung und Information der Eltern über die altersangemessene Entwicklung des eigenen Kindes und deren Förderung,
- viel Aufenthalt im Freien, der so gestaltet ist, dass eigene Erkundungen möglich sind,
- ein großer Spielraum für Erkundungen und Erfahrungen; altersangemessen sicher ausgestattete Räume und Spielsituationen,
- viel Spielraum für die individuelle Entwicklung.

Unterschiedliche Entwicklungsphasen bedingen unterschiedliche Anforderungen an Eltern, Institutionen und Betreuungspersonen. Wie kann daher ein Selbstver-

---

7 Null- bis Einjährige: maximal acht Kinder, Ein- bis Zweijährige: maximal zwölf Kinder, Zwei- bis Dreijährige: maximal 15 Kinder. Die Zahlen sind Erfahrungswerte aus den KLAX-Einrichtungen.

ständnis einer modernen Krippenpädagogik aussehen? In der KLAX- Krippen-
konzeption sowie in unseren Veröffentlichungen haben wir versucht, Grundwerte
für Krippenpädagog/innen zusammenzufassen.

4. Grundwerte für Krippenpädagog/innen

4.1 Bedürfnisse erkennen statt eigene Vorstellungen aufzwängen

Das unermüdliche Tun von Kleinkindern mag für ahnungslose Beobachter zunächst wie Anarchie und Chaos aussehen. Viele Eltern können diese Entwick-
lungstätigkeit des Kindes weder wahrnehmen noch wertschätzen: Nicht
erstaunlich ist, dass sie diese anscheinende Lücke mit Erwartungen dessen füllen,
was man alles gezielt per Kurs, Vorbild oder Ermahnung an Fähigkeiten anbah-
nen könnte.

Erster Grundwert von Krippenpädagog/innen sollte dagegen sein: Das Verhalten
der Kinder folgt einem inneren Fahrplan, welcher den Entwicklungsphasen der
Kinder Rechnung trägt. Scheinbar sinnlose Handlungen dienen dem Erkennen
der Welt; deshalb muss die Erzieherin das Verhalten der Kinder gut beobachten,
fachlich einordnen und fördern.

4.2 Individuell begleiten statt kollektiv abfertigen

Eines der stärksten Argumente für Kindergarten und Krippe ist, dass Kinder in der
Gemeinschaft viel schneller lernen als daheim. Dass aber vieles in Gemeinschaft
einfacher geht, darf Pädagogen nicht dazu verleiten, alle Kinder über einen Kamm
zu scheren. Zweiter Grundwert ist daher: Ich nutze die Vorteile des Voneinan-
derlernens, die eine Gemeinschaft bietet, aber ich begegne jedem Ausdruck des
Willens eines Kindes, Dinge anders als die anderen zu machen, mit großem Respekt. Ich gestalte einen Alltag, der als Gemeinschaft erlebbar ist, und dennoch
größtmöglichen Spielraum für individuelles Tun bietet.

4.3 Verständnis schaffen als Grundlage für Einverständnis

Mit Kindern unter drei Jahren wird viel „gemacht", ohne sie um ihre Meinung zu
fragen. Das geht auch kaum anders, schließlich können sie ihre Wünsche nur
schwer artikulieren, und viele ihrer Forderungen sind aus Erwachsenensicht allzu
unvernünftig und kurzsichtig: So wollen sie z.B. oft nicht gewickelt werden, weil
es unangenehm ist, obwohl die volle Windel viel mehr Unbehagen verursacht.

Natürlich ist es nicht möglich, einen Tagesablauf in Absprache mit den Kindern
zu gestalten, wie man es vielleicht mit Fünfjährigen probieren könnte. Dass Krip-

penkinder Abläufe meistens vorgesetzt bekommen, darf aber nicht heißen, dass sie von ihnen überrollt werden. Es ist Aufgabe der Pädagog/innen, ihre Entscheidungen über den Ablauf des Krippentages transparent zu machen, damit Kinder sich darauf einstellen können, was als nächstes passiert. Dazu können sich Pädagog/innen nicht allein auf sprachliche Signale verlassen, sondern müssen viele Wege nutzen, um ihr Tun den Kindern verstehbar zu machen. Die dritte Grundüberzeugung lautet: Von Anfang an haben Kinder die Fähigkeit und das Recht mitzugestalten, was und wie es mit ihnen gemacht wird. Die Pädagog/innen haben die Aufgabe, Wege zu finden, um mit dem Kind darüber sensibel zu kommunizieren.

4.4 Vielfalt bereitstellen statt Auswahl begrenzen

Für das traditionelle Verhältnis zum Kleinkind in unserer Gesellschaft ist charakteristisch, dass Erwachsene ihre Welt vor dem Zugriff der Jüngsten abgrenzen und filtern: Dieses könne kaputt gehen, jenes sei zu gefährlich. Was im heimischen Wohnzimmer vielleicht nicht zu umgehen ist, erleben Kleinkinder oft auch im Kindergarten: Absperrvorrichtungen vor dem bekletterbaren Regal, hoch gestellte bunte Spielzeuge. Statt auf immer bessere Absperrungen und „Neins" zu vertrauen, sollte es unsere Aufgabe als Pädagog/innen sein, alle diese Dinge, die den Erforschungsdrang der Kinder anstacheln, in ungefährlicher Form anzubieten. Kinder brauchen eine Vielfalt an geeignetem Material, das zu Untersuchungen herausfordert.

Vierter Grundwert für Krippenpädagog/innen wäre demnach: Kleine Kinder brauchen keinen kleinen Ausschnitt von unserer Welt, sondern eine eigene große Welt, die nach ihren Bedürfnissen gestaltet ist – also sicher, erforschbar und spannend zugleich. Ich habe die Aufgabe, Kindern eine solche Welt in größtmöglicher Vielfalt bereitzustellen.

4.5 Die Perspektive teilen, statt nur den Überblick haben

Sprechen Eltern mit ihren Kindern über deren Erzieherin, verwenden sie oft die Bezeichnung „Die passt auf euch auf!" Und zu den schlimmsten Fehlern einer Pädagogin gehört landläufig, die Aufsichtspflicht verletzt zu haben. So wichtig ein guter Überblick, ein Schutz vor Gefahren ist: Gibt es nichts Wichtigeres als den Blick „auf" und „über" die Kinder?

Übersicht zu haben bedingt, über den Kindern zu stehen. Von oben mag man ihre Handlungen erkennen, aber man sieht das Gesicht nicht richtig. Man sieht in der Aufsicht, was Kinder tun, aber man kommuniziert nicht darüber, man gestaltet nicht mit. Wenn wir zuletzt fordern, dass gute Erzieher/innen die Perspektive der Kinder teilen sollen, dann meint das eine ganze Menge: Gute Pädagog/innen sind auf Augenhöhe mit ihren Kindern, weil sie wissen wollen, warum sie gerade etwas tun. Sie wollen den Blick der Kinder teilen, um zu verstehen, wo ihr Interesse liegt, was sie gerade bewegt.

5. Von der „Tante" zum Entwicklungsbegleiter – Anforderungen an einen anspruchsvollen Beruf

Wenn versucht wird, ein zeitgemäßes Bild der Institution „Krippe" zu skizzieren, muss auch etwas zu den Akteuren in der Krippe gesagt werden. Krippenpädagogik ist im Wandel begriffen und muss sich wandeln, und da müssen die Krippenpädagoginnen und -pädagogen Schritt halten mit Veränderungen im Berufsbild. Grundlegende Bilder müssen sich wandeln: das Bild, welches die Pädagog/innen von den Kindern haben, und das, was sie von ihrer Arbeit und deren Zielen und Schwerpunkten haben.

Letztendlich muss sich dadurch und durch bewusstes Auftreten in einer neu gefundenen Rolle auch das Bild ändern, welches die Gesellschaft von der Krippenpädagogin hat. Stillschweigend gehen viele Eltern und Mit-Pädagog/innen davon aus, dass Krippenarbeit eine vergleichsweise einfache Tätigkeit ist, die man also eher den niedriger qualifizierten oder ambitionierten Pädagogen übergibt.

5.1 Lieb, belastbar, mütterlich?

Eine kleine Umfrage unter Eltern ergab auf unsere Frage „Wie soll eine gute Krippenpädagogin sein, was braucht sie für ihren Job?" Antworten wie diese: „Wie eine liebe Mami", „Gerne älter, wie eine Oma", „Lieb muss sie sein, gerne auch einfachen, aber ehrlichen Gemüts".

Natürlich stehen diese Vorstellungen vollends in der Tradition des deutschen Bildungswesens, dessen Hierarchiestufen dem Alter der dadurch gebildeten Menschen entspricht: Ganz unten steht die „Krippentante", dann die Erzieherin, dann die Grundschullehrerin, darüber mit dem Studienrat der erste typische Männerberuf, als krönender Abschluss aber der Herr Professor. Je umfangreicher und je anspruchsvoller das zu vermittelnde Wissen ist, desto höher ist offenbar das Ansehen.

5.2 Reflektiert, intelligent, kommunikativ kompetent!

In einem Krippenpädagogik-Seminar bei KLAX haben wir als Gegenentwurf Eigenschaften und Rollen zusammengetragen, die einer zukunftsfähigen Pädagogin in der Krippe gut zu Gesicht stehen: Als Expertin für die Entwicklung des Kindes steht sie auf einer Ranghöhe mit dem Kinderarzt; sie ist eine Art Verhaltensforscher, weil sie aus Beobachtungen Schlüsse für die Förderung der Kinder zieht. Sie denkt didaktisch, wenn sie mit Kindern spielt und agiert, hat hohes Wissen zu Ernährungs- und Gesundheitsfragen und ist eine kompetente Beraterin für Eltern zu Entwicklungsfragen.

Die größten Profis – braucht man sie nicht am meisten dort, wo die Bedürfnisse nicht durch Befragung und Tests, sondern durch reflektierte Beobachtung zu eruieren sind? Wo alles noch auf Anfang steht? Ein Anfang, der gelingen muss, um eine Grundlage für alle folgenden Lernschritte zu bilden? Langfristig dürfte das Ziel, in der Krippe die ersten entscheidenden Weichenstellungen auf dem Bildungsweg der Kinder vorzunehmen, nur gelingen, wenn nicht nur in Köpfen, sondern auch in Bezug auf Ausbildungsniveau und Entlohnung ein Umdenken einsetzt: für den Anfang die besten Kräfte![8]

6. Krippenkinder spielen und lernen dabei

Das Spiel des Menschen beginnt damit, dass Kinder im ersten Lebensjahr ihre Fähigkeiten und Fertigkeiten anwenden, um sie zu erleben und sich darüber zu freuen. Man spricht vom Funktionsspiel, weil das „Funktionieren" der ausgeführten Handlung spielerisch untersucht wird: Spielaufgabe ist, einen bestimmten Effekt herbeiführen zu können. Spielergebnis ist im besten Fall „Funktionslust": Es klappt! Typische erste Spielhandlungen beim Funktionsspiel sind: Dinge erst ansehen und wieder wegschauen, Dinge greifen und in den Mund nehmen. Mit fortschreitender Entwicklung werden die Handlungen komplizierter.

Aus dem Funktionsspiel entwickelt sich bald das Konstruktionsspiel: Wie beim Funktionsspiel geht es dem Spielenden darum, ein bestimmtes Ergebnis zu erzielen und daran Freude zu haben. Aber nun werden bestimmte Handlungen mit Materialien vorgenommen, um ein sichtbares Ergebnis zu gestalten. Dies sind z.B. erste bildnerische Betätigungen, Bauen mit Bausteinen oder das Formen mit Sand. Gerade bei kleineren Kindern ist eher der gelungene Prozess das interessante Ergebnis, welches sie erfreut und für das sie Anerkennung haben möchten.

Nach dem ersten Lebensjahr kommt ein völlig neuer Aspekt zum Spiel des Kindes hinzu: Gegenstände, die ja bisher nur zu untersuchende Materie waren, werden plötzlich mit Bedeutung versehen und damit zu Stellvertretern realer Dinge: Beim Symbolspiel oder „Als-Ob-Spiel" nutzen die Kinder Dinge, um erlebte

---

8 Bostelmann 2008 a, 21 ff.

Situationen im Spiel nachzustellen. Die Puppe wird mit Bausteinen gefüttert, der Teddy wird mit einem Lappen gewickelt, und der Stoffhund „schläft" ein.

Nun ist es nur ein kleiner Entwicklungsschritt zum Rollenspiel: Das Kind kann selbst „Spielfigur" sein. Es kann von ihm erlebte Rollen einnehmen, um zu ergründen, wie es sich anfühlen mag, die Erzieherin, der Vater oder ein Hund zu sein. Anfangs vollziehen Kinder ihre Rollenspiele oft noch parallel zu anderen spielenden Kindern: Sara wickelt gerade die Puppe am Spiel-Wickelplatz, und Lili füttert ihre nebenan am Tisch, aber beide spielen ein eigenes Spiel. Dann dehnt sich das Spiel auf die Gemeinschaft aus. Kinder bekommen von anderen Rollen in deren Spiel zugewiesen oder suchen Mitspieler für eigene Rollenspielkonstellationen. Mit dem Einzug dieser gemeinsamen Rollenspiele wird bald eine wandelbare Bühne aus dem Spielraum, dessen Einrichtungsgegenstände und Materialien wechselnde Requisiten symbolisieren. Es ist wichtig, dass Pädagog/innen eine große Auswahl geeigneter Materialien bereitstellen, mit denen sich möglichst viele unterschiedliche Spielhandlungen inszenieren lassen.

Erst gegen Ende des Krippenalters kann man die nun bevorstehende Weiterentwicklung des kindlichen Spiels beobachten: Regelspiele entstehen dadurch, das Kinder den Spielverlauf im Rollenspiel durch bestimmte Regeln strukturieren.

Spielformen bauen aufeinander auf, aber sie lösen einander nicht ab. Selbst das Ziel der einfachsten Spielform, des Funktionsspiels, nämlich das Erzeugen einer bestimmten Wirkung durch eine bestimmte Handlung, ist auch für Erwachsene noch interessant: Beim Ausführen kniffeliger Bewegungen oder beim ersten Austesten neuer technischer Geräte, um nur zwei Beispiele zu nennen, geht es ihnen wie den Kleinkindern um das Erleben von Funktionslust. Nur die Schwierigkeitsstufe, mit der dieses erreicht wird, passt sich der Entwicklung an. Insofern gibt die Beobachtung, welche Spielformen ein Kind noch spielt, wenig Aufschluss über dessen Entwicklungsreife. Selbst größere Krippenkinder benötigen Material für alle Formen des Spiels, aber natürlich angepasst an den in dem Alter möglichen erhöhten Schwierigkeitsgrad.

7. Die elementaren Spielhandlungen bei Krippenkindern

Was machen Kleinkinder den ganzen Tag über? Was treibt sie dazu, ständig Regalfächer zu leeren, Dinge herumzuwerfen, nach interessanten Materialien zu suchen, als wären sie bei einer Hausdurchsuchung? Was für ahnungslose Menschen aussieht wie reines Zufallshandeln, birgt bei näherem Hinsehen eine verblüffend große Ernsthaftigkeit und Systematik. Kleinkinder erforschen in Untersuchungsreihen die Welt auf einfache Gesetze. Sie erforschen Fragestellungen, von denen wir Größeren längst nicht mehr wissen, dass sie uns anfangs nicht klar waren: Fallen alle Dinge nach unten, oder gibt es Ausnahmen? Kann man Dinge verschwinden lassen, indem man wegsieht? Sind Dinge, die durch schnelle Drehung anders aussehen, auch andere Dinge im Ruhezustand? Warum wird manchmal aus zwei Sachen eine Sache?

„Elementare Experimente" werden diese Untersuchungen genannt, die sich bei allen Kindern wiederfinden lassen; andere sprechen von elementaren Spielhandlungen. Es lässt sich eine Vielfalt an Handlungen finden; aber zum besseren Verständnis ist es sinnvoll, vor allem die folgenden fünf Handlungen besonderer Betrachtung zu unterziehen, weil sie am häufigsten zu beobachten sind.

7.1 Rotation entdecken: bewegen, rollen, drehen, kreiseln

Rotationen werden bei Bällen untersucht, ebenso bei Fahrzeugrädern im Spielzeug-Fuhrpark – vor allem, wenn man den Puppenwagen umdreht und die Räder antreibt. Die schnelle Bewegung, die der Kreisel beim Rotieren macht, ohne dabei seinen Ort zu verändern, können die Kinder mit einem ganzkörperlichen Rotationserlebnis verbinden, nämlich dem Kreiseln auf einem Spielplatzkarussell. Auch auf der Schaukel, wenn sie von jemandem eingedreht und damit aufgezogen wurde, lassen sich kleinere wie größere Kinder gerne in Rotation versetzen. An Rotation fasziniert wohl besonders, dass sie sich so unwirklich anfühlt: Das schnell gedrehte Rad wird unsichtbar, die Farben einer Farbscheibe lösen sich in Weiß auf, und wenn man selber rotiert, wird die Welt um einen herum scheinbar zum Schwanken und Drehen gebracht. Welch überirdisches Gefühl auf einem rotierenden Planeten!

7.2 Dinge fortbewegen: der Transport

Beim Transportieren verändern Kinder aktiv den Raum um sich, indem sie Material in einen anderen Kontext versetzen. Diesem Transport wohnt die zunächst überraschende Erkenntnis inne, dass die Gegenstände immer noch dieselben sind, auch wenn sie sich an einem anderen Ort befinden. Transportieren fühlt sich bei Kindern – wie bei erwachsenen Umzugshelfern oft auch – deswegen gut an, weil man seine Kräfte dafür dosiert einsetzen muss, um das gewünschte Ergebnis zu erlangen. Ein Transport, bei dem man nicht geschickt und stark sein muss, ist in diesem Sinne wenig interessant.

7.3 Alles will nach unten: die Fall-Linie

Im Fallenlassen von Gegenständen untersuchen Kinder die Gesetzmäßigkeit des freien Falls. Alles fließt, fällt, rollt, stürzt hinab. Es ist faszinierend, dass außer einigen bewunderten Ausnahmen – dem Vogel, der Fliege etwa – alles auf der Welt diesem Gesetz gehorcht. Auch das hochinteressante Wasser gehorcht streng diesem Gebot, von oben nach unten zu laufen – ein weiterer Grund für stundenlange Untersuchungen am Wasserhahn.

7.4 Nicht mehr sichtbar heißt nicht weg: das Verstecken

Während des Versteckens von Dingen gehen Kinder der Frage nach, ob diese noch existieren, wenn sie nicht sichtbar sind. Dabei hat das Sich-Verstecken, ganz gleich ob nur durch Wegdrehen des Kopfes oder durch Aufsuchen ferner Verstecke, immer auch mit der mutigen Entfernung von Bindungspersonen zu tun.

Verstecken lebt von der Spannung und Vorfreude auf das Wiederfinden: Beim Versteckspiel können Kleinkinder das schöne Gefühl, nach einer Trennung wieder in die Arme der Betreuerin zu kommen, intensiv durchleben. Aber auch das Suchen und Wiederfinden von Gegenständen fasziniert Kinder schon früh: Der Aufforderung, das vermisste Kuscheltier oder die irgendwo abgestellte Flasche zu suchen, folgen schon Kleinkinder oft bereitwillig.

7.5 Aus zwei Dingen wird eins: das Verbinden

Durch die Verbindung von Materialien entstehen neue Formen und neue Benutzungsmöglichkeiten. Kleinkinder erproben die Verbindung von Materialien und die damit entstehende Veränderung. Bausteine werden zum Turm gestapelt, Tücher um das Tischbein gewickelt; die Puppe wird mit einer Mütze verbunden. Beim Hineinstecken von Gegenständen in passende Öffnungen werden Verbindungen erzeugt. Beim Puzzle wird aus den vorher ungeordneten Teilen und der Bodenplatte eine glatte Fläche mit einem klaren Bild.

Auch die Gegenbewegung zum Verbinden muss zu dieser elementaren Spielhandlung gezählt werden: Beim Trennen von Dingen wird ebenso die Verbindung untersucht wie beim Zusammensetzen. Aus der Großform des Turms werden wieder die Einzelformen der Bausteine.

7.6 Fünf häufige Handlungen aus einem Riesen-Repertoire

Hundert Sprachen hat das Kind, sagt ein Leitspruch aus der Reggio-Pädagogik. Man möchte hinzufügen: Hundert Spielhandlungen hat das Kind gewiss auch! Durch die Einordnung in fünf elementare Spielhandlungen gelingt es, das scheinbar grenzenlose Tun der Kleinkinder überschaubar zu machen. Die Einteilung hilft uns, im kindlichen Tun Grundbedürfnisse und aktuelle Entwicklungsthemen der Kinder zu erkennen.

Allzu statisch sollte die Einteilung jedoch nicht verstanden werden. Wie schon die Beschreibung zeigt, können viele typische Betätigungen von Kleinkindern mühelos zu mehreren der fünf elementaren Spielhandlungen gezählt werden. Beim Transport im Puppenwagen rotieren die Räder, und die darin transportierten Gegenstände mögen unter einem Tuch verborgen sein. Ebenso beinhaltet jede der Spielhandlungen auch ihr Gegenteil. Beim Auseinandernehmen untersuchen Kinder Verbindung, beim Werfen das Fallen und beim Suchen das Verstecken.

Alle diese Betätigungen sind Ansatzpunkte, um die Welt zu entschlüsseln. Von hier aus gelangen Kinder zu grundlegenden Erkenntnissen über die Ordnung der Dinge. Für die Pädagogin ist daher eine gute Beobachtung der Kinder unerlässlich, um allen diesen Spielhandlungen genügend Material zur Verfügung zu stellen.

8. Gemeinsam für das Kind da sein – die Zusammenarbeit mit Eltern in der Krippe

Junge Eltern kleiner Kinder, die noch wenig Vorstellung davon haben, wie eine Kindertagesstätte arbeitet, sind die anspruchsvollste Klientel der Kinderkrippe. Sie gilt es behutsam zu integrieren, in ihrer Rolle als junge Eltern ernst zu nehmen, ihnen mit Rat und Tat zur Seite zu stehen, ohne sie zu bevormunden. Erst wenn Pädagog/innen die Vielfalt der Bedürfnisse junger Eltern erkennen können, können sie den Eltern und damit auch den Kindern ihrer Krippe eine wertvolle Hilfe sein.

8.1 Erste Schritte ohne Kind: die Eingewöhnung

Endlich eine Krippe gefunden, das Kind untergebracht, endlich wieder arbeiten! Unsicherheiten in Bezug auf den Schritt der Eingewöhnung in die Krippe kommen meist erst nach Aufnahme des Kindes: Nicht einfach ist es vor allem für den betreuenden Elternteil, die Leere zu füllen, die durch das Abgeben der Betreuung des Kindes in andere Hände entstanden ist. Anders als das eingewöhnte Kind, das jetzt eine Fülle neuer Eindrücke bekommt, geht der vorher betreuende Elternteil zurück – in den gewohnten Beruf, in die wieder stille Wohnung.

Es ist nicht einfach, in Bezug auf die Sorge um das Wohlergehen des eigenen Kindes anderen Menschen zu vertrauen. Hat er nicht heute Morgen beim Bringen furchtbar geheult und mir mit verzweifeltem Blick nachgeschaut? Wirkte sie nicht beim Abholen erlöst, endlich wieder bei mir zu sein? Gerade verantwortungsvolle und liebevolle Eltern werden trotz bester Absichten, den Schritt der Eingewöhnung möglichst sicher und vernünftig zu gestalten, von Emotionen überrollt. Was brauchen sie von den Pädagog/innen?

Manche Eltern erwarten, dass das Kind ab dem Tag der Eingewöhnung problemlos rund um die Uhr in der Krippe sein kann. Andere Eltern haben eher das entgegengesetzte Gefühl: Sie können nur schrittweise ihr Kind abgeben, um nicht das Gefühl zu haben, es werde ihnen weggenommen. Hier ist es sinnvoll, einen klaren Fahrplan abzusprechen, bei dem die Bedürfnisse des Kindes, der Einrichtung und der Eltern gegeneinander abgewogen werden.

Es ist für viele Eltern schwer, mit dem Beginn der Krippenzeit ihre Emotionen, die sonst nur innerhalb der Familie sichtbar waren, nun plötzlich in der Krippen-Öffentlichkeit zu zeigen. Es tut gut, wenn Pädagog/innen immer wieder signalisieren, dass das Weinen der Eltern beim ersten, zweiten oder dritten Abgeben der Kinder genauso wie der ängstlich-besorgte Blick bei den nächsten Übergaben nichts ist, für das man sich schämen muss. Im Gegenteil!

8.2 Als Experte für das eigene Kind ernst genommen werden

Viele Eltern wollen einfach Wertschätzung für das spüren, was sie schon an ihrem Kind geleistet haben, um auf dieser Basis die Arbeit der Pädagog/innen als wertvolle Fortführung und Ergänzung betrachten zu können. Gelingt es Erziehern, einen guten Informationsaustausch mit den Eltern zu realisieren, dann können sie aus dem Bedürfnis der Eltern nach Mitwirkung am Entwicklungsprozess ihres Kindes für alle Beteiligten einen großen Nutzen ziehen. Dazu eignet sich das Führen eines Portfolios als Bildungs- und Entwicklungsdokumentation.[9]

Es ist für eine gute Entwicklung der Kinder unabdingbar, dass alle Bezugspersonen miteinander im Austausch stehen. Dies funktioniert langfristig, wenn Eltern und Pädagog/innen sich gegenseitig als verlässliche und interessante Ansprechpartner erleben, beide Seiten sich mit Respekt begegnen und dem anderen zugestehen, Experte zu sein. Es gelingt, wenn beide Seiten den anderen auch in schwierigen Fragen beteiligen und wenn ein vertrauensvoller Umgang miteinander besteht.

8.3 Die Welt des Kindes teilen und verstehen können

Eltern können sich oft nicht vorstellen, wie es ihrem Kind wirklich in der Krippe geht. Regelmäßige Elternhospitationen helfen den Eltern, sich mit dem Krippenalltag des eigenen Kindes vertraut zu machen. Ein gemeinsam erlebter Krippentag bietet Stoff für viele Gespräche – mit dem eigenen Kind, mit Freunden und in

---

9 Vgl. dazu Bostelmann 2008 b.

der Familie. Auch das Ich-Buch, ein von den Eltern gestaltetes Minifotoalbum mit Fotos von zu Hause, kann helfen, eine emotionale Verbindung zwischen Elternhaus und Krippe zu schaffen: Nicht nur die Kinder lieben dieses Stückchen Zuhause, betrachten es oft versunken oder zeigen es voller Stolz vor. Auch für Eltern ist es ein gutes Gefühl, die eigene Welt dem Kind mitzugeben und zu wissen, dass sie im Krippenalltag Beachtung findet.

8.4 Rat erhalten, Verständnis erhalten

Junge Eltern – und hier ist „jung" keine Frage des Alters, sondern eine der Dauer der Elternschaft – werden oft von Unsicherheiten geplagt, gerade wenn sie über wenig Erfahrung im Umgang mit den von der Gesellschaft zur Verfügung gestellten Erziehungs-, Beratungs- und Betreuungseinrichtungen verfügen. „Haben wir mit unserem Kind alles richtig gemacht?", „Wird es sich in der Krippe gut verhalten?", „Ist unser Kind normal entwickelt?" – dies sind nur einige Fragen, die Eltern bewegen und irritieren. Daher ist es wichtig, dass Krippenerzieher/innen den Eltern mit großem Verständnis begegnen, sie auf die Entwicklungsfähigkeit, die Potenziale und die Stärken des Kindes hinweisen. „Jedes Kind ist besonders und daher richtig", so kann das Motto lauten, das die Grundlage jeder Elternberatung bildet.

Elternberatung braucht eine gute Beziehung, und diese basiert auf einer vertrauensvollen Kooperation zwischen Eltern und Pädagog/innen. Mit Vertrauen als Grundbasis lässt es sich leichter über kleine Erziehungsfehler reden, wird man im Gegenzug auf Verständnis für die unumgänglichen Organisationsprobleme des Krippenalltags stoßen.

9. Schluss

Die Welt bleibt groß, wie klein man auch ist. Diese große Welt für die Kinder zu verkleinern, ihnen in verniedlichter Form, quasi in Häppchen, die Realität darzureichen, ist ein unheilvolles und wenig hilfreiches Bedürfnis der Erwachsenen. Natürlich erscheint die „große Welt" manchmal laut und erschreckend, unübersichtlich, ja unbezwingbar, aber sie ist die reale Lebensumwelt der Kinder. In geheimnisvoller Größe regt sie die Kinder zu Erkundungen an, und diese Erkundungen führen zu Entdeckungen, zu Entwicklung und Fortkommen. Dies gilt besonders für Krippen und ihre Kinder. Krippen sind eben keine verkleinerten Kindergärten, in denen diejenigen Pädagoginnen und Pädagogen arbeiten, bei denen es für den Kindergarten nicht gereicht hat.

Krippen haben die schreibende und weiterbildende Pädagogik lange Zeit kaum interessiert, nicht nur weil das Thema gesellschaftlich im Abseits zu stehen schien. Waren die Kinder zu klein, zu dumm, zu unbedeutend, um mit der Verbreitung des Wissens um ihre Entwicklung akademische Lorbeeren zu ernten? Erst seit die Hirnforscher sich für die Gehirne von Säuglingen und Kleinkindern interessieren, darin wahre Neuronenfeuerwerke in sich bildenden und wieder reduzierenden neuronalen Netzwerken bewundern, wird aus dem ehemals als dümmlich betrachteten Windelpaket ein Forscher und Entdecker.

Eine „kleine" Betreuung für kleine Menschen und einen großen Kompromiss stellen die vielen Tagesmütter und tagesmütterähnlichen Betreuungseinrichtungen dar. Für kleine Kinder genügt scheinbar ein klein wenig Ausbildung und eine kleine Wohnung für das „Gut-aufgehoben-Sein". Dass dies so nicht geht, muss endlich begriffen werden: Kleine Kinder benötigen großartige Pädagog/innen mit einem umfassenden Fachwissen und vielen hervorragend entwickelten Kompetenzen. Wenn Krippen, dann richtige – und dann auch mit dem Anspruch auf eine Qualität, die den europäischen Vergleich nicht scheuen muss.

Bildungsarbeit in einer Kinderkrippe beschränkt sich nicht auf ein „Eididei" und ein „Lalelu". In den Kinderkrippen gibt es jeden Tag kleine Sensationen zu erleben, wenn Einjährige ihre Umwelt erkunden. Diese Ereignisse könnten überschrieben sein mit: „Alles fällt?" „Rückwärts geht es besser hinab?" „Ein Gegenstand zum Hindurchfassen?" – Themen für Bildungsangebote, die Krippenkinder faszinieren und deren Bedeutung für ältere Kinder kaum noch spürbar ist.

Der Krippenpädagogik ist mit einer Verkleinerung von Kindergartenbildungsangeboten nicht gedient. In der Krippenpädagogik geht es um Bildungserfahrungen, die von unserer Erwachsenenwelt weit entfernt sind, aber der Welt der Kleinkinder entsprechen. Erwachsene können hier Sensationen erwarten, wenn sie es schaffen, unter den Tisch zu krabbeln und die Entdeckungsreisen eines Menschen zu teilen, der so klein ist, wie man es selbst war in einer Zeit, an die man sich nicht mehr erinnern kann.

Deshalb ist es wichtig, dass die Krippenpädagogik aus ihrem Schattendasein heraustritt und mit den großen Sensationen im Erleben der kleinsten Menschen die Öffentlichkeit begeistert. Jeder Krippenalltag verzeichnet bemerkenswerte Inhalte, ob als naturwissenschaftliche Grunderfahrung, erste künstlerische Betätigungen oder kulturell noch wenig überformte Klänge.

Literatur

Bachmann, Fritz (1976): Teddy, Teddy, tanze, Leipzig.

Bostelmann, Antje (2008 a): Praxisbuch Krippenarbeit. Leben und lernen mit Kindern unter 3, Mülheim an der Ruhr.

Bostelmann, Antje (2008 b): Das Portfolio-Konzept für die Krippe, Mülheim an der Ruhr.

Bostelmann, Antje (2009 a): Geschichtensäckchen. Material- und Spielanregungen für 1- bis 4-jährige Kinder, Mülheim an der Ruhr.

Bostelmann, Antje (2009 b): Jeder Tag ist Sprachlerntag. Das Praxisbuch zur Sprachförderung in der Kita, Mülheim an der Ruhr.

Fraktion BÜNDNIS 90/DIE GRÜNEN (2009): Kleine Anfrage: Finanzierung und Qualität des Ausbaus der Kindertagesbetreuung, Bundestags-Drucksache 16/11807, Berlin.

Maiwald, Peter (1977): Was ein Kind braucht, in: Conrady, Karl Otto (Hrsg.): Der Neue Conrady. Das große deutsche Gedichtbuch, Düsseldorf.

Ministerrat d. Dt. Demokrat. Republik, Ministerium für Gesundheitswesen (1985): Programm für die Erziehungsarbeit in Kinderkrippen, Berlin.

Textor, Martin R. (2009): Wohin mit meinem Kind? Formen und Auswirkungen der Fremdbetreuung, http://www.kindergartenpaedagogik.de/361.html (1. März 2009).

Ulrich Braun

Qualität in Kindertageseinrichtungen für Kinder bis zu drei Jahren

Eine gute Qualität für Kinder unter drei Jahren zu entwickeln und dauerhaft sicherzustellen, gelingt dann, wenn die verschiedenen Dimensionen von Qualität in den Blick genommen, systematisch zu einem guten Bildungs- und Betreuungsangebot zusammengestellt und stets wieder neu überprüft werden. Dies ist deshalb so bedeutsam, weil gute Qualität Kindern nutzen, schlechte Qualität aber die Entwicklung von Kindern beeinträchtigen kann:

> „Bei optimaler Familienbetreuung besteht die Gefahr, dass die kindliche Entwicklung (insbesondere die Sprachentwicklung) nicht so verläuft, wie sie verlaufen wäre, wenn keine öffentliche Betreuung in Anspruch genommen worden wäre. Um allen Kindern eine optimale Entwicklung garantieren zu können, muss deshalb die öffentliche Kinderbetreuung in höchster Qualität angeboten werden."[1]

In einem Gutachten des Wissenschaftlichen Beirates für Familienfragen heißt es: „Angesichts der in den ersten Lebensjahren besonders stark ausgeprägten Lernfähigkeit und Verletzbarkeit der Kinder ist es entscheidend, dass in allen Betreuungsangeboten ein hohes Niveau der pädagogischen Qualität sichergestellt wird."[2]

1. Qualitätskriterien

Qualitätsmerkmale für die Tagesbetreuung von Kindern außerhalb der Familie in den ersten Lebensjahren sind in den vergangenen Jahren vielfältig beschrieben und zusammengestellt worden. Die besonderen Bedingungen für die pädagogische Arbeit mit Kindern unter drei Jahren werden in der Regel in „Strukturqualität" (Rahmenbedingungen/Input), „Prozessqualität" (Produktion) und „Ergebnisqualität" (Produkt/Output) unterschieden.[3] Je enger Struktur- und Prozessqualität ineinander greifen, desto erfolgreicher kann die Ergebnisqualität der pädagogischen Arbeit – wie die kognitive und motorische Entwicklung, emotionale Ausgeglichenheit oder soziale Kompetenz – ausgestaltet werden.

---

1 Ahnert/Schnurrer 2006, 309.
2 Bundesministerium für Familie, Senioren, Frauen und Jugend 2008, 10; auch volkswirtschaftlicher Nutzen entsteht nur bei hoher Qualität der Bildungs- und Betreuungsangebote (ebd., 12).
3 Larrá 2005, 240.

1.1 Pädagogische Qualität in Tageseinrichtungen für Kinder: ein nationaler Kriterienkatalog

Die Projekte der „Nationalen Qualitätsinitiative" (1999–2003) hatten den Auftrag vom Bundesministerium für Familie, Senioren, Frauen und Jugend (BMFSFJ), Kriterien zur Erfassung der pädagogischen Qualität in Kindertageseinrichtungen bzw. der Qualität von Trägern zu entwickeln. Ferner sollten handhabbare Feststellungsverfahren bzw. Materialien zur internen und externen Evaluation erarbeitet und erprobt werden.

Das Team um Professor Wolfgang Tietze hatte zwei Projektanträge gestellt, zum einen für Kinder im Kindergartenalter, zum anderen für Kinder unter drei Jahren. Nach intensiven Diskussionen im Projektteam und mit einer Vielzahl von Experten über den Unterschied zwischen den pädagogischen Qualitätskriterien für Kinder unter und über drei Jahren entstand ein gemeinsamer Kriterienkatalog für beide Altersgruppen. Ein Katalog ausschließlich für Kinder unter drei Jahren wurde nicht entwickelt, weil es nichts gibt, was nicht ein Kind mit einem Jahr genauso wie ein Kind mit fünf Jahren lernen, erfahren oder erforschen möchte. Der Unterschied liegt in der „Altersangemessenheit".

Den Qualitätskriterien wurde eine Vielzahl bereits vorhandener Kriterienkataloge zugrundegelegt.[4] Da es für den Bereich der Kinder unter drei Jahren in Deutschland so gut wie keine Vorarbeiten gab, konnte hier nur auf Kriterien aus internationalen Ansätzen zurückgegriffen werden. Dazu gehörte auch die ICERS[5], aus der später die KRIPS (s.u.) hervorging. Möglichst praxisnah sind für die unterschiedlichen Altersgruppen Standards entwickelt worden. In dem Kriterium „Sprache und Kommunikation" heißt es z.B. unter dem Leitgesichtspunkt „Erzieherin-Kind-Interaktion (2.23)":

> „Die Erzieherin reagiert auf Gesten und Gebärden, Lautmalereien und Imitationen von Kleinstkindern und auf Laute, erste Worte und Sätze jüngerer Kinder. Sie wiederholt bedeutungtragende Laute und spricht mit den Kindern in einer entwicklungsangemessenen Form."[6]

Der Kriterienkatalog berücksichtigt damit ausdrücklich auch die Gruppe der unter drei Jahre alten Kinder über alle pädagogischen Bereiche hinweg. Er stellt

---

4 Z.B. die Qualitätsziele der Europäischen Kommission, dialogorientierte Verfahren wie IQUE oder die Qualitätskriterien des Kronberger Kreises, vgl. Tietze/Viernickel 2002, 18 ff.
5 Infant-Toddler-Environment-Rating-Scale (ICERS), vgl. Tietze/Viernickel 2002.
6 Tietze/Viernickel 2002, 113.

„ein Instrument zur Verfügung, mit dem die Qualität der Einrichtungen, in denen diese Altersgruppe betreut wird, umfassend dargestellt wird. ... Gleichwohl haben Kleinstkinder und jüngere Kinder besondere Bedürfnisse und benötigen eine besonders intensive individuelle Zuwendung durch verlässliche Betreuungspersonen wie auch eine spezielle Unterstützung in vielen Bereichen. Allerdings gehen wir von unterschiedlichen, individuellen Entwicklungsverläufen einzelner Kinder aus, die gegen eine starre Einteilung nach Altersgruppen sprechen."[7]

1.2 Gute Strukturqualität

Der Erzieher-Kind-Schlüssel und die Gruppengröße sind wesentliche Einflussfaktoren für die Qualität von Krippen. Je günstiger der Erzieherin-Kind-Schlüssel und je kleiner die Gruppen sind, umso mehr Zeit haben Erzieher/innen für die individuelle Zuwendung und für den Körperkontakt. Sie reagieren situations- und kindangemessener, sind als Spiel- und Interaktionspartner verfügbar und können Impulse in verschiedenen Bildungs- und Entwicklungsbereichen setzen.[8]

Beispielsweise setzt die National Association of Early Childhood Education (NAEYC), die mit knapp 100.000 Mitgliedern die weltweit größte Organisation von Fachkräften ist, für die Akkreditierung von Programmen folgende Standards voraus:[9]

Fachkraft-Kind-Relation in Bezug zu Altersstufe und Gruppengröße										
Altersgruppe	Gruppengröße									
	6	8	10	12	14	16	18	20	22	24
Geburt bis 15 Monate ("infants")	1:3	1:4								
12 bis 28 Monate ("toddlers")	1:3	1:4	1:4	1:4						
21 bis 36 Monate ("twos")		1:4	1:5	1:6						
30 bis 48 Monate ("preschool")				1:6	1:7	1:8	1:9			
4 Jahre ("preschool")						1:8	1:9	1:10		
5 Jahre ("preschool")						1:8	1:9	1:10		
6 Jahre ("kindergarten")								1:10	1:11	1:12

Es ist allerdings nicht nur die Anzahl der Bezugspersonen, sondern auch die kontinuierliche Anwesenheit der vom Kind akzeptierten Vertrauenspersonen am Tag, in der Woche und mit langfristiger Perspektive, die zum Gelingen der Qualität von Betreuung beitragen. Weitere Einflussfaktoren sind die Qualifikation des Personals, denn neuartige Qualifikationsansprüche machen eine „Erweiterung bisheriger Qualifikationsniveaus auf Fachhochschulebene erforderlich", und es werden

---

7 Tietze/Viernickel 2002, 35.
8 Vgl. Viernickel 2008.
9 Http://www.naeyc.org/academy/criteria/teacher_child_ratios.html (12. März 2009).

Erzieherinnen gebraucht, die „in Integrationspädagogik ausgewiesen sind und Kenntnisse der Rehabilitationspädagogik und -psychologie besitzen".[10] In einer Studie konnte gezeigt werden, dass ein höheres Qualifikationsniveau (hier ein universitärer Abschluss) zu mehr Feinfühligkeit der Betreuungsperson und Responsivität gegenüber dem Kind führt. „Solche Forschungsergebnisse legen eine Erhöhung des Ausbildungsniveaus für Fachpersonal ... nahe."[11] Ein weiterer Faktor sind angemessene räumliche Bedingungen, denn beispielsweise wird im Zusammenhang mit Kindergesundheit in Krippen darauf hingewiesen, dass das Infektionsrisiko desto geringer ist, je mehr Platz pro Kind zur Verfügung steht.[12] Zudem bedarf es einer altersangemessenen Raumkonzeption für Pflege, Ruhe und Schlaf sowie Spiel, Anregung und Aktivität,[13] sowie einer entsprechenden Materialausstattung, gesunder altersgemäßer Ernährung und ausreichend vieler gleichaltriger, möglichst auch gleichgeschlechtlicher Spielpartner.

Zur Strukturqualität gehört weiter die Organisation der Betreuung. So ist bei den verschiedenen Formen der Kleinstkindbetreuung die Qualität wesentlich davon bestimmt, dass den altersgemäßen Bedürfnissen der jungen Kinder Rechnung getragen wird.[14] Dazu gehören ihr Interesse an älteren Kindern und an neuen Erfahrungen. Bei Krippengruppen ist es deshalb wichtig, regelmäßige Kontakte zu den älteren Kindern und in die anderen Gruppen zu ermöglichen. Damit werden auch Übergangsprobleme beim Wechsel in die Kindergartengruppe deutlich verringert. Hier ist besonders zu beachten, dass die Gruppenzusammensetzung schwanken kann und deshalb ein flexibler Personaleinsatz erforderlich ist. Wenn plötzlich die Aufnahme von sechs Monate alten Zwillingen erforderlich wird, muss das auch den Personaleinsatz verändern.

1.3 Gute Prozessqualität

Eine allmähliche Eingewöhnung, begleitet von der Mutter,[15] mit einem immer länger werdenden Verbleib in der Gruppe erleichtert Kindern den Start in die Kindertageseinrichtung. Dann bleibt auch in der Regel die Qualität der Mutter-Kind-Beziehung trotz der veränderten Betreuungswirklichkeit des Kindes erhalten und kann teilweise sogar verbessert werden.[16]

---

10 Ahnert 2005, 47.
11 Roßbach 2005, 166.
12 Heinrich/Koletzko 2005, 256; grundsätzlich sind aber Krippenkinder im Vergleich mit Hauskindern keinesfalls gesundheitlich benachteiligt (ebd.)
13 Vgl. Schneider 1993, Von der Beek 2006.
14 Siehe Textor in diesem Band; vgl. Riemann/Wüstenberg 2004.
15 Vgl. Laewen/Andres/Hedervari 2003.
16 Vgl. Ahnert/Schnurrer 2006, 307.

Damit sich kleine Kinder sicher fühlen können, benötigen sie klare Strukturen und Rituale im Tagesverlauf, beispielsweise beim Bringen und Abholen, bei den Mahlzeiten oder vor und nach dem Schlafen. Die „hohe fachliche Kunst" der guten Erzieherin ist es, den individuellen Rhythmus eines jeden Kindes, seine Schlaf- und Essenzeiten, seine Interessen und Vorlieben zu berücksichtigen. Diese individuelle Zuwendung kann nur bei einem angemessenen Erzieherin-Kind-Schlüssel gelingen:

> „Kleinkinder benötigen die unmittelbare und wiederkehrende Erfahrung, dass sich die ihnen vertrauten Erwachsenen freundlich zuwenden, prompt auf ihre Signale reagieren und in Stress- und Überforderungssituationen zuverlässig zur Stelle sind und regulierend eingreifen. Zu einer qualitativ hochwertigen Betreuung gehört deshalb ein Umgang mit den Kindern, der von Aufmerksamkeit, Responsivität und Feinfühligkeit gekennzeichnet ist."[17]

Dafür bedarf es zusätzlicher Qualifizierung, denn das Beherrschen von Fingerspielen, altersangemessenen Liedern, Reimen und Sprachspielen sowie die körperliche und sprachliche Zuwendung mit viel Blick- und Körperkontakt – gerade auch beim Wickeln und Anziehen – sind das Handwerkszeug der Kleinkinderzieherin. Die Qualität der Interaktion von Erzieherin und Kind ist von zentraler Bedeutung für eine positive sprachliche und kognitive Entwicklung der Kinder.

1.4 Gute Ergebnisqualität

Die Qualität einer Krippe ist nur einer der Einflussfaktoren, die die Entwicklung eines Kindes beeinflussen. Andere Einflussfaktoren sind die Beziehungsgestaltung und der Anregungsgehalt innerhalb der Familie, aber auch der tägliche Betreuungsumfang und der Zeitpunkt, zu dem eine Krippenbetreuung beginnt. Krippen von hoher Qualität unterstützen Kinder in ihrer Entwicklung besser als Krippen mit geringerer Qualität. Kleinkinder fühlen sich in einer guten Krippe wohler[18] und profitieren in der Entwicklung ihrer sozialen und kognitiven Kompetenz.[19] Leider zeigen Studien in Deutschland, dass die Qualität deutscher Krippen nur mittelmäßig ist. Etwa zwei Drittel von 109 Krippen wurden so eingeschätzt. Kaum eine Krippe war von guter oder sehr guter Qualität, und ein knappes Drittel war von unzureichender Qualität.[20]

---

17 Viernickel 2008, 203.
18 Vgl. Viernickel 2008.
19 Ahnert 2005, 29 ff.
20 Tietze 2007.

2. Die Bildungspläne

Kinder von Geburt bis zum Schuleintritt sind Zielgruppe der Bildungspläne fast aller Bundesländer.[21] Dennoch wird kaum auf die unter dreijährigen Kinder Bezug genommen. Wenngleich Bildungspläne kein geeignetes Instrument sind, um verbindliche Bildungsstandards durchzusetzen, so haben sie doch einen Prozess der öffentlichen Aufwertung und der Professionalisierung der Fachkräfte bewirkt. Deshalb ist die Ausweitung der Bildungspläne auf die Lebens- und Entwicklungsphase der unter dreijährigen Kinder von großer Wichtigkeit.[22]

Als zukunftsweisend kann der Thüringer Bildungsplan von 2008 gelten, der für Kinder bis zehn Jahre entwickelt wurde. Darin ist mit „basalen Bildungsprozessen" durchgehend auf die ersten Lebensjahre Bezug genommen worden. Im Selbstverständnis des Bildungsplanes werden Bildungserfahrungen aufgezeigt, die in stabile emotionale Beziehungen innerhalb bzw. außerhalb der Familie eingelagert sind. Damit wird die institutionelle Aufteilung von Bildungserfahrungen aufgegeben, und der Bildungsplan kann auch die Eltern-Kind-Beziehungen der ersten Jahre direkt bereichern. Die herausfordernde Fragestellung: „Welche Bildung steht dem Kind zu?" wird für alle Bildungsbereiche nach den Dimensionen „personal", „sozial" und „sachlich" differenziert ausgeführt. Unter der Fragestellung: „Welche konkreten Angebote sollen gemacht werden?" wird eine Vielfalt an Umsetzungsmöglichkeiten und -ideen zusammengestellt. Das Verständnis von Bildung als tätiger Auseinandersetzung mit der Welt bleibt dabei stets erkennbar.

3. Qualitätsinitiativen

Die Bertelsmann Stiftung hat die Entwicklung einer Checkliste unterstützt, die sich explizit an Eltern richtet, die Kriterien für die Auswahl eines Kitaplatzes suchen. „Die dort aufgeführten Kriterien sind ... weitgehend wissenschaftlich begründet und decken Aspekte ab, die sich für die Entwicklung und das Wohlbefinden von Kleinkindern in Krippenbetreuung als relevant erwiesen haben."[23] In weiteren Projekten wurden Impulse zur Fortbildung von Fachkräften und zur Vernetzung von Angeboten besonders für die Altersgruppe bis zu drei Jahren gegeben.[24]

---

21 Auf die Differenzierungen in den Titeln der einzelnen Bundesländer wie „Empfehlungen", „Bildungs- und Erziehungsplan" oder „Orientierungsplan" wird hier zugunsten der Lesbarkeit verzichtet.
22 Vgl. Bundesministerium für Familie, Senioren, Frauen und Jugend 2008, 1. Im Anhang (56–58) findet sich eine Übersicht über alle Bildungspläne.
23 Viernickel 2008, 207. Die Checkliste ist im Internet abrufbar: http://www.bertelsmann-stiftung.de/bst/de/media/xcms_bst_dms_16179_2.pdf (25. Februar 2009).
24 Vgl. http://www.kinder-frueher-foerdern.de (25. Februar 2009).

4. Qualitätsentwicklung und -sicherung

Wie sieht eine systematische Qualitätsentwicklung der pädagogischen Arbeit mit Kindern unter drei Jahren aus und wie kann sie dauerhaft sichergestellt werden?

4.1 Interne Evaluation

Die Methodenbausteine für Bildung, Betreuung und Erziehung in Tageseinrichtungen für Kinder von null bis sechs Jahren von Tietze[25] sind als Selbstevaluationsinstrument sehr gut geeignet, um die Arbeit mit Kindern unter drei Jahren in einen gemeinsamen Prozess der gesamten Kindertageseinrichtung zu integrieren. Die Kriterien sind gemeinsam im Team einzuschätzen und auszuwerten. Die enge Anbindung an die verschiedenen Qualitätskriterien, die den Bildungsbereichen der Bildungspläne entsprechen, führt zu einer Qualitätsentwicklung im Detail. Raumgestaltung, Musik, Bewegung, Bausteine, sozial-emotionale Entwicklung und weitere Qualitätsbereiche werden auf alle Altersgruppen hin überprüft und führen zu kontinuierlichen Verbesserungen. Auf einer Skala von „überhaupt nicht/nie" bis „voll und ganz/immer" wird z.B. das Kriterium zur Sprachförderung kleiner Kinder im Rahmen einer Selbstevaluation eingeschätzt: „Wenn sich Kleinstkinder und jüngere Kinder sprachlich oder nichtsprachlich äußern, zeige ich ihnen durch bestätigende Gesten, dass ich ihre Äußerungen wahrnehme", oder: „Ich wiederhole spielerisch Laute und Lautreihen von Kleinstkindern und jüngeren Kindern."[26] In einer gemeinsamen Teamauswertung werden Ziele zur Erreichung, Sicherung oder Weiterentwicklung dieses Qualitätskriteriums erarbeitet.

Das Besondere an den Methodenbausteinen ist die Möglichkeit, die fachliche Einschätzung für Kinder unter und über drei Jahren im Team gemeinsam zu erarbeiten, weil die Selbstevaluationsmaterialien auf dem Kriterienkatalog für Kinder von null bis sechs Jahren beruhen. Ein vergleichbares Instrument zur Selbstevaluation der pädagogischen Arbeit gibt es bisher nicht.

Die systematische Anwendung von Beobachtungsverfahren für Kinder bis zu drei Jahren[27] kann Entwicklungsschritte von Kindern deutlich machen und ist so in gewisser Weise ein Evaluationsinstrument zur Betrachtung der Entwicklung eines jeden einzelnen Kindes. Die Anwendung solcher Verfahren ist auch deshalb erforderlich, weil dadurch Interventionserfordernisse durch zusätzliche Fachkräfte

---

25 Tietze et al. 2005 auf der Grundlage des Kriterienkataloges (Tietze/Viernickel 2002).
26 Tietze et al., 141 f.
27 Beller/Beller 2005; Michaelis 2003.

schneller und präziser erkannt werden können. Vor allem wesentliche Entwicklungsrückstände, die zusätzliche Unterstützungsmaßnahmen erforderlich machen, müssen frühzeitig erkannt werden, um die Entwicklungschancen von Kindern nicht dauerhaft zu beeinträchtigen.

4.2 Externe Evaluation

Die „Krippen-Skala – KRIPS" ist seit 2004 für Deutschland adaptiert und im Buchhandel erhältlich.[28] Bereits zuvor gab es u.a. in Recklinghausen, Münster, Göttingen und Brandenburg externe Qualitätseinschätzungen auf der Grundlage amerikanischer Skalen für die Altersgruppe bis zu drei Jahren.[29] Verschiedentlich wird die KRIPS zur externen Evaluation eingesetzt, auch zur Erlangung des Deutschen Kindergarten-Gütesiegels.[30] Mit der KRIPS kann auf effektive Weise mit externer Unterstützung ein erster Überblick über die Qualität in verschiedenen pädagogischen Bereichen gewonnen und der weiteren Qualitätsentwicklung zugrundegelegt werden.

Eine weniger systematische Form der externen Evaluation ist ein fachfremder Blick von außen. Wie nimmt beispielsweise eine Mitarbeiterin der Erziehungsberatungsstelle das Bindungsverhalten der Kinder in der Krippe wahr? Fühlen sich die Kinder wohl? Wie sieht eine Kinderkrankenschwester die Pflegeroutinen? Besonders geeignet sind Mitarbeiter/innen von Familienbildungsstätten, die oft seit vielen Jahren Eltern-Kind-Kurse leiten und z.B. über ein großes Repertoire an Finger- und Singspielen verfügen. Sie wissen viel über die Ängste und Sorgen von Eltern und bringen als externe Qualitätseinschätzer eine andere Professionalität in den Qualitätsdiskurs ein.

4.3 Qualitätssicherung

Über Verfahren zur Qualitätssicherung wird kontrovers diskutiert. Die Einführung eines Gütesiegels und Modelle des Qualitätsmanagements stehen sich bisher unvereinbar gegenüber.[31] Die mögliche Integration solcher Ansätze in ein verbindliches Verfahren steht noch am Anfang. Dabei könnte die Qualität der pädagogischen Arbeit mit Kindern unter drei Jahren durch verbindliche interne und externe Evaluation[32] im Rahmen eines Qualitätszirkels[33] verbindlich gesichert werden. Bei-

---

28 Tietze el al. 2005.
29 Vgl. Braun 2005 a.
30 Tietze 2007; vgl. auch http://www.paedquis.de.
31 Bundesministerium für Familie, Senioren, Frauen und Jugend 2008.
32 Vgl. Braun 2007.
33 Tietze/Viernickel 2002, 39.

spielsweise sollte in der Jahresplanung ein pädagogischer Bereich in besonderer Weise zu einem Schwerpunkt erhoben werden, der qualitativ weiterentwickelt und mittels Evaluationsverfahren genauestens unter die Lupe genommen wird. Eine bereits erfolgreich angewandte Verfahrensweise[34] folgt diesem Dreischritt:

1. Selbstevaluation: Anwendung von Methodenbausteinen im Team, wie in 4.1 ausgeführt;
2. Peer Review[35]: Leitungen oder Mitarbeiter/innen aus Krippen nehmen in anderen Krippen Qualitätseinschätzungen vor. „Kriterienkataloge" für Peer Reviews können dabei individuell unterschiedlich und jeweils gemeinsam vereinbart sein. Sehr anspruchsvoll ist die Anwendung von Teilen der KRIPS. Einfacher ist es, sich zunächst nur einem Bereich zuzuwenden: Raumgestaltung, Beziehungen zwischen Erzieherin und Kind oder Pflegerituale werden von jeder Kollegin mit einer bestimmten Qualität bewertet. Mit dem Peer-Review-Verfahren wird die Möglichkeit gegeben, die in einer anderen Einrichtung erreichte Qualität anzusehen und vor dem Hintergrund eigener Erfahrungen und hinzugezogener Qualitätskriterien zu bewerten. Qualitätsentwicklung und -sicherung geschehen so in einem wechselseitigen Diskurs;
3. Fremdevaluation: als Instrument für eine externe Evaluation steht die Einschätzskala KRIPS zur Verfügung. Um sie anzuwenden, ist eine Qualifizierung erforderlich. Manche Fachberatung ist darin ausgebildet. In trägerübergreifenden Kooperationen stellt möglicherweise eine andere Trägergruppe einen externen Evaluator zur Verfügung.

5. Fazit

Die Qualität der Betreuung, Bildung und Erziehung von Kindern bis zu drei Jahren muss dauerhaft sichergestellt werden, um allen Kindern ähnliche Entwicklungs- und Bildungschancen zu ermöglichen. Fachberatung, Fortbildung, Information und Vernetzung[36] können Qualität steuern, aber sie stellen nicht verlässlich eine gute Qualität sicher. Föderalismus, Kommunalisierung, freie Trägerschaft, die Landschaft kleiner und kleinster Träger, ehren- und nebenamtliche Wahrnehmung der Trägeraufgaben sind strukturelle und rechtliche Rahmenbedingungen,[37] die ein verlässliches Qualitätsniveau für alle Kindertageseinrich-

---

34 Vgl. Braun 2005 b.
35 Vgl. „Prozess zur Vergabe des Gütesiegels ‚Qualitätsschule der Bundesrepublik Deutschland'", http://www.auslandsschulwesen.de => Qualitätsrahmen des Bundes und der Länder für Dt. Schulen im Ausland.
36 Vgl. Larrá 2005, 258.
37 Larrá 2005, 242 ff.

tungen bisher nicht möglich machen. Kinder haben aber ein Recht auf eine gute Qualität von Kindertageseinrichtungen, und Erwachsene haben die Pflicht, ihnen diese zu ermöglichen!

Qualität vom Kind her denken – ein Ausblick:

> Ihr sagt: „Der Umgang mit Kindern ermüdet uns." – Ihr habt recht.
> Ihr sagt: „Denn wir müssen zu ihrer Begriffswelt herabsteigen, uns herabbeugen, kleiner machen."
> Ihr irrt euch. Nicht das ermüdet uns!
> Sondern, – dass wir zu ihren Gefühlen emporklimmen müssen, uns ausstrekken, hinlangen. Um nicht zu verletzen!
> (Janucz Korczak)

Literatur

Ahnert, Lieselotte (2005): Entwicklungspsychologische Erfordernisse bei der Gestaltung von Betreuungs- und Bildungsangeboten im Kleinkind- und Vorschulalter, in: Sachverständigenkommission Zwölfter Kinder- und Jugendbericht (Hrsg.): Band 1: Bildung, Betreuung und Erziehung von Kindern unter sechs Jahren, München, 9–54.

Ahnert, Lieselotte/Schnurrer, Hertha (2006): Krippen, in: Fried, Lilian/Roux, Susanna (Hrsg.): Pädagogik der frühen Kindheit, Handbuch und Nachschlagewerk, Weinheim, 302–312.

Beller, Kuno/Beller, Simone (2005): Kuno Bellers Entwicklungstabelle, 5. Aufl.

Bertelsmann Stiftung (Hrsg.) (2009): Qualität für Kinder unter DREI in Kitas. Empfehlungen an Politik, Träger und Einrichtungen, http://www.bertelsmann-stiftung.de/cps/rde/xbcr/SID-79847CDD-34A7DC97/bst/xcms_bst_dms_16338__2.pdf (24. Januar 2009).

Braun, Ulrich (2005 a): Qualitätsfeststellung mit Einschätzskalen in Kitas: Was gibt´s und wie funktioniert´s?, in: klein&groß 6, 48-50.

Braun, Ulrich (2005 b): Evaluation in Kindertageseinrichtungen. KiTa aktuell NRW 11, 230–232.

Braun, Ulrich (2007): „Wie wird pädagogische Qualität gemessen?", in: Braun, Ulrich/Mienert, Malte/Müller, Stephanie/Vorholz, Heidi (Hrsg.): Frühkindliche Bildung im Team gestalten und umsetzen, Berlin, F 1.2, 1–16.

Bundesministerium für Familie, Senioren, Frauen und Jugend (Hrsg.) (2008): Bildung, Betreuung und Erziehung für Kinder unter drei Jahren – elterliche und öffentliche Sorge in gemeinsamer Verantwortung. Kurzgutachten. Wissenschaftlicher Beirat für Familienfragen beim Bundesministerium für Familie, Senioren, Frauen und Jugend, Berlin.

Heinrich, Joachim/Koletzko, Berthold (2005): Kinderkrippen und Kindergesundheit, in: Sachverständigenkommission Zwölfter Kinder- und Jugendbericht (Hrsg.): Band 1: Bildung, Betreuung und Erziehung von Kindern unter sechs Jahren, München, 227–276.

Laewen, Hans-Joachim/Andres, Beate/Hedervari, Eva (2003): Die ersten Tage – Ein Modell zur Eingewöhnung in Krippen und Tagespflege, Weinheim, 4. Aufl.

Larrá, Franziska (2005): Ansätze zur Steuerung pädagogischer Qualität in vorschulischen Einrichtungen, in: Sachverständigenkommission Zwölfter Kinder- und Jugendbericht (Hrsg.): Band 2: Entwicklungspotentiale institutioneller Angebote im Elementarbereich, München, 235–268.

Maywald, Jörg/Schön, Bernhard (Hrsg.) (2008): Krippen. Wie frühe Betreuung gelingt, Weinheim.

Michaelis, Richard (2003): Validierte Grenzsteine der Entwicklung, http://www.mbjs.brandenburg.de/sixcms/detail.php/lbm1.c.235422.de (18. Februar 2009).

Riemann, Ilka/Wüstenberg, Wiebke (2004): Die Kindergartengruppe für Kinder ab einem Jahr öffnen? Eine empirische Studie, Frankfurt a.M.

Roßbach, Hans-Günther (2005): Effekte qualitativ guter Betreuung, Bildung und Erziehung im frühen Kindesalter auf Kinder und ihre Familien, in: Sachverständigenkommission Zwölfter Kinder- und Jugendbericht (Hrsg.): Band 1: Bildung, Betreuung und Erziehung von Kindern unter sechs Jahren, München, 55–174.

Schneider, Kornelia (1993): Krippenbilder. Gruppen-Erfahrungs-Spielräume für Säuglinge und Kleinkinder, Berlin, 2. Aufl.

Tietze, Wolfgang/Viernickel, Susanne (Hrsg.) (2002): Pädagogische Qualität in Tageseinrichtungen für Kinder. Ein nationaler Kriterienkatalog, Weinheim.

Tietze, Wolfgang (Hrsg.) (2004): Pädagogische Qualität entwickeln. Praktische Anleitung und Methodenbausteine für Bildung, Betreuung und Erziehung in Tageseinrichtungen für Kinder von 0–6 Jahren, Weinheim.

Tietze, Wolfgang/Bolz, Melanie/Grenner, Katja/Schlecht, Daena/Wellner, Beate (2005): Krippen-Skala (KRIPS-R). Feststellung und Unterstützung pädagogischer Qualität in Krippen, Weinheim.

Tietze, Wolfgang (2007): Zweijährige fordern uns heraus – Strukturen und Rahmenbedingungen. Vortrag gehalten beim Landesjugendamt Köln, 27. April 2007.

Thüringer Kultusministerium (Hrsg.) (2008): Thüringer Bildungsplan für Kinder bis 10 Jahre, Weimar.

Viernickel, Susanne (2008): Was ist gute Krippenqualität und wie ist sie zu messen?, in: Maywald, Jörg/Schön, Bernhard (Hrsg.): Krippen. Wie frühe Betreuung gelingt, Weinheim, 198–207.

Von der Beek, Angelika (2006): Bildungsräume für Kinder von Null bis Drei, Weimar.

Pia Theresia Franke

Aus-, Fort- und Weiterbildung in der Arbeit mit unter Dreijährigen

1. Entwicklungen in der frühkindlichen Erziehung, Bildung und Betreuung

Kaum ein anderes Arbeitsfeld hat in den vergangenen Jahren einen derart rasanten Veränderungsprozess wie das der Kindertageseinrichtungen absolvieren müssen. Kindertageseinrichtungen sahen und sehen sich mit vielen neuen An- und Herausforderungen konfrontiert: Vieles wurde hinterfragt und so manches „gewogen, bewertet und für zu leicht befunden". Die Einführung der Bildungspläne in den einzelnen Bundesländern konfrontierte die Einrichtungen mit unterschiedlichen frühpädagogischen Orientierungen – sei es der Selbstbildungsansatz, der Situationsansatz oder der Sozialkonstruktivismus sowie mit einer geänderten Terminologie, wie Literacy-Erziehung[1], scaffolding[2] u.v.m. Nicht zuletzt wurde auch durch gesetzliche Änderungen in der Kindertagesbetreuung, die den Ausbau in den Einrichtungen für Kinder unter drei Jahren ermöglichten und forcierten, ein umfassender Organisationsentwicklungsprozess erforderlich. Träger und die in den Einrichtungen Tätigen mussten sich positionieren: Wenn Kinder unter drei Jahren aufgenommen werden sollten, dann stellte sich zum einen die Frage nach der konzeptionellen Umsetzung und zum anderen danach, wie dies von den Mitarbeiter/innen realisiert werden kann und inwieweit im Team die geeigneten Fachkenntnisse und Ressourcen überhaupt vorhanden sind, um Kinder unter Drei adäquat in der Entwicklung zu fördern. Hier wurden schnell Diskrepanzen zwischen „Wollen" und „Können", zwischen „Soll" und „Ist" deutlich.

Gerade die Öffnung für Kinder unter drei Jahren bedingt neben den weiteren Herausforderungen auch ein Umdenken im Rahmen der Fortbildung. Der Trend zu

---

1 Literacy meint einerseits die Fähigkeit, lesen und schreiben zu können, welches die Teilhabe an der (Wissens-)Gesellschaft ermöglicht, d.h. es sollten sowohl komplexere, abstrakte Texte verstanden werden als auch eigene Gedanken, Kenntnisse und Pläne flüssig niedergeschrieben werden können. Andererseits umfasst Literacy die Literalität, die Literaturkompetenz, d.h. es sollte sowohl eine gewisse Vertrautheit mit der Literatur als auch der literarischen Sprache bestehen, vgl. Textor 2008.

2 „Scaffolding bezeichnet eine vorübergehende Hilfestellung zur Weiterentwicklung von einem Kompetenzniveau zum nächsten, so dass die Kompetenz schließlich unabhängig und ohne Hilfestellung ausgeführt werden kann. Die Hilfestellung wird immer in der Zone der nächsten Entwicklung angeboten, d.h. die pädagogischen Fachkräfte unterstützen die Kinder darin, über das, was sie bereits wissen oder können, hinauszugehen" (Der Bayerische Bildungs- und Erziehungsplan 2006).

spezifischen Teamfortbildungen ist deutlich geworden, denn es reicht in zunehmenden Maße nicht mehr aus, dass sich punktuell nur einzelne Mitarbeiter/innen mit Fachthemen auseinandersetzen, sondern vielmehr geht es um einen umfassenden, alle Teammitglieder erfordernden fachlichen Diskurs. Kindertageseinrichtungen, die sich im Sinne einer lernenden Organisation verstehen, sind auf kontinuierliche Verbesserungen ausgerichtet und daher auf Teamlernen angewiesen. Es stellt sich die Frage, ob und inwieweit die Aus- und Weiterbildung dem Tempo der Veränderungen standhalten kann bzw. wie künftige Änderungen und Innovationen pro-aktiv unterstützt werden können.

Kindertageseinrichtungen sind Spiegel der Gesellschaft. Sie sind mit Veränderungen, die sich in der Gesellschaft abzeichnen, konfrontiert und gefordert, handlungsorientierte Unterstützung für Kinder und ihre Familien zu geben. Die Änderungen hin zu einer stärkeren Familienorientierung und die Erfordernisse einer umfassenden Beratungskompetenz findet Niederschlag in den konzeptionellen Ausrichtungen der Kindertageseinrichtungen. Nicht zuletzt stellen z.B. auch die wissenschaftlichen Erkenntnisse der Hirnforschung auch die in der Einrichtung Tätigen vor die Frage: „Wurde die frühe Kindheit als Bildungsphase zu lange unterschätzt?" Daher wird die Auseinandersetzung mit aktuellen Erkenntnissen aus der Wissenschaft und Forschung zunehmend als Core-Kompetenz von Erzieher/innen bedeutsam. Die Entwicklung von Konzepten der Kleinstkindpädagogik, die Auseinandersetzung mit Erkenntnissen der Bindungsforschung und die daraus resultierende Neuorientierung in der Elternarbeit bis hin zur Familienarbeit erfordern vielfältige Kompetenzen und führen zu einer weiteren kritischen Frage: Sind wir in der Aus- und Weiterbildung erfolgreich nach dem Motto: „Die Besten für die Jüngsten"?

2. Der Blick auf die Fachkräfte in den Kindertageseinrichtungen

In der Frage der Qualifikation ist eine stete kritische Auseinandersetzung erforderlich: „Bieten wir wirklich den Kindern das, was sie für Ihre Entwicklung brauchen?" Frühkindliche Bildung – so Becker-Stoll – gelingt dann, wenn Kinder als aktive Lerner betrachtet werden, die Erzieher/innen auf die individuelle Entwicklung der Einzelnen eingehen, Spielen als wertvolle Aktivität verstanden wird und Lerngelegenheiten in den Alltag der Kinder und ihrer Initiativen eingebunden werden. Kinder brauchen eine Bildung, die die Grundbedürfnisse nach Bindung, Kompetenz und Autonomie erfüllt und Kinder zu aktiver Bewältigung ihrer aktuellen und künftigen Entwicklungsaufgaben befähigt.[3]

---

3 Becker-Stoll 2007.

Als konstitutives Element für die Qualität pädagogischer Prozesse gilt die Gestaltung der Erzieher/in-Kind-Interaktion. Diese Schlüsselvariable ist es, die die Lern- und Bildungsprozesse der Kinder in hohem Maße beeinflusst.[4] Dies zu berücksichtigen wird umso bedeutsamer, wenn die Öffnung für Kinder unter drei Jahren und die damit verbundene höhere Verweildauer der Kinder in den Einrichtungen in den Blick genommen wird, oder anders formuliert: der zeitlich höhere Umfang der Fremdbetreuung und eine stärkere Beeinflussung der Kinder durch den Erzieher/die Erzieherin.[5] Daher wäre es dringend geboten, Kriterien für eine gute Erzieher/in-Kind-Interaktion zu ermitteln, denn bislang fehlen geeignete Instrumente zur Messung ihrer Qualität – trotz der hohen Bedeutung für die Qualität der pädagogischen Prozesse.[6]

Nimmt man Ko-Konstruktion als Ansatz ernst, so bedeutet dies, Professionalisierungsformen für Erzieher/innen vorauszusetzen, wie beispielsweise kommunikative und interaktionale Kompetenz, aber auch die Kompetenz, prozessuale Aspekte von Qualität zu unterstützen[7] und es ist die kritische Frage der Repräsentanz gerade dieser Inhalte in der Aus- und Weiterbildung zu stellen.

Kommunikative und kooperative Kompetenzen als „Core-Kompetenzen" der Erzieherin/innen sind auch dann gefordert, wenn sich Kindertageseinrichtungen bei einer Öffnung für Kinder unter drei Jahren im Sinne einer Bildungseinrichtung positionieren und profilieren möchten, sei es beispielsweise im Sinne einer ausdrücklichen Familienorientierung, um eine vernetzte und integrierte Angebotsstruktur für Familien zu schaffen, oder in der Kooperation und Kommunikation von Fachdiensten oder in der Fachdiskussion im interdisziplinären Team. König postuliert in diesem Zusammenhang: „In Zukunft muss es daher darum gehen, eine Handlungsdidaktik für den Elementarbereich zu etablieren, welche den Erzieherinnen Orientierung für die direkte pädagogische Interaktion mit dem Kind geben kann."[8]

3. Gedanken zur Ausbildung von Erzieherinnen und Erziehern

Was benötigen Erzieher/innen, um Kinder zu befähigen, mit all den Herausforderungen und Diskontinuitäten umgehen zu können, und den Kindern das zu bieten, was sie für ihre Entwicklung brauchen? Im Positionspapier zum Bildungsauftrag und zur Qualitätssicherung in der Kindertagesbetreuung setzte die

---

4 König 2006, 5.
5 Textor 2009.
6 König 2006, 101 ff.
7 Fthenakis 2000.
8 König 2006, 142.

Jugendministerkonferenz bereits 2005 den Akzent auf die Sicherung, Weiterentwicklung und Überprüfung der Bildungs- und Erziehungsarbeit in Kindertageseinrichtungen für Kinder unter drei Jahren und benannte folgende fachliche Anforderungen für die Ausbildung[9]:

• Stärkung von Wahrnehmungs-, Deutungs- und Reflexionskompetenz,
• Stärkung der didaktischen Kompetenz,
• Ausprägung von Beobachtungs- und Diagnosekompetenz,
• Förderung der Persönlichkeitsbildung.

Im Rahmen der Ausbildung beschäftigen sich angehende Erzieher/innen lernfeldbezogen immer auch mit der eigenen (Bildungs-)Biografie und ihren jeweiligen Vorerfahrungen. Dies dient als Grundlage und Vorbereitung für die Umsetzung in die entsprechenden Arbeitsfelder.[10] Jedoch steht Ausbildung häufig in der Kritik, der gegenwärtig vorfindlichen Praxis und den wissenschaftlichen Erkenntnissen nicht gerecht zu werden. Lilian Fried spricht in diesem Kontext von einer „bemerkenswerten Kluft" zwischen der Ausbildung der Erzieher/innen und beispielsweise der frühpädagogischen Forschung.[11]

Die Qualifizierung der Fachkräfte für die Arbeitsfelder in der Kinder und Jugendhilfe im Kontext der frühkindlichen Erziehung, Bildung und Betreuung werden in Deutschland in unterschiedlichen Ausbildungsgängen angeboten, stellt der Deutsche Verein für öffentlich und private Fürsorge in seinem Positionspapier im Dezember 2007 fest.[12] Dies ist sicherlich auch ein Hinweis darauf, dass in den Einrichtungen höchst unterschiedliche Ausbildungsniveaus vorzufinden sind – von der Kinderpflegerin bis hin zu Absolvent/innen von Masterstudiengängen an Universitäten: „Bei der Weiterentwicklung der Erzieher/-innenausbildung kommt vor dem Hintergrund des Bologna-Prozesses insbesondere der Durchlässigkeit eine besondere Bedeutung zu, denn bislang ist die Ausbildung auf unterschiedlichen, noch nicht kompatiblen Ausbildungsebenen angesiedelt."[13] Hinzuweisen ist hier auf die aktuellen Überlegungen zu Verfahren, wie beispielsweise (in)formelle Kompetenzen standardisiert individuell anzurechnen sind.[14] Die Thematik

---

9 TOP 10 der Jugendministerkonferenz: Aufgabenprofile und Qualifikationsanforderungen in den Arbeitsfeldern der Kinder- und Jugendhilfe am 12./13. Mai in München, http://www.stmas.bayern.de.
10 Colberg-Schrader 2007.
11 Fried 2007.
12 Deutscher Verein für öffentliche und private Fürsorge e.V. 2007.
13 Sell 2009.
14 Sell 2009.

„Anschlussfähige und durchlässige Qualifikationswege" beschäftigt auch die Weiterbildungsinitiative Frühpädagogischer Fachkräfte (WiFF)[15] mit Überlegungen zu einem konsistenten Aus- und Weiterbildungssystem durch eine systematische Vernetzung der Akteure im frühpädagogischen Arbeitsfeld, aber auch der Entscheidungsverantwortlichen und der Anbieter von Qualifizierungsmaßnahmen.[16]

Gerade die künftige Heterogenität der Ausbildungen wird die Einrichtungen vor große Herausforderungen stellen, da das Ausbildungsniveau die Qualität der Einrichtungen entscheidend prägt; umso mehr sind deshalb teamorientierte Fortbildungen im Sinne des Teamlernens notwendig. Welche Auswirkung hat jedoch die Akademisierung auch und gerade für die Rolle der Erzieherin/des Erziehers? Ist es überhaupt noch angebracht, beispielsweise im Bereich Kleinstkindpädagogik, von Erzieher/innen zu sprechen oder ist die Bezeichnung nicht gar irritierend und sollte deshalb nicht vielmehr von Bildungsmanager/innen, Elementar- oder Kindergartenpädagog/innen gesprochen werden? Mienert spricht von den vielfältigen Rollen der Erzieherin/des Erziehers bezogen gerade auf die Öffnung für unter Dreijährige: als Bindungs- und Vertrauensperson, als Fachpädagog/in für frühkindliches Lernen, als Netzwerker/in, Beobachter/in und Dokumentator/in und nicht zuletzt als Erwachsenenbildner/in.[17]

Für die Umsetzung der Prämisse „Die Besten für die Jüngsten" ist die kritische Auseinandersetzung mit der Befähigung für den Beruf grundlegend. Employability – die individuelle Beschäftigungsfähigkeit – der künftigen Erzieher/innen wird als wichtiges Element diskutiert.[18] Dabei stehen folgende Fragen im Vordergrund:

- Welche fachlichen Kompetenzen sollen und müssen im Rahmen der Ausbildung vermittelt werden?
- Wie stellt sich die individuelle Belastbarkeit, Lernfähigkeit, aber auch Lernbereitschaft dar?
- In welchem Maße kann die Fähigkeit zur Selbstreflexion befördert werden?

---

15 WiFF ist eine Initiative des Bundesministeriums für Bildung und Forschung und der Robert Bosch Stiftung in Zusammenarbeit mit dem Deutschen Jugendinstitut mit dem Ziel Impulse für mehr Qualität und Durchlässigkeit im System der frühpädagogischen Weiterbildung in Deutschland zu geben, http://www.weiterbildungsinitiative.de.
16 Leu 2009.
17 Mienert 2009.
18 Employability zeigt sich in der Fähigkeit, fachliche, persönliche, soziale und methodische Kompetenzen unter sich wandelnden Rahmenbedingungen zielgerichtet und eigenverantwortlich anzupassen und einzusetzen, um eine Erwerbsfähigkeit zu erlangen und zu erhalten. Als wichtigste Voraussetzung gilt hierbei das sog. Lebenslange Lernen (Rump 2005).

Ausbildung ist daher noch stärker gefordert, sich mit dem geänderten Bild des Kindes auseinanderzusetzen, d.h. Kindorientierung statt Angebotsorientierung in den Fokus der Betrachtung zu rücken. Sie muss Beziehungsgestaltung als zentrales Element und die Selbstreflexion als durchgängiges Konzept berücksichtigen und für den Ansatz der Familienorientierung befähigen und geeignete Methoden anbieten: zum Beispiel innovative Ansätze wie Großgruppen-Methoden, die die Partizipation von Eltern ermöglichen oder die „Eingewöhnungszeit" als Qualitätsstandard. Ausbildung, Weiterbildung, Praxis und Forschung sind notwendigerweise stärker als bisher miteinander zu verzahnen.

Ausbildung bietet Möglichkeiten, (Schlüssel-)Kompetenzen zu fördern, um dem Anforderungsprofil „Erzieher/in" mit dem Ziel der „Person-Job-Passung"[19] gerecht zu werden. Für die Befähigung eines fachkompetenten Umgangs mit der Zielgruppe von 0–3 Jahren spielt neben der Ausbildung auch die Weiterbildung eine herausragende Rolle. Eine Befragung der Bertelsmann Stiftung von 2006[20] ergab einen hohen Fortbildungsbedarf für die Qualifizierung von Erzieher/innen hinsichtlich der Arbeit mit Kindern unter drei Jahren. Als wesentliche Gründe wurden von Seiten der Fachverantwortlichen fachliche Defizite wie ein veraltetes Bild vom Kind, fehlende methodisch-didaktische Kenntnisse und Defizite in der Ausbildung genannt.

4. Folgerungen für die Fort- und Weiterbildung von Erzieherinnen und Erziehern

Neben den unterschiedlichen Zugängen zur Qualifikation bzw. zum Beruf sind die gegenwärtig tätigen Fachkräfte mit einem fast unübersehbaren Markt der Weiterbildungsmöglichkeiten im Elementarbereich konfrontiert, der ebenso einem Reformprozess unterliegt.[21] Sowohl Fort- als auch Weiterbildung setzen berufsbegleitend an der steten Weiterentwicklung des Erziehungspersonals an. Kurz gefasst wird Fortbildung verstanden als Einzelmaßnahme der beruflichen Weiterqualifizierung und Weiterbildung als eine formale, abschlussbezogene Form der Professionalisierung.[22]

Es gibt derzeit höchst unterschiedliche Ansätze in der Weiterbildung, um den qualitativen Ausbau für die Altersgruppe von 0–3 Jahren zu unterstützen und zu

---

19 Person-Job-Passung: Mitarbeiter sind dann motiviert, wenn sie in ein für sie optimal passendes Arbeitsumfeld geführt werden (Scheffer, David 2008, 203).
20 Bertelsmann Stiftung 2006.
21 Berufsfortbildungswerk gemeinnütziger Bildungseinrichtungen der DGB GmbH 2009.
22 Oberhuemer 2005.

begleiten. Sie reichen von kurzfristigen Fortbildungen über berufsbegleitende Weiterbildungen bis hin zu Aufbau-Studiengängen. Dass die Weiterqualifizierung von
Erzieher/innen für die Altergruppe „Unter Drei" auch weiterhin dringend geboten
ist, wird auch durch die noch nicht dem Bedarf entsprechende Verankerung in
den Ausbildungsstätten deutlich. Fast ein Drittel der zur Arbeit mit unter dreijährigen Kindern als Lehrinhalt befragten Fachschulen/Fachakademien gaben an,
bislang noch keine Inhalte zu diesem Thema integriert zu haben bzw. sich noch
im Planungsprozess zu befinden.[23]

An dieser Stelle sei nochmals darauf hingewiesen, dass ein wesentlicher Baustein
der Qualitätsentwicklung und -sicherung gerade in der Kindertagesbetreuung die
fundierte Ausbildung und die kontinuierliche Weiterbildung darstellt. Daher muss
die Qualifizierung im Elementarbereich den Lernbedürfnissen (Kenntnisse,
Fertigkeiten, Motivation) der Einzelnen für gegenwärtige und zukünftige Aufga-
benerfüllung entsprechen.[24] Dabei müssen sowohl die individuelle Handlungs-
kompetenz, d.h. Handlungsfähigkeit und Handlungsbereitschaft, gefördert und
unterstützt werden[25] als auch die Lern- und Entwicklungsbedürfnisse der Kindertageseinrichtung als Organisation berücksichtigt werden.[26] Fort- und Weiterbildung sind demzufolge nicht nach dem „Zufallsprinzip" zu verteilen und
wahrzunehmen, sondern vielmehr im Sinne der Personalentwicklung gezielt zu
planen, um die Qualität der Einrichtungen zu befördern.

5. Personalentwicklung als neue Herausforderung

Nach Becker umfasst Personalentwicklung „alle Maßnahmen der Bildung, der
Förderung und der Organisationsentwicklung, die von einer Person oder Organisation zur Erreichung spezieller Zwecke zielgerichtet, systematisch und me-
thodisch geplant, realisiert und evaluiert werden."[27] Sie nimmt daher nicht nur den
einzelnen Mitarbeiter in den Blick, sondern es geht vielmehr um die „Formierung
einer umfassenden Lernkultur" in der Kindertageseinrichtung. Deshalb ist hier-
von nicht nur das Lernen der Einzelnen betroffen, sondern es geht auch um die
Ermöglichung und Förderung der Lernprozesse von Gruppen und Organisatio-
nen.[28] Bildung übernimmt somit gerade für die Innovationsfähigkeit und Nachhaltigkeit der Kindertageseinrichtung die elementare Schlüsselfunktion.

---

23 Leu 2009.
24 Hölterhoff/Becker 2006, 14.
25 Staudt/Kriegesmann 2006, 16 ff.
26 Arnold 2006 b, 18 ff.
27 Becker 2005, 3.
28 Arnold 2006 a, 82 ff.

Strategische Personalentwicklung in der Kindertageseinrichtung bedeutet einerseits, Fortbildungsmaßnahmen für die jeweilige Erzieherin oder den jeweiligen Erzieher gezielt gemeinsam mit der Einrichtungsleitung auszuwählen. Dazu ist es erforderlich, den konkreten Weiterbildungsbedarf zu ergründen, d.h. Fähigkeiten und Verbesserungsbedarf festzustellen. Nach erfolgter Auswahl der Fortbildungsmaßnahme ist eine differenzierte Vorbereitung von Seiten der Erzieherin/des Erziehers erforderlich. Es sind sowohl Erwartungen wie auch die mit der Qualifizierungsmaßnahme verbundenen Ziele zu klären. In einer schriftlichen Vorbereitung muss der konkrete Änderungsbedarf formuliert werden, d.h. was sollte sich konkret durch die Maßnahme ändern und anhand welcher Indikatoren könnte die beabsichtigte Veränderung festgestellt werden. Die Auswahl von Qualifizierungsmaßnahmen beinhaltet auch die spezifische Auswahl geeigneter Referent/innen. Die Frage der Qualität stellt sich zum einen hinsichtlich der Qualität der Maßnahme und zum anderen auch bezüglich der Anforderungen, die an Referent/innen zu stellen sind.[29]

Strategische Personalentwicklung umfasst andererseits auch das sogenannte Bildungscontrolling im Sinne einer Nachhaltigkeit, Wirksamkeit und Transfersicherung der Qualifizierungsmaßnahme. Nachhaltigkeit kann beispielsweise durch ein Nachbereitungsgespräch mit der Leitung erfolgen, um die in die Maßnahme gesetzten Erwartungen und Ziele zu überprüfen und ggf. weiterführenden Weiterbildungsbedarf zu erheben. Die Überprüfung des Lernerfolgs kann innerhalb eines festgelegten Zeitraums im Rahmen eines Auswertungsgesprächs gemeinsam mit der Leitung erfolgen oder individuell durch ein Lerntagebuch gestaltet werden, um Ergebnisse und Erkenntnisse aus der Qualifizierungsmaßnahme in die konkrete Bildungsarbeit zu transferieren. Denkbar ist auch eine Transfersicherung im Rahmen einer Ergebnispräsentation im Team. Das Qualifikationsniveau ist ein entscheidender Faktor, der die Qualität der pädagogischen Prozesse in der Einrichtung bestimmt. Daher ist es evident, die Wirksamkeit und Nachhaltigkeit von Weiterbildungsmaßnahmen zu evaluieren. Vorhandene Weiterbildungskonzepte sind deshalb kritisch zu überprüfen, inwieweit sie den gegenwärtigen Anforderungen entsprechen.

Die Personalentwicklung muss sich auch mit nachhaltigem Erwachsenenlernen auseinandersetzen. Arnold stellt fest, dass Erwachsene nach einer biografisch-systemischen Logik lernen. Sie greifen das auf, was ihnen für ihre Lebenspraxis bedeutsam erscheint; d.h. der Lehr-Lern-Prozess muss sich somit an komplexen,

---

29 Vgl. auch Checkliste zur Qualität beruflicher Weiterbildung, Juni 2009, http://www.bibb.de.

lebens- und berufsnahen, ganzheitlich zu betrachteten Problembereichen orientieren.[30] Praxisbezug, Eigenaktivität und selbstgesteuerte Lernprozesse gilt es in der Erwachsenenbildung zu berücksichtigen.[31] Neue Konzepte wie Blended Learning[32] und die damit verbundene Nutzung neuer Medien finden ansatzweise Eingang in die Fort- und Weiterbildung für Erzieher/innen.

Die Fort- und Weiterbildung sieht sich wie die Ausbildung den neuen Herausforderungen gegenüber. In den Fort- und Weiterbildungen sind künftig noch stärker die unterschiedlichen Qualifikationsniveaus der Mitarbeiter/innen in den Einrichtungen zu berücksichtigen und ebendiesen beispielsweise durch Lerninhalte und Lernarrangements gerecht zu werden. Entsprechende Bildungsangebote sind somit zielgruppenorientiert zu gestalten, ohne dabei das Team als System außer Acht zu lassen.

6. Fazit: Aus- und Fortbildung – ein immerwährendes Thema

Kindertageseinrichtungen als Bildungseinrichtungen befinden sich in einem kontinuierlichen Veränderungs- und Verbesserungsprozess, um sowohl ihre Quantität als auch Qualität zu bewerten und zu überprüfen. Flankierende Qualitätsmaßnahmen durch Aus-, Fort- und Weiterbildung in Kooperation mit dem Lernort „Praxis" und der Forschung sind auch künftig unerlässlich, um Mitarbeiter/innen in den Kindertageseinrichtungen für die Gegenwart und Zukunft zu unterstützen und Innovationen zu befördern.

Literatur

Arnold, Rolf (2006 a): Personalentwicklung – eine Grundlegung, Studienbrief, Kaiserslautern.

Arnold, Rolf (2006 b): Grundlagen der Personalentwicklung im lernenden Unternehmen – Einführung und Überblick, in: Arnold, Rolf/Bloh, Egon (Hrsg.): Personalentwicklung im lernenden Unternehmen, Baltmannsweiler.

Arnold, Rolf (2007): Ich lerne also bin ich: Eine systemisch-konstruktivistische Didaktik, Heidelberg.

Arnold, Rolf/Krämer-Stürzl, Antje/Siebert, Horst (2005): Dozentenleitfaden, Berlin.

Becker, Manfred (2005): Personalentwicklung, Stuttgart.

---

30 Arnold 2007.
31 Arnold/ Krämer-Stürzl/Siebert 2005, 32 ff.
32 Blended Learning (oder auch: Hybrides Lernen) ist ein Lehr-/Lernkonzept, das Präsenzveranstaltungen und virtuelles Lernen auf der Basis neuer Informations- und Kommunikationsmedien didaktisch sinnvoll verknüpft, vgl. http://www.e-teaching.org.

Becker-Stoll, Fabienne (2007): Welche Bildung brauchen Kinder?, http://www.profis-in-kitas.de.

Bertelsmann Stiftung (2006): Ergebnistelegramm und Empfehlung der Bertelsmann Stiftung, Gütersloh.

Berufsfortbildungswerk gemeinnütziger Bildungseinrichtungen der DGB GmbH (bfw) (2009): Ergebnisse der Studie Qualitätsanforderungen an ein Fort- und Weiterbildungskonzept für Erzieher/innen, http://www.chancen-foerdern.de.

Colberg-Schrader, Hedi (2007): Praxisfeld Kitas – Erwartungen an die Fachschulausbildung, Vortrag auf der Pädagogischen Jahreskonferenz der FSP 1, http://www.fsp1.de.

Der Bayerische Bildungs- und Erziehungsplan, Weinheim 2006.

Deutscher Verein für öffentliche und private Fürsorge e.V. (2007): Positionspapier des deutschen Vereins zu den Perspektiven der Ausbildung und der beruflichen Weiterentwicklung von Erzieherinnen und Erziehern, http://www.deutscher-verein.de.

Fried, Lilian (2007): Die Innovation pädagogischer Praxis braucht Forschung, http://www.profis-in-kitas.de.

Fthenakis, Wassilios, E. (2000): Die Ausbildung von Erzieherinnen und Erzieher: Strategiekonzepte zur Weiterentwicklung von Ausbildungsqualität, Vortrag Fachtagung, http://www.fthenakis.de.

Hölterhoff, Herbert/Becker, Manfred (2006), in: Arnold, Rolf/Bloh, Egon (Hrsg.): Personalentwicklung im lernenden Unternehmen, Baltmannsweiler.

König, Anke (2006): Dialogisch-entwickelnde Interaktionsprozesse zwischen Erzieherin und Kind, Dissertation, Dortmund.

Leu, Hans Rudolf (2009): Stellenwert, Aufgabe und Leistungen der Weiterbildungsinitiative frühpädagogischer Fachkräfte, Berlin, http://www.weiterbildungsinitiative.de.

Mienert, Malte/Vorholz, Heidi: (2009): Die neuen Bildungspläne und die Rolle der Erzieherin, http://www.ent-paed.psy.uni-bremen.de.

Oberhuemer, Pamela (2005): Ein Blick ins Ausland, http://www.ifp-bayern.de.

Rump, Jutta (2005): Employability in der betrieblichen Praxis – Ergebnisse einer empirischen Studie, Ludwigshafen, http://web.fh-ludwigshafen.de.

Scheffer, David (2008): Individuell motivieren, in: Rietmann, Stephan/Hensen, Gregor (Hrsg.): Tagesbetreuung im Wandel, Wiesbaden.

Sell, Stefan (2009): Anschlussfähige und durchlässige Bildungswege, Berlin, http://www.weiterbildungsiniative.de.

Staudt, Erich/Kriegesmann, Bernd (2006), in: Arnold, Rolf/Bloh, Egon (Hrsg.): Personalentwicklung im lernenden Unternehmen, Baltmannsweiler.

Textor, Martin (2008): Literacy-Erziehung in der Familie, http://www.familienhandbuch.de.

Textor, Martin (2009): Die Erzieher-Kind-Beziehung aus Sicht der Forschung, http://www.kindergartenpaedagogik.de.

Maria-Theresia Münch

Fachberatung für Kindertagesbetreuung – ein (vergessenes) Qualitätserfordernis

Am Beginn der Auseinandersetzung mit dem Instrument bzw. System Fachberatung in der Kindertagesbetreuung sollte eine systematische Analyse der wissenschaftlichen Forschung sowie der Fachpraxis stehen. Allerdings existieren weder ausreichende wissenschaftliche Untersuchungen, noch liegen valide Kennzahlen über die rechtliche und strukturelle Verankerung der Fachberatung in den Ländern vor. Lediglich für den Freistaat Sachsen kann auf eine aktuelle wissenschaftliche Evaluation zugegriffen werden.[1] Ebenso unbeleuchtet ist die historische Entwicklung von Fachberatung sowie die Ausformung eines Profils bzw. Berufsbildes. Vorhandene vereinzelte Fachbeiträge, Empfehlungen und Positionspapiere von Verbänden, Trägern und Vertreter/innen der Fachöffentlichkeit können – bei aller Wertschätzung für diese Arbeiten – das Manko der Datenlage sowie der wissenschaftlichen und fachpolitischen Auseinandersetzung mit diesem Thema nicht füllen. Mit diesem Beitrag soll dennoch der Versuch einer systematischen Einordnung und Bewertung des Instrumentes Fachberatung unternommen und Handlungsbedarfe aufgezeigt werden.

1. Historische Entwicklung der Fachberatung

Ansätze für ein Nachzeichnen der Entwicklung von Fachberatung finden sich zum einen in einzelnen Fachbeiträgen, so z.B. in einer Tagungsdokumentation von 1995[2], sowie aktuell in einer Dissertation zur Wirksamkeit von Fachberatung[3]. Darin wird deutlich, dass bereits im 19. Jahrhundert bis zum Zweiten Weltkrieg vor allem die Ausbildungsinstitutionen die Qualifizierung von Erzieherinnen bzw. Kindergärtnerinnen – damals mehrheitlich Frauen – vorgenommen haben. Sie hatten erkannt, dass die Erzieherinnen eine regelmäßige, fachliche Begleitung benötigen. Hierfür wurden Jahreskonferenzen und regionale Arbeitskreise durch Lehrende der Ausbildungsstätten durchgeführt. Nach dem Zweiten Weltkrieg nahmen sog. Jugendleiter/innen oder Jugendfürsorger/innen die Aufgabe der Qualifizierung von Erzieher/innen wahr. Diese sollten als Schaltstelle zwischen Trägern und Fachkräften Einfluss auf die Ausgestaltung der pädagogischen Arbeit in Kindertageseinrichtungen nehmen.

---

1 Vgl. Sächsisches Landesamt für Familie und Soziales 2001 und Sächsisches Staatsministerium für Soziales 2008.
2 Irskens 1995.
3 Hense 2008.

212

Eine flächendeckende Etablierung von Fachberatung fand in der Zeit der pädagogischen Reformbewegungen der 60er- und 70er-Jahre statt. Mit der Veränderung der Fachschulstrukturen zogen sich die Ausbildungsinstitutionen aus der Weiterqualifizierung der Erzieher/innen zurück. Zeitgleich erfolgte ein qualitativer und quantitativer Ausbau von Kindertageseinrichtungen, der eine Neuorientierung in der Fort- und Weiterbildung erforderte. Vor allem die Diakonischen Werke, die Diözesan-Caritasverbände und der Zentralverband katholischer Kinderhorte und Kleinkinderanstalten etablierten die Fachberatung großflächig in ihrem Bereich.

Bei den kommunalen Trägern fand der Ausbau von Fachberatung in stärkerem Maße erst Mitte der 90er-Jahre statt. Ursache hierfür war sicherlich die Novellierung des Jugendwohlfahrtgesetzes (JWG) zum Kinder- und Jugendhilfegesetz (KJHG) und der damit verbundenen Einführung eines Rechtsanspruches auf einen Betreuungsplatz für Kinder ab dem vollendeten dritten Lebensjahr. Dies hatte wiederum einen erneuten quantitativen und qualitativen Ausbau von Kindertageseinrichtungen zur Folge. Welche Auswirkungen der gegenwärtig geplante Ausbau der Betreuungsangebote für Kinder unter drei Jahren sowie die Einführung des Rechtsanspruches für Kinder ab dem vollendeten ersten Lebensjahr auf das Feld der Fachberatung rein quantitativ haben werden, lässt sich noch nicht abschätzen, da es bislang keine bundesweite statistische Erfassung des Vorhandenseins von Fachberatung gibt.

2. Fachpolitischer Diskurs

Auffallend ist, dass das Thema Fachberatung wie in Wellenbewegungen immer wieder im fachpolitischen Diskurs auftaucht, jedoch ohne dass bislang eine differenzierte, kontinuierliche und umfassende wissenschaftliche Befassung mit diesem Thema erfolgt ist. Blickt man genauer auf dieses Phänomen, so wird deutlich, dass Fachberatung insbesondere dann in den Fokus der fachpolitischen Öffentlichkeit gerät, wenn es im Feld der Kindertagesbetreuung zu Umbrüchen kommt, sei es in den 70er-Jahren, den 90er-Jahren oder aktuell im Kontext der Entwicklungen im Bereich der frühkindlichen Bildung, Betreuung und Erziehung (FBBE).

Bereits in den 90er-Jahren hatte der Deutsche Verein für öffentliche und private Fürsorge e.V. als bundesweit agierender Akteur im Rahmen des Arbeitsschwerpunktes „Personal- und Qualitätsentwicklung" einen Vorstoß zur fachpolitischen Auseinandersetzung innerhalb des Feldes und mit dem Thema Fachberatung gemacht.[4] Es wurden Fachtagungen und Open Space-Veranstaltungen durchgeführt,

---

4 Vgl. hierzu auch Münch 2008.

Publikationen erarbeitet, Diskussionen angestoßen usw. Die Relevanz, sich zum damaligen Zeitpunkt mit Fachberatung auseinanderzusetzen, ergab sich aus den bereits genannten gesetzlichen Neuerungen und den damit verbundenen qualitativen und quantitativen Entwicklungen in der Kindertagesbetreuung. Von diesen Veränderungen ging eine Aufbruchstimmung aus. Mit Blick auf die Fachberatung richtete sie sich vor allem auf deren Bedeutung bei der qualitativen Weiterentwicklung der Kindertageseinrichtungen.

Die fachpolitische Auseinandersetzung in den 90er-Jahren führte jedoch nicht zu den notwendigen Veränderungen der Strukturen von und Verbesserung der Rahmenbedingungen der Fachberatung. Dennoch ist die damals geleistete Arbeit und Auseinandersetzung nicht hoch genug zu bewerten. Erstmals wurde in dieser Zeit der Versuch einer konkreten und so weit wie möglich differenzierten Profilbestimmung und Aufgabenbeschreibung von Fachberatung unternommen.[5] Sie ist bis heute Grundlage weiterführender Diskussionen und der Erarbeitung von theoretischen Konzepten und Empfehlungen. Gleichwohl existieren nach wie vor nicht bei allen Trägern explizite Stellenbeschreibungen, die für die Arbeit der Fachberater/innen jedoch unerlässlich sind. Nur vereinzelt haben in den vergangenen Jahren Länder, Kommunen, Verbände und Träger Empfehlungen, Konzepte und Qualifizierungsmaßnahmen für Fachberatung entwickelt. Zusammenfassend kann deshalb festgehalten werden, dass Fachberatung seit den 90er-Jahren als fach- und berufspolitisches Thema mehr oder weniger wieder im „stillen Kämmerlein der unbeachteten Selbstverständlichkeiten" verschwunden ist.

Vor dem Hintergrund der gegenwärtigen Umbruchsituation in der Kindertagesbetreuung wie auch in der Ausbildung der Erzieher/innen versucht der Deutsche Verein erneut den fachpolitischen Fokus auf das Thema Fachberatung zu richten und bietet seit 2007 ein jährlich stattfindendes Forum für Fachberatung an.[6] Bei den bisher stattgefundenen Veranstaltungen wurde ein immenser Bedarf seitens der Fachberater/innen deutlich, sich träger- sowie länderübergreifend einerseits mit ihrer eigenen Situation und den an sie gestellten Anforderungen sowie andererseits mit der Entwicklung von Perspektiven und Weiterentwicklungserfordernissen auseinanderzusetzen. Doch es reicht nicht aus, wenn Fachberatung sich

---

5 Deutscher Verein für öffentliche und private Fürsorge e.V. 1995.
6 Das jährlich stattfindende Forum greift die aktuellen Fragen im Bereich der Kindertagesbetreuung auf und dient einerseits dazu, die bislang gemachten Erfahrungen der Fachberater/innen transparent zu machen. Andererseits sollen Wege aufgezeigt werden, wie die Profession der Fachberatung in den Ausbauprozess eingebunden werden kann. Dieses Forum ist konzipiert als eine jährlich stattfindende Veranstaltung und offen für alle Fachberater/innen aus dem Bereich der Kindertagesbetreuung.

nur mit sich selbst beschäftigt. Das kann nur die eine Seite der Medaille sein. Die andere ist, die fachpolitische Öffentlichkeit auf dieses unverzichtbare Unterstützungssystem im Bereich der Kindertagesbetreuung aufmerksam zu machen und zum Handeln für dessen (Weiter-)Entwicklung zu bewegen.

3. Rechtliche Einbindung

In den 90er-Jahren wurde die Fachberatung im KJHG bundesgesetzlich verankert. Mit § 72 SGB VIII erging der gesetzliche Auftrag an die Träger der öffentlichen Jugendhilfe, Fortbildung und Praxisberatung der Mitarbeiter/innen der Jugendämter und Landesjugendämter sicherzustellen. Die Länder wurden aufgefordert, Fachberatung in ihre Ausführungsgesetze aufzunehmen und durch Finanzierungsbeteiligung entsprechend abzusichern. Diese Vorgabe ist jedoch bis heute nicht in allen entsprechenden landesrechtlichen Bestimmungen umgesetzt.

Blickt man heute auf die landesgesetzlichen Grundlagen, bietet sich ein eher dürftiges Bild. In einer ersten Recherche der Landesausführungsgesetze des SGB VIII und der Gesetze zur Ausgestaltung der Kindertagesbetreuung findet sich explizit nur für den Freistaat Thüringen eine Verankerung von Fachberatung im Landesausführungsgesetz, das gleichzeitig auch das Gesetz zur Kindertagesbetreuung ist.[7] Thüringen ist bislang auch eines der wenigen Länder, das explizit in seinen Ausführungsbestimmungen von einem „Unterstützungssystem" spricht, das ebenso einer Qualifizierung bedarf.

Ansonsten ist die Benennung und damit Verankerung von Fachberatung in den Gesetzen der Länder höchst unterschiedlich ausgestaltet. Während Sachsen in

---

7 Dort heißt es in § 15 (Fortbildung) Abs. 1 bis Abs. 3 ThürKitaG: „(1) Die Fortbildung der pädagogischen Fachkräfte der Kindertageseinrichtung ist Aufgabe des Landes und der Träger. Das Land kommt dieser Aufgabe dadurch nach, dass es Fortbildungsmaßnahmen anbietet und die Qualifizierung des Unterstützungssystems nach Maßgabe des Landeshaushalts unterstützt. (2) Das Unterstützungssystem umfasst alle verfügbaren, abrufbaren und organisierten Angebote zur eigenverantwortlichen Qualitätsentwicklung in Kindertageseinrichtungen, insbesondere Fachberatung durch das Landesjugendamt, die Jugendämter und die freien Träger sowie Konsultationseinrichtungen und Multiplikatoren. (3) Der örtliche Träger der öffentlichen Jugendhilfe bietet Fachberatung und Fortbildung insbesondere für kommunale Träger an und koordiniert trägerübergreifende Fortbildungen. Er arbeitet eng mit dem Unterstützungssystem für Kindertageseinrichtungen und dem Unterstützungssystem für Grundschulen zusammen." Vgl.: Thüringer Gesetz über die Bildung, Erziehung und Betreuung von Kindern in Tageseinrichtungen und in Tagespflege als Ausführungsgesetz zum Achten Buch Sozialgesetzbuch – Kinder- und Jugendhilfe – (Thüringer Kindertageseinrichtungsgesetz – ThürKitaG –) vom 16. Dezember 2005 (GVBl. S. 371) als Artikelgesetz im Thüringer Familienfördergesetz vom 16. Dezember 2005 (GVBl. S. 365)

seinem Gesetz zur Förderung von Kindern in Tageseinrichtungen von 2005 einen ganzen Absatz (§ 21 SächsKitaG) dem Thema Qualitätsentwicklung, Fort- und Weiterbildung, Fachberatung und Qualifikation widmet, sieht das in anderen Bundesländern (wenn überhaupt) eher „mager" aus. Meist findet sich in den Gesetzestexten nur ein kurzer Hinweis darauf, dass der Träger der Kinder- und Jugendhilfe Fortbildungen zu ermöglichen hat; es gibt jedoch keine weiterführenden Regelungen. Allein dieser erste Eindruck der aktuellen landesgesetzlichen Grundlagen zeigt, dass hier noch erheblicher Nachholebedarf besteht. Eine Erfassung und fundierte Analyse der rechtlichen Verortung von Fachberatung in den Landesgesetzen wäre sicherlich mit Blick auf ihre Weiterentwicklung ein äußerst wichtiger Baustein.

Die konkrete Ausgestaltung der Fachberatung und deren Aufnahme in die Finanzierungsrichtlinien ist Aufgabe der Länder. Demzufolge wäre es – mit Blick auf die nach wie vor fehlende flächendeckende landesgesetzliche Verortung von Fachberatung – dringend geboten, dass sich die Jugend- und Familienministerkonferenz (JFMK) und die Kultusministerkonferenz (KMK) als die zuständigen Ministerkonferenzen dieses Themas annähmen. Gleichwohl kann hier durchaus auch auf eine gewisse Verantwortung des Bundes hingewiesen werden, die sich aus seiner Gesetzgebungskompetenz für das SGB VIII ergibt. Es ist nachdrücklich anzuraten, auf dieser Ebene ebenso nach Möglichkeiten zu suchen, die Länder stärker als bisher an ihre Ausführungsverantwortung „zu erinnern" und entsprechende Initiativen/Projekte anzustoßen.

4. Strukturelle Verankerung

Kindertagesbetreuung ist in den Ländern bzw. in den Ministerien unterschiedlich verortet. Teilweise sind die Sozialministerien oder/und die Kultusministerien dafür zuständig, je nachdem, wo der Schwerpunkt für den FBBE-Bereich in den Ländern gelegt wird. Beispielsweise ist im Freistaat Thüringen der Bereich Kindertagesbetreuung auf insgesamt zwei Ministerien und drei Abteilungen verteilt. Einen ebenso ausdifferenzierten Ressortzuschnitt findet sich in Niedersachsen, Rheinland-Pfalz und Sachsen mit jeweils zwei Ministerien.

Auf der einen Seite erscheint dies als eine Folge der Föderalismusreform, die zu einer starken Dezentralisierung der Verantwortungsbereiche und Zuständigkeiten im Feld der Kindertagesbetreuung geführt hat. Auf der anderen Seite hat die Diskussion um die Bedeutung der frühkindlichen Bildung in einigen Ländern zu Neuzuschnitten in und zwischen den Ministerien geführt. Kindertageseinrichtungen und Kindertagespflege werden zunehmend als Orte der frühkindlichen Bildung und damit als entscheidender Faktor für ein Gelingen der schulischen

Bildung anerkannt. Das hat aber in einigen Ländern zur Folge, dass der Bereich der Kindertagesbetreuung nicht mehr als eigenständiger und spezifischer Bildungsort wahrgenommen, sondern vor allem unter dem Aspekt Schule gesehen und subsumiert wird. Diese Ausdifferenzierung und Dezentralisierung von Zuständigkeiten für den Bereich der Kindertagesbetreuung wirkt sich auf den Umgang und die Auseinandersetzung mit Fachberatung aus, z.B. mit Blick auf die Frage, welches Ministerium dafür zuständig wäre, Fachberatung auf Landesebene per Landesausführungsgesetz gesetzlich zu verankern. Eine genaue Analyse dieser strukturellen Verortung auf Landesebene und ihrer Folgen steht jedoch noch aus.

Fachberatung ist – wie oben beschrieben – Aufgabe der örtlichen Träger der öffentlichen Jugendhilfe sowie der anerkannten freien Träger der öffentlichen Jugendhilfe. Blickt man auf die Träger, so zeichnet sich ein sehr heterogenes Bild in der strukturellen Verankerung von Fachberatung ab. Zum einen kann Fachberatung bei den Fachverbänden der freien Träger der öffentlichen Jugendhilfe angesiedelt sein, beispielsweise beim Caritasverband, zum anderen direkt bei den örtlichen Träger der öffentlichen Jugendhilfe, d.h. den Kommunen. Diese sind Träger der Einrichtungen und gleichzeitig Anstellungsträger der Fachberatung. Bei den öffentlichen Trägern lassen sich auch noch einmal kommunale Träger oder Landkreise als Träger unterscheiden. Dieses Bild der strukturellen Verortung von Fachberatung differenziert sich noch einmal aus, wenn man die freiberufliche bzw. frei-gewerbliche Fachberatung in den Blick nimmt.

So vielfältig wie die Trägerlandschaft im Feld der Kindertagesbetreuung ist, so vielfältig ist die Verankerung von Fachberatung und so vielfältig sind auch ihre Aufgabenzuschnitte. Je nach Zielsetzung des Trägers kann Fachberatung beispielsweise ausschließlich für die Beratung von Kindertageseinrichtungen verantwortlich sein oder aber gleichzeitig die Beratung der Träger und/oder auch die Dienstaufsicht inne haben. Diese unterschiedlichen Verortungen und Zuständigkeiten wirken sich zwangsläufig auf das Profil von Fachberatung aus.

5. Profil, Aufgaben und Rollen von Fachberatung

Neben der Frage nach der gesetzlichen Verankerung von Fachberatung kann man sich ebenso von Seiten der Aufgabenbeschreibung und des Rollenverständnisses dem Thema nähern. Schaut man jedoch auf die vorhandene Fachliteratur, so trifft man auf ein diffuses Konglomerat aus Begrifflichkeiten, Konzepten, Aufgaben, Rollen, Funktionen und Zuschreibungen. Einerseits scheint der Begriff „Fachberatung" als etwas Feststehendes und Bekanntes im Bereich der Kindertagesbetreuung etabliert zu sein. Andererseits wird deutlich, dass der Fachberatung eindeutige Aufgaben- und Rollenzuschreibungen fehlen. Sie ist zwar eine Berufsbezeichnung, die aber gleichzeitig durch ihre fachliche und strukturelle Heterogenität das entscheidende Merkmal – nämlich Berufsidentität zu stiften – möglicherweise ad absurdum führt, zumal es letztlich auch kein geschützter Beruf ist.

Folgende Beschreibung verdeutlicht das definitorische Dilemma und daraus resultierend das Spannungsfeld, in dem Fachberatung seit Jahrzehnten steckt: „Das Berufliche Profil von Fachberatung zeichnet sich aus durch Transfer- und Steuerungsleistungen zwischen Mitarbeiter/innen und Einrichtungsträgern, Wissenschaft und Praxis, Politik, Verwaltung und Pädagogik, Tradition und Innovation."[8] Fachberatung stellt eine personenbezogene, strukturentwickelnde soziale Dienstleistung dar, die qualitätsentwickelnd und -sichernd im FBBE-Bereich wirkt: „Mit Fachberatung verbindet sich eine Vielfalt von Aufgaben und Organisationsformen. Hierzu gehören die fachliche, entwicklungs- und organisationsbezogene Beratung der Träger, der Leitungen und der Mitarbeiterinnen von Kindertagesstätten zu einer aktiven und integrierenden Vernetzung von Maßnahmen."[9] Unterschieden werden Aufgabenbereiche wie Aufsichtsfunktion, pädagogische Sachbearbeitung, beratende und steuernde Funktion im Trägersystem und Beratungsaufgaben bezogen auf Kindertageseinrichtungen und inzwischen auch auf Kindertagespflege. Durch ihre spezifische Rolle, ihre Aufgaben und ihren Einblick in verschiedene Einrichtungen und Strukturen der Jugendhilfe hat Fachberatung eine tragende, koordinierende, vermittelnde und moderierende Funktion in der Ausgestaltung von Kindertagesbetreuung. Darüber hinaus gibt sie Denkanstöße und Unterstützung in Veränderungsprozessen von Einrichtungen und Trägern.

Am schärfsten zeigt sich der für die Fachberatung charakteristische Spannungsbogen in der bereits genannten Koppelung von Fach- und Dienstaufsicht. Auf der einen Seite hat sie die Aufgabe, die Fachkräfte in den Einrichtungen und zunehmend auch in der Kindertagespflege zu beraten, was Vertrauen und Offenheit auf beiden Seiten voraussetzt, auf der anderen Seite entscheidet sie gleichzeitig z.B. über Stellenbesetzungen, Sanktionen oder gar Kündigungen.

Gleichwohl gibt es nach wie vor kein einheitliches Berufsbild der Fachberatung. Die Pluralität der Trägerstrukturen, Traditionen und regionalen Erfordernisse führt zur Entwicklung unterschiedlicher Profile. Bereits in den 90er-Jahren wurde festgestellt, dass es – und vor dem Hintergrund der allseits geforderten Weiterentwicklung der Kindertagesbetreuung ist dies umso brisanter – an einer transparenten Beschreibung der Kompetenzen, beruflichen Vorqualifikationen, Profile,

---

8 Vgl. Münch 2008.
9 Münch 2008.

Qualitätsstandards, strukturellen, finanziellen und gesetzlichen Rahmenbedingungen von Fachberatung sowie an Abgrenzungskriterien hinsichtlich der Aufgabenschwerpunkte von trägergebundener und freiberuflicher Fachberatung fehlt. An diesem Mangel hat sich bis heute nichts Wesentliches geändert.

6. Forschungsneuland Fachberatung

Ein weiteres Manko zeigt sich bei der Frage, inwieweit Fachberatung als Gegenstand der sozialwissenschaftlichen Forschung eine Rolle spielt bzw. überhaupt von ihr wahrgenommen wird. Im Großen und Ganzen lässt sich hier feststellen: Fachberatung ist eine „Blackbox" in empirischer wie auch in fachwissenschaftlicher Hinsicht. Valide Daten über das aktuelle Vorhandensein und die Ausgestaltung von Fachberatung in kommunaler, frei-gemeinnütziger und frei-gewerblicher Trägerschaft existieren kaum[10] und bundesweit gar nicht. Gleiches gilt für die historische Entwicklung von Fachberatung und hinsichtlich ihres Profils bzw. Berufsbildes. Zwar finden sich die o.g. vereinzelten Fachbeiträge, Evaluationsberichte, Empfehlungen und Positionspapiere. Von einer umfassenden Auseinandersetzung mit dem Feld „Fachberatung" kann m.E. jedoch in keiner Weise gesprochen werden.

Der Schwerpunkt einer Thematisierung und ggf. Auseinandersetzung lag in den vergangenen Jahren und liegt auch heute – bis auf wenige Ausnahmen[11] – eher auf einer Bedeutungszuschreibung[12] als auf einer Befassung mit dem System Fachberatung selbst, mit dessen Strukturen, Rahmenbedingungen, Profil, Rolle, Aufgaben und Weiterentwicklungspotenzialen bzw. -notwendigkeiten. Oder sie wird als „Messinstrument" genutzt bzw. als „Multiplikatorin" für die Frage: „Wie qualifiziert sind die Fachkräfte im Bereich der Kindertagesbetreuung?" – so beispielsweise in dem aktuellen Projekt „Weiterbildungsinitiative für Frühpädagogische Fachkräfte"[13]. Ziel dieses Projektes ist es, Innovationen im Aus- und

---

10 Eine Ausnahme bildet, wie bereits genannt, das Bundesland Sachsen. Hier wurde in 2001 und 2008 explizit die „Fachberatung" in den Blick genommen. Vgl. Fn 1.

11 Vgl. Deutscher Verein für öffentliche und private Fürsorge e.V. 1995; Irskens 1995; Hense 1997 und 2008; Dichans 2009, 72 ff.

12 Bertelsmann Stiftung 2008; Bundesministerium für Familie, Senioren, Frauen und Jugend 2008; Bundesjugendkuratorium 2008, 35.

13 Das Projekt „Weiterbildungsinitiative Frühpädagogische Fachkräfte (WiFF) – ein Programm des Bundesministeriums für Bildung und Forschung und der Robert Bosch Stiftung in Zusammenarbeit mit dem Deutschen Jugendinstitut e.V." wird im Rahmen der Qualifizierungsinitiative „Aufstieg durch Bildung" der Bundesregierung vom DJI durchgeführt (htp.//www.weiterbildungsinitiative.de).

Weiterbildungssystem frühpädagogischer Fachkräfte zu initiieren, zu fördern und zu begleiten. Das hört sich zunächst einmal gut an, aber schaut man genauer auf die Projektbeschreibung, so ist Fachberatung zwar ein Teilprojekt innerhalb der Bestandsaufnahme, dennoch vor allem „Mittel zum Zweck", um den Qualifizierungsbedarf der frühpädagogischen Fachkräfte zu eruieren. Es bleibt zu hoffen, dass der (Weiter-)Qualifizierungsbedarf von Fachberatung ebenso in den Blick dieses Bundesprojektes gerät.

Wie bereits erwähnt, ist Sachsen das einzige Bundesland, in dem 2001 und aktuell 2008 eine umfassende Bestandsaufnahme von Fachberatung erfolgt ist. Dabei wurden die Fachberater/innen selbst, ihr Aufgabenprofil, ihre (Vor-)Qualifikation, ihre strukturellen und qualitativen Rahmenbedingungen in den Blick genommen. Erstmalig wurde die Rolle der Fachberatung im Feld der Kindertagespflege evaluiert und es wurden dezidierte, auf wissenschaftlichen Forschungsergebnissen basierende Empfehlungen zur Weiterentwicklung von Fachberatung formuliert. Dabei wurde deutlich, dass es innerhalb des Unterstützungssystems Fachberatung z.T. erhebliche „Defizite und mangelnde Passungen auf mehreren Ebenen gibt", die dazu führen, „dass weder für die politisch-administrative Steuerungsebene noch die pädagogische Praxis Fachberatung zuverlässig und in hinreichendem Umfang zur Verfügung steht"[14]. Gründe hierfür sind unklare bzw. divergierende Aufgabenzuschreibungen, unzureichende finanzielle und zeitliche Ressourcen (letztere auch bedingt durch inadäquate Stellenzuschnitte), eine teilweise extrem hohe Anzahl von zu betreuenden Einrichtungen und Fachkräften sowie unzureichende Vorqualifikationen und mangelnde Qualifizierungsmöglichkeiten für Fachberaterinnen und Fachberater. Eine umfassende kritische Auseinandersetzung mit den Evaluationsergebnissen innerhalb des Landes Sachsen und über die Landesgrenzen hinaus steht noch aus. Aber – bei aller möglichen Kritik an dieser Studie[15] – ist sie bislang die einzige bekannte, aktuelle, trägerübergreifende Bestandsaufnahme der Situation von Fachberatung auf Landesebene. Es wäre wünschenswert, dass hiermit tatsächlich ein über die Ländergrenzen hinweg flächendeckender und anhaltender Diskurs in Wissenschaft, Politik und Praxis angestoßen wird.[16]

---

14 Sächsisches Staatsministerium für Soziales 2008, 167.
15 Z.B. hinsichtlich der Forderung, Fachberatung von trägerspezifischen Interessen zu entkoppeln oder der Frage nach der Repräsentativität der Untersuchung, vgl. hierzu: Sächsisches Staatsministerium für Jugend und Soziales 2008.
16 Zum fehlenden Diskurs über das und innerhalb des Systems Fachberatung vgl. Braun 2009.

7. Ausblicke

Die inzwischen größtenteils unbestrittene gesamtgesellschaftlich hohe Bedeutung der Kindertagesbetreuung rückt die Frage der Qualität der in Kindertageseinrichtungen und Kindertagespflege stattfindenden Bildungs- und Erziehungsprozesse als auch die nach der Qualifizierung der dort tätigen Fachkräfte immer mehr in den gesellschafts- und fachpolitischen Fokus. Die allseits geforderte Verbesserung der frühkindlichen Bildung, Erziehung und Betreuung ziehen Implikationen für die Aus-, Fort- und Weiterbildung der mit dieser Aufgabe betrauten Erzieher/innen und Tagespflegepersonen nach sich. So heißt es bereits in den Empfehlungen der Bundesarbeitsgemeinschaft der Landesjugendämter von 2003: „Zur Qualifizierung der Arbeit in den Kindertageseinrichtungen und als Impulsgeber für Veränderungen ist eine qualifizierte Fachberatung für Einrichtungsträger und für die pädagogischen Mitarbeiterinnen und Mitarbeiter wichtiger denn je."[17]

In der gegenwärtigen Umbruchphase gewinnt Fachberatung als ein entscheidendes und von der Praxis akzeptiertes Instrument der Vermittlung und als Multiplikatorin von Ideen, Initiativen, Konzepten und Reformimpulsen immens an Bedeutung. Es fehlen jedoch quantitative und qualitative, länder- und trägerübergreifende empirische Daten, die einen Überblick über die Situation von Fachberatung geben. Solange diese Forschungslücke aber nicht gefüllt ist, werden jedwede Weiterentwicklungsbemühungen – egal von welcher Seite und auf welcher Ebene – Stückwerk bleiben. Das Argument, dass eine derartig umfassende Bestandsaufnahme aufgrund der „unübersichtlichen" strukturellen Verortung von Fachberatung und der unterschiedlichen Aufgabenzuschnitte unmöglich sei, greift zu kurz, wenn man bedenkt, wie sehr gerade in den letzten Jahren die Forschung über Erzieher/innen boomt.

Darüber hinaus existiert kein abgestimmtes, träger- und länderübergreifendes Konzept der Fort- und Weiterbildung und noch viel weniger eines der Ausbildung von gegenwärtigen und zukünftigen Fachberater/innen. Daher müssen sich die Fachberatungen ihre Qualifikation meist „on the job" einholen und sind dabei auch noch in hohem Maße den Grenzen knapper Haushaltsmittel ausgesetzt. Das heißt: Auch wenn auf beiden Seiten – Fachberatung und Träger – der Fort- und Weiterbildungsbedarf gesehen wird, bedeutet das noch lange nicht, dass die dafür notwendigen zeitlichen und finanziellen Ressourcen zur Verfügung gestellt werden (können). Zwar gibt es von Seiten verschiedener Träger Fort- und Weiterbildungsangebote; in deren Genuss kommen aber zumeist auch nur die Fach-

---

17 Bundesarbeitsgemeinschaft der Landesjugendämter 2003, 3.

berater/innen, die bei diesen Trägern angestellt sind. Auf Länderebene existiert nach bisherigen Erkenntnissen nur in wenigen Ländern, z.B. in Brandenburg, ein Fort- und Weiterbildungskonzept. Wie hoch jedoch der Bedarf an einer träger-unabhängigen, landes- und bundesweiten Fort- und Weiterbildung bei den Fach-berater/innen ist, zeigt das Interesse an dem bereits erwähnten Forum für Fachberatung des Deutschen Vereins.

Auch in der Frage der Ausbildung besteht dringender Handlungsbedarf. Bislang existiert keine explizite Ausbildung für Fachberatung – weder an den Fach- noch an den Hochschulen. Vereinzelt werden Überlegungen für die Entwicklung eines entsprechenden Curriculums angestellt, z.B. in Brandenburg. Fachberatungen bringen höchst unterschiedliche Qualifikations- und Qualifizierungsprofile mit. Sie können Erzieher/innen mit Praxiserfahrung sein, Diplom-Pädagog/innen, So-zialpädagog/innen (FH oder Uni), sog. Quereinsteiger/innen u.v.m. Diese Diffu-sität ist bedingt durch fehlende Stellenbeschreibungen seitens der Träger, aber auch durch die unterschiedlichen Aufgabenanforderungen in der Praxis. Gleich-wohl fordern Fachberater/innen, dass es mittel- bis langfristig eine modulare, durchlässige und praxisorientierte Hochschulausbildung für Fachberatung geben muss. Grundlage dessen muss die Entwicklung von differenzierten Ausbildungs-profilen und -inhalten sein. Neben fachspezifischen Kompetenzen, die den Be-reich der Kindertagesbetreuung betreffen, müssen hier auch Kompetenzen in Kommunikation/Moderation, Verwaltung, Personalführung, Beratung, Finanzen, Recht, Organisation etc. vermittelt werden.

Gegenwärtig ist ein nahezu flächendeckender Boom an Initiativen und Projekten auf Bundes- und Landesebene zu beobachten, der auf die Qualifizierung von Er-zieher/innen und Tagespflegepersonen abzielt. Zunehmend entdecken (Fach-) Hochschulen dieses Feld für sich und bieten – relativ unabgestimmt und größ-tenteils ohne Einbeziehung der Fachschulen und Berufsakademien – Studien-gänge für die frühkindliche Bildung, Betreuung und Erziehung an. Zielgruppe sind dabei vor allem angehende Erzieher/innen. Der Qualifikations- und Qualifizie-rungsbedarf von bereits tätigen und zukünftigen Fachberater/innen bleibt bei den vorgenannten Ausbildungsinstitutionen bislang ausgeblendet. Es ist zumindest kri-tisch zu hinterfragen, warum in den aktuellen Initiativen und Diskussionen zu Qualifizierungsmaßnahmen für Erzieher/innen das System Fachberatung nicht in den Blick gerät.

Erzieher/innen sind in der Praxis auf Fachberatung angewiesen. Doch gut und zukünftig auch akademisch ausgebildete Erzieher/innen brauchen ein Qualifi-zierungssystem in ihrer Praxis, das ihnen adäquate Antworten geben kann, und nicht Fachkräfte, die in ihrer eigenen Qualifizierung auf der Strecke geblieben sind. Fachberatung trägt dazu bei, neue konzeptionelle und politisch gewünschte strukturelle Entwicklungen im Bereich der frühkindlichen Bildung, Betreuung und Erziehung zu unterstützen bzw. durchzusetzen. Sie ist eine der wirksamsten Formen der Qualitätssicherung und -entwicklung im Arbeitsfeld Kindertagesbetreuung. Dieser Stellenwert muss sich endlich auch in den finanziellen, strukturellen und personellen Rahmenbedingungen von Fachberatung niederschlagen.

Literatur

Bertelsmann Stiftung (Hrsg.) (2008): Länderreport Frühkindliche Bildungssysteme 2008, Gütersloh.

Braun, Ulrich (2009): Qualität von Kindertageseinrichtungen, in: Altgeld, Karin; Stöbe-Blossey, Sybille (Hrsg.): Qualitätsmanagement in der frühkindlichen Bildung, Erziehung und Betreuung. Perspektiven für eine Qualitätspolitik, Wiesbaden, 77–94.

Bundesarbeitsgemeinschaft der Landesjugendämter (2003): Empfehlungen zur Fachberatung, beschlossen in der 95. Arbeitstagung vom 24.–26. November 2003 in Flehingen/Baden.

Bundesjugendkuratorium (2008): Zukunftsfähigkeit von Kindertageseinrichtungen. Stellungnahme des Bundesjugendkuratoriums, Juni.

Bundesministerium für Familien, Senioren, Frauen und Jugend (Hrsg.) (2008): Bildung, Betreuung und Erziehung für Kinder unter drei Jahren – elterliche und öffentliche Sorge in gemeinsamer Verantwortung. Kurzgutachten des Wissenschaftlichen Beirates für Familienfragen beim Bundesministerium für Familie, Senioren, Frauen und Jugend.

Deutscher Verein für öffentliche und private Fürsorge e.V. (Hrsg.) (1995): Mit uns auf Erfolgskurs. Fachberatung in Kindertagesstätten, Frankfurt a.M.

Dichans, Wolfgang (2009): Bedeutung, Rolle und Aufgaben der Fachberatung im Bereich der Tagesbetreuung von Kindern aus bundespolitischer Sicht, in: Nachrichtendienst des Deutschen Vereins für öffentliche und private Fürsorge 2/2009, 72 ff.

Hense. Margarita (1997): In Fachberatung investieren, in: Klein & Groß 1997, Heft 7, 17–19.

Hense, Margarita (2008): Zur Wirksamkeit der Fachberatung – eine empirische Studie. Dissertation zur Erlangung des Doktorgrades der Philosophie der Fakultät für Psychologie und Sportwissenschaft der Universität Bielefeld.

Irskens, Beate (1995): Fachberatung, in: Deutscher Verein für öffentliche und private Fürsorge e.V. (Hrsg.): Mit uns auf Erfolgskurs. Fachberatung in Kindertagesstätten, Frankfurt a.M., 9 ff.

Münch, Maria-Theresia (2008): Fachberatung für Kindertagesbetreuung – Standortbestimmung und Neuorientierung, in: Nachrichtendienst des Deutschen Vereins für öffentliche und private Fürsorge, 12/2008, 521 ff.

Sächsisches Landesamt für Familie und Soziales. Landesjugendamt (2001): Zusammenfassung der Ergebnisse aus den Untersuchungen des Sächsischen Landesjugendamtes zum Einsatz und zur Inanspruchnahme von Fachberatung in Kindertageseinrichtungen.

Sächsisches Staatsministerium für Soziales (2008): Evaluierung der Personalausstattung in Kindertageseinrichtungen sowie Struktur und Angebote der Fachberatung für Kindertageseinrichtungen und Kindertagespflege in Sachsen. Abschlussbericht vom 31. Juli 2008.

Verzeichnis der Autorinnen und Autoren

PD Dr. Fabienne Becker-Stoll ist Direktorin des Staatsinstituts für Frühpädagogik (IFP), München. E-Mail: Fabienne.Becker-Stoll@ifp.bayern.de

Doris Beneke ist Referentin für Kindertageseinrichtungen bei der Bundesvereinigung Ev. Tageseinrichtungen für Kinder im Diakonischen Werk der EKD. E-Mail: beneke@diakonie.de

Antje Bostelmann ist Gründerin und Geschäftsführerin der KLAX gGmbH, Berlin. E-Mail: Bostelmann, AntjeBostelmann@klax-online.de

Ulrich Braun ist Abteilungsleiter der städtischen Kindertageseinrichtungen und Familienzentren im Fachbereich Kinder Jugend und Familie der Stadt Recklinghausen. E-mail: Ulrich.Braun@recklinghausen.de

Angelika Diller ist Wissenschaftliche Referentin in der Abteilung Kinder und Kinderbetreuung des Deutschen Jugendinstituts, München. E-Mail: diller@dji.de

Angelika Främcke ist Beraterin für die Servicestelle Betriebliche Kinderbetreuung im Auftrag des Bundesministeriums für Familie, Senioren, Frauen und Jugend. E-Mail:kinderbetreuung@erfolgsfaktor-familie.de, fraemcke@macbay.de

Pia Theresia Franke ist freiberufliche Referentin/Trainerin im Bereich Personal- und Organisationsentwicklung, München. E-Mail: Pia.Franke@t-online.de

Kirsten Fuchs-Rechlin ist wissenschaftliche Mitarbeiterin in der Arbeitsstelle Kinder- und Jugendhilfestatistik an der Technischen Universität Dortmund. E-Mail: kfuchs@fk12.tu-dortmund.de

Dr. Eveline Gerszonowicz, Familien für Kinder gGmbH, Berlin. E-Mail: gerszonowicz@familien-fuer-kinder.de

Dr. Franziska Larrá ist Geschäftsführerin der Vereinigung Hamburger Kindertagesstätten gGmbH. E-Mail: f.larra@kitas-hamburg.de.

Dr. Heike Maria Linhart, KiDie® Dienstleistungen für Kinder, ist Beraterin für die Servicestelle Betriebliche Kinderbetreuung im Auftrag des Bundesministeriums für Familie, Senioren, Frauen und Jugend. E-Mail:kinderbetreuung@erfolgsfaktor-familie.de, heike.linhart@kidie.de

Maria-Theresia Münch ist Wissenschaftliche Referentin im Deutschen Verein für öffentliche und private Fürsorge e.V., Berlin. E-Mail: muench@deutscher-verein.de

Dr. Matthias Schilling ist Geschäftsführer der Arbeitsstelle Kinder- und Jugendhilfestatistik an der Technischen Universität Dortmund.
E-Mail: mschilling@fk12.tu-dortmund.de

Kornelia Schneider ist Wissenschaftliche Referentin in der Abteilung Kinder und Kinderbetreuung des Deutschen Jugendinstituts, München.
E-Mail: kschneider@dji.de

Prof. Dr. Stefan Sell ist Direktor des Instituts für Bildungs- und Sozialpolitik der Fachhochschule Koblenz (ibus). E-Mail: sell@rheinahrcampus.de

Matthias Selle ist Dezernent für Jugend, Bildung, Arbeit und Soziales des Landkreises Osnabrück. E-Mail: Matthias.Selle@web.de

Dr. Martin R. Textor ist Gründer und Leiter des Instituts für Pädagogik und Zukunftsforschung (IPZF) in Würzburg. E-Mail: martin.textor@freenet.de

Ministerialrat Prof. Dr. Dr. h.c. Reinhard Wiesner ist Leiter des Referates Rechtsfragen der Kinder- und Jugendhilfe im Bundesministerium für Familie, Senioren, Frauen und Jugend, Berlin. E-Mail: Reinhard.Wiesner@BMFSFJ.BUND.DE